나는 예수입니다

도올의 예수전傳

통나무

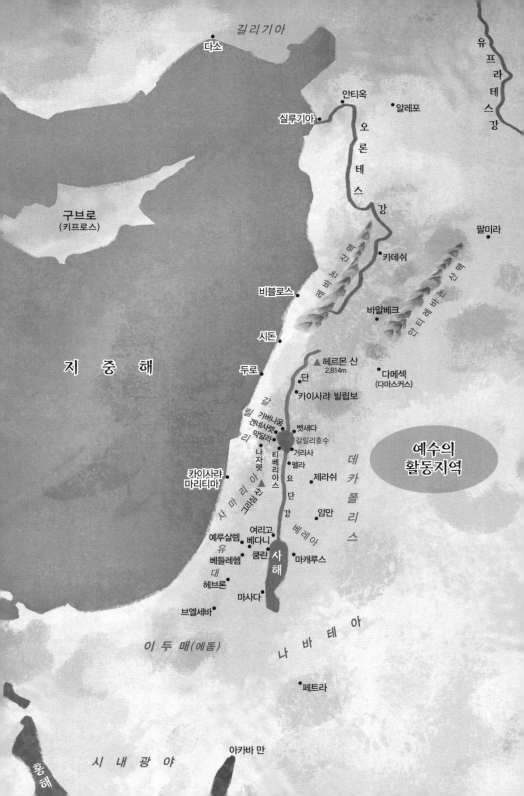

목차

제1장

서막: 예수운동과 복음서의 등장

나는 예수입니다. "예수"라는 것은 매우 평범한 사람의 이름입니다. 팔레스타인 지역에 사는 남성에게 붙여지는 매우 흔한 이름이지요. "철수"나 "영식"이, 그런 이름과 다를 바가 없지요. 한국말로는 "예수"라 하고, 영어로는 "지저스Jesus"라고 하는데, 한국말이 훨씬 원래 발음에 가깝습니다. 라틴어로는 "이에수스 *Iesus*"라고 전사하고, 희랍어로는 "이에수스 Ἰησοῦς, *Iesous*"라고 전사하니까 "예수"가 고어에 더 충실한 음역입니다.

그런데 이 희랍어 발음은 히브리말의 "예슈아Yeshua"를 계승한 것입니다. 이 예슈아는 모세를 계승한 이스라엘민족의 지도자인 여호수아Yehoshua의 이름의 한 변양變樣입니다. 미국사람들의 이름에 죠슈아Joshua라는 이름이 많은데 그것도 "예수"

라는 이름의 한 변형이지요. 그러니까 예수, 여호수아, 죠슈아는 모두 같은 이름의 이형異形 이지요. 그러니까 예수는 그냥 사람을 가리키는 흔한 이름 중의 하나라는 것이지요.

나는 예수입니다. 나 예수는 팔레스타인의 북부, 갈릴리 지역의 한 작은 읍촌 나자렛이라는 곳에서 태어났습니다. 많은 사람들이 나 예수가 베들레헴이라는 예루살렘 부근의 작은 촌에서 태어난 것으로 아는데 나는 베들레헴에서 태어나지도 않았고, 그곳에 가본 적이 없습니다. 그런데 재미있게도 많은 사람들이 내가 베들레헴에서 태어난 것으로 알고 있습니다. 왜 그럴까요? 그 이유는 실상 매우 단순하지요.

나의 삶에 관한 정보를 사람들에게 전해주는 "복음"이라는 특수 문헌 장르의 두 저자, 마태와 누가가 예수가 베들레헴에서 태어났다고 말해버렸기 때문입니다. 나의 부모나 나의 형제들이 모두 갈릴리 지방의 나자렛 사람이라는 것은 너무도 명백한 사실이었기 때문에, 나자렛 주민이라는 사실을 원천적으로 제거할 수는 없었죠. 그래서 만삭이 된 나의 엄마가 아버지 요셉과 함께 나자렛에서 베들레헴까지 걸어간 것으로 이야기했어요.

왜 구태여 만삭인 여인이 애를 낳으러 베들레헴까지 걸어가야만 했을까요? 나자렛에서 베들레헴까지 요단강변의 우회도

로로 가면 약 200km, 서울에서 김제, 부안 정도의 거리가 되겠네요. 해안의 직선거리로 가도 150km 정도니깐 대전보다도 더 멀지요. 건강한 장정이 빨리 걸어야 닷새 거리인데, 만삭의 여인이 그런 여행을 한다는 것은 위험천만의 일이고 실제로 불가능한 일이죠. 베들레헴은 남부 유대 지방에 속합니다. 북부 갈릴리와는 천리길이죠. 그리고 이곳의 기후조건이나 길의 험난함은 이루 말할 수 없이 열악합니다.

그런데 이런 위험천만의 무리한 여행을 해야만 했던 이유가 무엇이었을까요? 누가는 당시 로마황제 카이사르 아우구스투스(정적 안토니우스와 클레오파트라를 죽음으로 몰고, 로마 전체의 실권을 장악한 옥타비아누스를 가리킴. 로마제국의 최초의 황제이다. 그러니까 공화정을 황제독재로 전환시킨 인물이다. 도올 주註)가 온 천하에 호구조사령을 내림으로써 생겨난 사건이라고 말했습니다. 그러나 로마제국의 역사에는 제국 전체에 일제히 호구조사령이 내려진 적이 없습니다. 호구조사는 지역 단위로 지방총독의 령으로 이루어지는 것이며, 더구나 호구조사는 세금을 징수하기 위한 것이 주목적이므로, 과세하기에 편리한 현주소에서 이루어지는 것입니다. 호주의 원적지에서 이루어지는 호구조사는 있을 수가 없습니다. 전혀 논리적으로 맞지 않는 얘기지요.

아우구스투스의 호구조사령 때문에 나의 아버지 요셉이 자기

원적지인 베들레헴으로 갔다는 것은 전혀 사실에 부합하지 않을뿐더러 별다른 의미가 없습니다. 동방박사가 별이 비추는 곳을 보고 내가 강보에 싸여 말구유에 뉘어져 있는 곳을 찾았다는 것도 별이 레이저 빔을 쏘지 않는 이상 불가능한 것이지요. 그리고 나의 생일날이 크리스마스 때로 잡힌 것도, 중동 지역의 많은 신화에 위인이나 신인의 탄생을 동지冬至 전후로 잡는 습관이 있기 때문이지요.

자아! 그렇다면 내가 베들레헴에서 태어났다는 마태와 누가의 기술은 거짓말일까요? 글쎄요! 저에 관한 기술을 "거짓말"과 "참말," 이것 아니면 저것이라는 식으로 규정하는 것은 좀 어폐가 있습니다. 여러분들이 지금 "신약성경"이라고 받들어 모시고 있는 문헌은 근본적으로 거짓말과 참말이라는 인식방법으로 접근될 성질의 것은 아닙니다. 거짓말이든 참말이든 그 모든 기술은 그 나름대로 양식적인 이유가 있습니다. 예를 들면, 우리가 소설에 쓰여진 내용을 놓고 참말과 거짓말이라는 잣대로 분석을 하지는 않습니다. 소설이라는 양식 속에 들어가 있는 언어는 그 나름대로 취급되어야 하기 때문이죠.

마태와 누가는 왜 내가 베들레헴에서 태어났다고, 나의 어머니가 만삭의 몸을 이끌고 힘든 여행을 했다고, 말했어야 했을까요? 그러한 기술에는 매우 단순한 의도가 숨어 있습니다. 그것은 베들레헴이 다윗이 태어나서 성장한 곳이기 때문입니다. 다윗이 베들레헴에서 태어났다는 것과 우리 엄마가 베들레헴에 가서 나를 낳았다는 것은 또 무슨 상관이 있을까요?

다윗은 기원전 10세기에 활약했던 인물인데, 유대민족을 위하여 최초의 왕국을 공고하게 만든 인물입니다. 그 전에 사울이라는 인물이 있었지만 사울은 인격이 원만치 못했고 고집이 세었으며, 좀 성격이 불안정한 인물이었습니다. 그리고 그를 왕으로 세운 예언자 사무엘과 각을 세웠습니다. 다시 말해서 야훼의 말을 잘 듣지를 않은 것이죠. 그래서 사무엘이 대신 세운 왕이 다윗이고, 실제로 다윗왕국이야말로 이스라엘민족이 그리워하던 최초의 모나키monarchy가 된 것이죠.

이스라엘민족에게는 원래 "왕King"이라는 것이 없었습니다. 모세야말로 최초의 민족적 지도자라고 할 수 있지만, 그는 야훼의 말씀과 권능을 전하는 사람일 뿐, 왕이 아니었습니다. 모세를 계승한 여호수아도 마찬가지였습니다. 여호수아의 강력한 리더십 아래 이스라엘민족은 젖과 꿀이 흐르는 가나안땅에 정착할 수 있었지만, 그 정착이라고 하는 것은 실제로 "약탈"이었습니다. 원주민이 그곳에 살고 있었는데 이들은 자기들의 고유한 농경문화와 고유한 신을 섬기고 있었습니다. 약탈은 살육을 동반하고, 원한을 쌓습니다. 그리고 그것은 반드시 대적관계를 만들며 보복과 전쟁을 일으킵니다.

이스라엘민족의 팔레스타인 생활이라고 하는 것은 도륙과 원한과 보복의 굴레를 벗어나지 못했습니다. 그것은 야훼에 대한 충성과 배반의 수레바퀴의 역사였습니다. 토착민의 바알신앙을 수용하는 것은 곧 야훼에 대한 배신이므로 야훼의 징벌이 수반됩니다. 야훼는 유일함을 스스로 주장하는 신이며, 따라서 복종을 강요하고, 질투하는 신이며, 가혹하게 징벌하는 신입니다. 야훼는 한마디로 전쟁의 신God of War이며, 이스라엘민족의 민족적 신tribal God입니다. 전쟁의 신, 민족의 신은 필연적으로 유일함을 강요합니다. 유일신monotheism이래야 그 기치 아래 민족이 단합되고, 철저한 배타가 이루어지며, 타민족과의 전쟁에서 승리하는 힘을 얻을 수 있게 됩니다.

모세와 여호수아의 시절에는 이 두 사람의 리더십이 매우 강력했기 때문에 야훼의 유일신적 권위가 유지되었고 민족이 단합되어 잘 싸웠습니다. 그러나 여호수아가 죽고 나면서 그러한 리더십은 다시 찾아볼 수 없었습니다. 그래서 우발적인 부족의 영웅tribal hero이 야훼의 권능을 과시하여 통합의 구심점이 되었습니다. 이러한 부족의 영웅들을 사사師士(판관判官이라고도 한다. 히브리 원어는 쇼페팀sōpetim인데, 사파트sāpat라는 동사에서 왔다. 그것은 "심판한다"는 뜻이고, "벌한다," "다스린다"는 뜻도 지니고 있다)라고 부르는데, 이 사사들은 재판자이자 정치적·군사적 지도자로서 이스라엘민족을 대적하고 있는 이민족 및 인근 부족으로부터 해방하는 구원자의 역할을 담당했습니다.

이 사사의 시대가 한 300년 유지되었는데(사사기상으로는 410년) 이 시대는 배교와 구원의 주기가 반복되는 시기였습니다. 타락, 죄, 야훼의 진노, 이방의 압제, 야훼의 자비, 구원과 평온, 새로운 범죄로 이어지는 주기가 반복되었습니다.

이스라엘민족은 이미 이 시기로부터 메시아를 대망하게 되었습니다. 더 이상 사사들과 같은 쪼무라기들에 의지해서는 민족의 희망이 없겠다고 생각한 것이죠. 그래서 그들은 강력한 중앙집권의 "왕King"을 원했습니다. 다시 말해서 왕을 지상권력의 정점으로 하는 나라, 즉 왕국Kingdom이 그리운 것이죠. 전통적으로 유대민족에게는 왕국이 없었어요. 사사 시대에는 이스라엘민족은 정치적 통합이 없는 느슨한 부족연맹체로써만 유지된 것이죠. 강력한 정치적 통합을 이룩한 구심점으로서의 메시아, 그것은 곧 지상의 왕국의 출현을 의미하는 사건이겠지요.

그 메시아 킹에 부합하는 민족의 영웅이 바로 다윗이었습니다. 막강한 블레셋군대를 지휘하는 거대한 체구의 장군 골리앗을, 오로지 강가에서 주운 다섯 개의 조약돌로 돌팔매를 만들어

주머니에 넣고 상대하겠다고 나선 베들레헴의 목동 다윗, 다윗은 전쟁을 해본 경험도 없고 오직 베들레헴의 척박한 들판에서 양을 치며 시를 짓고 하프로 노래하기를 즐겨하던 청순한 소년이었습니다. 사울왕은 다윗에게 자기 군복을 입히고 그 위에 또다시 철갑옷까지 입혔습니다. 머리에는 놋투구를 씌워주고 자기 칼까지 군복에 채워주었습니다. 다윗은 이런 갑옷을 입고 칼을 차니 거추장스러워 몸을 움직일 수 없었습니다. 다윗은 군복과 갑옷과 칼을 다 벗어버리고 자유로운 목동 원래의 모습으로 돌팔매 하나에 의지하여 거구 골리앗에게 다가갑니다.

어처구니 없다는 듯이 꼬마 목동을 굽어보는 골리앗은 이와 같이 외칩니다: "어서 나오너라. 네 살점을 하늘의 새와 들짐승의 밥으로 만들어주마." 그러나 다윗은 당당하게 이와 같이 응수합니다: "네가 칼을 차고 창과 표창을 잡고 나왔다마는, 나는 만군의 야훼의 이름을 믿고 나왔다. 네가 욕지거리를 퍼붓는 이스라엘군대의 하나님의 이름을 믿고 나왔다. 오늘 야훼께서 너를 내 손아귀에 넣어주셨다. 나야말로 네 놈을 쳐서 목을 떨어뜨리고 네 시체와 블레셋 전군의 시체를 하늘의 새와 땅의 들짐승의 밥으로 만들어주리라. 그리하여 이스라엘이 모시는 하나님이 어떤 분이신지 천하에 알리리라."

다윗은 말이 끝날 틈도 없이 재빠르게 어정쩡하게 서있는 골리앗의 양미간 사이 인당印堂 혈에 돌팔매를 적중시킵니다. 돌이 이마에 박히자 그 거구는 쓰러집니다. 다윗은 잽싸게 달려가 골리앗의 칼집에서 골리앗의 칼을 뽑아 그의 모가지를 싹둑 잘라버립니다. 그리고 칼 끝에 그의 모가지를 찍어 하늘 높이 처듭니다. 블레셋군은 저희 장수가 죽은 것을 보고 뿔뿔이 흩어집니다.

다윗의 이러한 이미지는 물리적으로 매우 현실성이 있는 이야기일 뿐 아니라, 너무도 재미있는, 할머니 옛날이야기 소재였기 때문에 이스라엘 민중의 영원한 로맨스가 되었습니다. 다윗은 토착민을 완전히 제압하고 팔레스타인 북부와 남부 모두를 통합하는 강력한 중앙집권적 왕국을 세웁니다. 새로운 통일왕국을 세운 다윗은, 12지파에 직접 속하지 않았고 또 별로 알려지지 않았던 예루살렘이라는 고지(해발 750m 정도 된다)를 수도로 만들고, 그곳에 야훼의 법궤를 안치시킵니다. 다윗은 성전을 짓지는 못했고, 그의 아들 솔로몬이 성전을 짓고 그 법궤(이 "법궤"는 십계명을 보관하는 그릇이기 때문에 "언약궤"라고도 한다)를 지성소에 모십니다. 다윗은 정치적 통일을 종교적 통일에 기초하여 형성하였습니다.

하여튼 예루살렘의 권위는 통일왕국의 기초로써 다윗왕 때부터 확보된 것입니다. 다윗이 통일왕국을 세웠다고는 하지만 그것은 오늘날 여러분들이 경험하는 국가a nation state라기보다는 일종의 야훼신앙공동체와 같은 것이고, 야훼도 들판에서 민중과 더불어 살아가는 개방된 삶 속의 하나님이 아니라 성전의 지성소에 갇힌 하나님이 되어버렸습니다. 하나님이 점점 자연스러운 생명력을 잃고 제식화 되어가고, 권위주의화 되어갔습니다. 그리고 예루살렘성전의 권위는 인민의 삶 위에 군림하는 절대적인 것이 되었습니다. 예루살렘성전은 폭압과 초월과 신비의 상징이며 동시에 유대교, 즉 구약종교의 중심체였습니다.

내가 태어난 시대에는, 유대민족은 로마의 식민지배하에 놓여있었습니다. 다윗이 통일왕조를 세웠다고는 하지만 그 부족 간의 결합은 매우 허술한 연맹이었고, 다윗을 계승한 솔로몬왕은 근원적으로 민중과 유리된 삶을 살았습니다. 그 시대의 국제적인 문화 속에서만 화려하게 산 절대군주였습니다.

따라서 솔로몬왕이 죽고나자 왕국은 북부 이스라엘왕국과 남부 유다왕국으로 분열됩니다. 그리고 북이스라엘왕국은 BC 740~722년 사이에 앗시리아에 의하여 멸망되었습니다. 북이스라엘을 형성하였던 10개의 지파는 실종되어버리고 말았습니다. 그리고 남유다왕조도 바빌로니아제국에 의하여 멸망되었고, 예루살렘성전도 파괴되었습니다(BC 587). 그리고 유다왕조의 핵심을 이룬 상당수의 사람들이 메소포타미아 남부 지역에 있는 바빌론Babylon으로 강제이주 당하였습니다.

사실 이 바빌론유치Babylonian Captivity는 BC 538년에 페르시아의 사이러스 대제the Persian King Cyrus the Great가 바빌로니아제국을 무너뜨림으로써 풀렸기 때문에, 그리 오래 유지된 포로생활이 아니었습니다(50년 정도의 기간이었다). 그리고 바빌론은 당대 가장 번화했던 세계문명의 중심지였기 때문에 이주당한 유대인들은 다양한 문화적 자극에 노출되어 많은 창조적인 업적을 일구어냅니다. 기실 구약의 핵을 형성하는 많은 역사자료들이 이 시기에 문헌으로서 정비되었습니다.

그러나 이 시기에 고국에 대한 그리움이 관념적으로 승화되면서, 떠나온 예루살렘에 대한 향심이 강렬해집니다. 이것을 시온주의Zionism라고 부르는데, 시온과 예루살렘은 등가의 말입니다. 다시 말해서 바빌론유치시대 때 예루살렘성전에 대한 향심이 강렬해졌고, 그 시온주의는 예루살렘성전을 절대적인 유대민족의 지향처로 신비화시킵니다. 그리하여 유대교는 바빌로니아·페르시아의 2원론적이고 절대주의적인 수직관계의 권위주의체계로 점점 형상화되어가는 것이죠.

바빌론유치시대가 끝나고 페르시아의 지배를 받았다가 결국 알렉산더 대왕의 세계정복으로 헬레니즘문화권으로 흡수됩니다. 그리고 셀레우코스왕조의 통치 말기에 유대민족은 셀레우코스왕조에 저항하여 완전한 독립을 성취합니다. 이 독립왕조를 하스모니아왕조Hasmonean Dynasty(142~63 BC)라 부르는데 이 80년간이야말로 솔로몬왕국의 영토가 대부분 회복되었으며 유대인의 삶이 번영한 시기였습니다. 그러나 하스모니아왕가의 사람들은 또다시 타락했고, BC 63년에 폼페이우스가 예루살렘을 점령함으로써 하스모니아왕조시대는 막을 내리고 로마식민지시대가 막을 올립니다.

이두매 사람이 로마 원로원의 신임을 얻어 유대의 분봉왕이 되는데, 그가 바로 헤롯대왕입니다. 로마제국의 대리인으로서 외교정책의 자율권은 전무했지만, 국내의 문제에는 온전한 자율권을 보장받은 강력한 영주였습니다. 성서에서는 그를 헤롯대왕이라고 부르지만 실제로 그는 로마제국의 한 지방영주에 불과한 인물입니다. 그러나 그는 로마제국의 동부에서 가장 강력한 군주였으며, 그레코-로만문명의 신봉자였으며, 그의 영토 내에 헬라화 된 도시들을 건축했습니다. 그리고 대규모의 예루살렘성전을 건축합니다. 나 예수는 바로 헤롯대왕의 통치 시기에 갈릴리에서 태어났습니다.

내가 태어난 시기에 유대사람들에게는 메시아대망사상 Messianism이 팽배해 있었습니다. "메시아messiah(māšîaḥ)"라는 말은 히브리말이며 그것은 "기름부음을 받다anointing with oil"라는 의미입니다. 기름부음을 받는다는 것은 하나님의 사자인 예언자가 이스라엘민족의 왕이 될 사람을 골라 기름을 그의 머리 위에 붓는 행위를 가리킵니다. 다시 말해서 기름부음을 받음으로써 그는 야훼에 의하여 선택된 이스라엘민족의 왕이 된다는 것을 의미합니다. "기름부음"은 요즈음 여러분들의 말로 표현하면 "대관식coronation"과 같은 것이지요. 페르시아에도 이런 기름부음의 예식이 있었다고 합니다만 대부분의 문명에는 매우 생소한 일입니다.

성서의 기자들은 이 말을 희랍어로 번역하면서 "기름부음을 받다"라고 직역을 했습니다. 그래서 생겨난 단어가 "크리스토스χριστός"라는 말입니다. 그러나 실상 이 말은 희랍문명권에서는 별 의미를 갖지 못합니다. 문화적 맥락이 없이 그 말을 듣게 되면, 그것은 "더러운 기름으로 문질러댄다" 정도의 의미밖에는 못 갖습니다. "메시아"의 희랍어번역이 "그리스도"이지만, "그리스도"가 "구세주" 혹은 "다윗과 같은 구세救世적 왕"의 의미를 갖는 데는, 헬레니즘세계에서 매우 오랜 시간이 걸렸습니다. 어찌 보면 나의 생애 혹은 나의 존재의 역사성의 과정이라는 것은 예수라는 한 인간으로부터 그리스도라는 인류의 구세주로 변모해간 과정이라고도 말할 수 있습니다.

이 테마와 관련하여 가장 중요한 논의는 과연 역사적 인간인, 철수와도 같은 예수가 스스로 "메시아" 즉 "그리스도"라는 의식을 갖고 있었는가, 하는 문제가 되겠지요. 이러한 문제는 2천 년의 인류역사를 통하여 19세기 말, 20세기 초에나 최초로 제기된 것입니다. 그 전에는 나 예수라는 인간은 독자적으로 인식되지도 않았고, 탐구의 대상이 되지도 않았습니다. 나의 삶에 관한 정보를 전해주는 최초의 순결한 복음서인 마가복음조차도, 첫머리를 이렇게 시작합니다.

"하나님의 아들 예수 그리스도의 복음의 시작."

다시 말해서 예수는 이미 그리스도로 인식되었으며, 그 그리스도 즉 구세주(메시아)는 하나님의 아들the Son of God, υἱοῦ θεοῦ 이라는 전제로부터 모든 이야기가 연역되었습니다.

한번 여러분들 주변의 사람을 둘러보십시오. 자기가 이 세상을 구원한다는 생각을 가지고 사는 사람을 찾기가 어렵지는 않습니다. 이 세상을 자기가 구원한다고 생각하는 사람들은 신흥종교를 만들거나, 사교의 무리를 짓거나, 혹은 사악한 정치적 집단을 형성하고 싶어하는 사람들 속에서 쉽게 발견될 수 있습니다. 히틀러도 자기를 하나님의 아들이라고 생각했을 것이고 전후 도탄에 빠진 세계를 구원하는 구세주라고 생각했을 것입니다. 과연 내가 나 자신을 이 세상을 구원하는 구세주라고 생각했을까요?

이 문제는 궁극적으로 나의 "자의식Self-consciousness"에 관한 물음이 될 것입니다. 스스로 자기가 이 세상을 구원하는 구세주라는 의식을 가진 자가 과연 진정한 그리스도가 될 수 있을까요? 혹은 그러한 자의식에 투철해야만 할까요? 그러나 이러한 문제는 매우 중요한 논의의 대상임에도 불구하고 궁극적으로 내가 얘기할 성격의 것은 아닙니다. 나는 구세주라는 자의식이 없었던 사람일 수도 있고, 또 구세주라는 의식을 가지고 투철하게 살아간 사람일 수도 있습니다.

그런데 이런 문제는 살아있는 나 예수가 나 스스로를 규정하는 데 동원될 개념적 장치는 도무지 아닌 것입니다. 내가 그리스도인가, 그리스도가 아닌가, 이러한 의식은 나의 실존의 모든 순간에 문제될 필요가 없는 사항입니다. 나에 대한 그리스도적인 규정성은 끊임없이 살아있는 나의 모든 삶의 찰나찰나에 별 해당이 되지 않는 개념적 장치일 뿐입니다. 나는 예수입니다. 그리고 예수로서 살았습니다.

아참! 왜 이런 얘기를 하게 되었을까요? 아항~ 내가 베들레헴에서 태어나지 않았다는 것을 말하다가 얘기가 여기까지 흘러왔군요. 나는 베들레헴에서 태어나지 않았습니다. 그런데 왜 베들레헴에서 태어난 것으로 기술되었을까요? 이제 여러분들은 그 이유를 쉽게 간파하실 수 있을 것입니다. 나를 그리스도(=메시아=구세주)라고 믿는 사람들, 보다 정확히 말하자면, 나를 그리스도로 만들고 싶어하는 사람들의 입장에서는, 나는 반드시 베들레헴에서 태어나야만 합니다. 베들레헴은 다윗의 고향이고, 다윗은 이스라엘민족의 심상 속의 최초의 진정한 롤모델이었습니다. 사울이나 솔로몬의 이미지는 다윗의 메시아적 성격에 영 못 미칩니다. 그러므로 후대의 메시아의 출현은 다윗의 고향인 베들레헴에서 태어나리라는 전설적인 믿음이 이스라엘민족의 상식이 되어버렸습니다. 다시 말해서, 다윗의 혈통에서 메시아가 나온다는 믿음이 메시아대망사상의 밑바닥에 깔려있었던 것입니다. 다윗의 혈통을 주장하여 베들레헴탄생을 꾸며낸 사람들이 과도하게 신화를 만들다가 성모 마리아의 동정녀 탄생설까지 만들게 되었습니다. 생각해보십시오! 나의 엄마가 아버지의 정액이 없이 성령의 씨앗만으로 나를 잉태했다고 한다면, "다윗의 혈통"이라는 것은 일말의 근거가 없는 헛것이 되어버리고 마는 것입니다.

나를 다윗의 혈통으로 규정하면서 베들레헴의 구유간 탄생설

나는 예수입니다

화를 만든 사람들은 분명 뚜렷한 의도를 가지고 있었습니다. 예수는 그리스도다! 예수는 그리스도가 되어야만 한다! 그것은 우리의 절박한 요구다! 이러한 주장을 한 치도 양보할 수 없는 사람들, 아니 그러한 믿음 속에서 신앙공동체를 형성한 사람들, 이 사람들의 조직적 모임체를 우리는 대강 "초대교회Primitive Christianity"라고 부릅니다. 내가 죽은 후로부터 나의 성문제자들이 순교 등으로 사멸할 때까지 대략 AD 60년대 말까지의 교회가 가장 초기의 초대교회라고 말할 수 있습니다(최초기 40년간). 이 교회(에클레시아)운동도 매우 다양한 갈래가 있었지만, 예루살렘교회를 중심으로 한 운동과, 갈릴리·시리아 지역에서 산발적으로 전개된 운동, 이 양대세력으로 대별할 수 있습니다. 전자는 베드로와 야고보를 중심으로 전개된 것이고, 후자는 나의 성문聲聞대중이 중심이 되었지만 바울이라는 사도의 정신적 영향이 컸다고 말할 수 있겠습니다.

그러나 초대교회의 지도자들과 회중이 전하고자 하는 메시지는 예루살렘이나 갈릴리를 불문하고 매우 강렬했고 철저한 것이었는데, 그것은 나의 삶에 관한 담론이 아니라 나의 죽음과 부활에 관한 담론이었습니다. 물론 그들에게 부활은 종말론적 재림사상과 연결되어 있었습니다.

나 예수가 그리스도라는 사상은 반드시 내가 죽었다가 다시 살아났다는 신념을 전제로 해서만 확증될 수 있는 문제입니다. 부활했기 때문에 나는 초대교회 사람들에게 그리스도로 인식되었고, 하나님의 아들로서 인가를 받은 것입니다. 이러한 초대교회 사람들의 "예수＝그리스도＝부활자＝하나님의 아들"이라는 신념을 신학자들은 "케리그마"라는 말로서 표현합니다. 초대교회 사람들의 일반적 담론을 케리그마라고 하는 것이지만 그 케리그마의 핵심이 나의 죽음과 부활이라는 뜻이 되겠습니다. 나 예수는 애초로부터 초대교회 케리그마에 감금되어 버린 존재가 되었습니다.

그런데 뜻밖의 일이 벌어집니다. 아니, 뜻밖의 일이라기보다는, 암암리 예상될 수도 있었던 일이었지만, 그 누구도 그토록 잔혹하고 대규모의 파괴가 일어나리라고는 상상도 하지 못했습니다. 팔레스타인 각지에서 일어난 로마제국의 식민지배에 항거하는 반란이 처음에는 열성당원의 세금거부운동으로 시작되었지만, 조직적으로 로마시민들을 살해하는 민란으로 확대되면서 유대인과 로마인의 본격적인 전쟁으로 비화됩니다(First Jewish-Roman War, AD 66~73). 네로 황제가 베스파시안 장군 General Vespasian(AD 69~79년까지 로마황제로서 군림)에게 유대인 반란의 제압을 명하지만 그는 네로 황제의 죽음으로 황제가 되었고, 실제로 그 역할을 수행한 것은 그의 아들 티투스Titus였습니다.

티투스는 AD 70년 유월절 며칠 전인 4월 14일부터 예루살렘을 공격해 들어갑니다. 유대인들이 이 전쟁에서 대패를 한 까닭은 자체 내에 통일된 신념이나 리더십이 없었기 때문입니다. 예루살렘은 사두개인들이 장악하고 있었지만 이들은 전쟁수행 능력이 전무한 사람들이었고, 반란의 실제적 주체세력인 열성당원과는 전혀 융합될 수 없는 사람들이었습니다. 유대진영은 이미 그 내부에서 파멸되고 있었습니다. 티투스는 세 군단(로마제5군단, 제12군단, 제15군단)을 활용하여 서쪽에서 공략해 들어갔고, 동쪽 감람산 방면에서는 제10군단이 동벽을 무너뜨립니다. 예루살렘의 포위전략은 4개월 3주 4일이나 걸린 집요한 공략이었으며 AD 70년 9월 8일에 완료됩니다. 이 과정에서 자그마치 110만 명이 도륙되었으며 9만 7천 명의 장정이 노예가 되었습니다. 노예가 된 사람 중, 수천 명이 글래디에이터가 되어 경기장 우리에서 목숨을 잃었습니다.

하여튼 그 자세한 전쟁의 정황을 보고받는 것보다 더 중요한 것은 "예루살렘의 멸망"은 전면적인 유대민족의 멸망이며, 유대국가체제의 멸망이며, 유대인 종교의 멸망이며, 유대인 문화의 영락을 의미한다는 사실, 그 역사적 의미를 깨닫는 것이 중요합니다. 실제로 예루살렘멸망 이후 유대민족은 20세기 초에나 팔레스타인으로 모여들게 됩니다. 예루살렘멸망은 유대민족의 총체적인 멸망이며 2천 년의 기나긴 다이애스포라생활의 시작이었습니다. 바빌로니아제국의 예루살렘파괴는 유대민족의 핵심세력을 바빌론으로 이주시키는 포로전략이었지, 도륙과 파멸의 비극은 아니었습니다. 그러나 AD 70년의 파멸은 모든 것의 끝장이었고, 문자 그대로 "절망" 그 이상의 아무것도 아니었습니다. 그러나 문명화된 세계에서의 "절망"은 반드시 "소망"을 불러일으킵니다. 유대민족의 역사에서 절망은 하나님의 진노로 이해되며 반성의 심화를 의미하는 것이었습니다.

사람들이 너무 쉽게 도식적으로 이 예루살렘의 멸망이라는 정치적 사건을 이해해버리고 마는 것 같습니다. 그러나 그것은 실제로 아포칼립스와도 같은 모든 것의 파멸이었습니다. 나의 삶과 죽음은 바로 이 총체적 파멸을 40년 앞둔 시점에서 이루어진 사건이라는 사실을 이해하는 것이 중요합니다.

예루살렘성전이 파멸되면서 유대인의 종교적 하이어라키가 다 무너져 버렸고 따라서 바이블(구약)의 권위도 다 무너져 버렸습니다. 그런데 더 중요한 것은 유대교의 파멸과 함께, 그동안 한 40년 동안 어렵게 구축되었던 예루살렘 초대교회공동체 또한 궤멸되었다는 사실입니다. 다시 말해서 구약(옛 약속)도 사라지고 신약(새로운 약속)도 사라진 것입니다. 모든 약속이 무화된 폐허에서 나는 참으로 부활하기 시작했습니다.

나의 삶과 죽음에 관하여 펼쳐진 모든 인간들의 담론은 나의 존재의 실상實相을 그려내고 있다기보다는 그 담론의 주체의 원망願望wishful thinking의 투사라고 말하는 것이 보다 정확한 기술이 될 것입니다. 나를 인간으로 보고 싶어하는 사람들에게는 나는 인간으로 나타날 것이고, 나를 하나님으로 보고 싶어하는 사람에게는 나는 하나님으로 나타날 것입니다. 그래서 매우 애매한 하나님의 독생자라는 말도 생겨났고, 무수한 성격규정의 언어들이 다양한 방식으로 생겨났습니다. 초대교회의 담론은 주로 나의 죽음과 부활에 관한 것이었으며, 그것을 "선포"를 의미하는 말인 "케리그마"라고, 신학에서 부른다는 것은 이미 말씀드렸습니다. 다시 말해서 초대교회 사람들은 나를 메시아(=구세주)로서 선포하지 않으면 아니 되는 어떤 절박감에 사로잡혀 있었습니다. 그래서 그들의 테마는 메시아의 근거인 죽음과 부활에 국한되어 있었습니다. 그 테마의 사상적 근거는 희랍적 사유에 능통한 탁월한 지식인이었던 바울이 제공한 것입니다. 바울과 교회의 계통을 달리할지라도, 바울의 사상적 영향을 아니 받은 자는 거의 없었다 말해도 틀린 말은 아닐 것입니다.

그런데 AD 70년의 예루살렘멸망이라는 이 어마어마한 대사건은 유대종교의 역사에서뿐만 아니라 크리스챤 종교운동의 역사에도 대변혁을 일으키는 계기가 되었습니다. 완벽한 파멸은 새로운 시작을 의미합니다. "새로운 시작"이라는 뜻은 기존의 권위나 개념이나 신념, 그리고 권세의 속박이 없는 "무로부터의 출발"을 의미합니다. 무엇인가를 창작하려는 작가의 의식의 세계에 완벽한 상상력과 자유를 허용하는 것입니다. 이 자유와 상상력이야말로 기존의 케리그마와는 다른 진정한 예수운동Jesus Movement의 새로운 출발을 의미하는 것이었습니다. 우선 사람들은 폐허에서 자신들의 삶을 재건해야 했습니다. 그 자신들의 삶의 재건은 바로 나 예수의 삶의 재건으로 연결되었습니다. 초대 크리스챤들은 묻기 시작했습니다. "크리스챤"이란 예수가 그리스도라는 것을 믿는 사람들을 지칭하는 것입니다. 이들은 이렇게 묻기 시작했습니다: "예수가 그리스도라는 것을 우리는 믿는다. 그러나 그리스도됨의 계기인 부활사건만으로는 우리는 너무도 예수를 모르는 것이 아닌가? 예수는 그리스도이기 전에 예수가 아닌가? 예수로서의 예수를 알아야만 진정으로 그가 그리스도라는 것을 깨달을 수 있는 것이 아닐까? 우리는 너무 추상적 관념에 갇혀있는 것이 아닐까?"

이 작업은 예수의 죽음과 부활에 대한 관념적 해석보다는 예수의 삶을 기술하는 새로운 노력으로 발전하게 되었습니다. 죽음보다는 삶, 해석보다는 기술, 선포(케리그마)보다는 발견 Discovery으로 그 강조점이 옮겨지게 되었습니다.

나의 삶을 발견하는 과업을 수행하는 작업은 과연 어떤 방식으로 이루어졌을까요? 한 인간의 삶을 기술한다는 것은 현재 여러분들의 언어로 말하자면 전기 즉 바이오그라피biography를 쓴다는 의미와 동일합니다. 한 사람에 관하여 자료를 조사하고 그 자료를 연대순으로 배열하여 살을 붙여 의미 있는 일대기를 만드는 것이죠. 내가 살았던 헬레니즘시대에도 "비오스βίος"라 하여, 이러한 전기문학장르가 있었습니다. 그러나 초대교회 사람들의 관심은 이러한 비오스(전기)를 쓰는 데 있지 않았습니다. 그들은 어디까지나 교회공동체의 입장에서 나의 삶을 발견하려 했습니다. 비록 예루살렘멸망 이전의 교회와는 다른 시각에서 나를 발견한다 할지라도 역시 초대교회 케리그마(선포양식)의 본래적 의도를 근원적으로 일탈하려 하지는 않았습니다. 다시 말해서, 나 예수 인간의 삶을 말하기는 해도, 나 예수가 그리스도이다 라는 전제를 버리지 않았다는 것이죠. 예수 그리스도의 지상에서의 행위역정, 그것을 "삶Life"을 의미하는 비오스라는 말로 부르지 않고 "기쁜 소식good news"이라는 뜻을 지니는 "유앙겔리온euaggelion, εὐαγγέλιον"이라는 희랍적 표현으로 불렀습니다. 나의 삶, 그 자체가 굿 뉴스라는 의미이지요.

나 자신도 살아 생전에 기쁜 소식(=복음)을 의미하는 유앙겔리온이라는 말을 썼습니다. 나는 내가 곧 복음이라는 뜻으로 쓰지는 않았고, 천국이 곧 온다는 것이야말로 기쁜 소식이라고 말했습니다. 그러나 예루살렘의 멸망 이후에 등장한 유앙겔리온

(=복음)은 단순히 나의 삶에 관한 기쁜 소식을 전한다(유앙겔리조 *euaggelizō*)는 일반동사의 명사형으로서가 아니라, 그 자체로서 유니크한 새로운 독자적 문학양식을 의미하는 것이었습니다. "복음서"의 등장이야말로 바울의 이방선교와는 전혀 다른 새로운 기독교운동의 출발을 의미하는 것이었습니다.

나의 삶은 복음서를 통하여 알려지기 시작했습니다. 아니, 상상되기 시작했습니다. 복음서를 통하여 기독교 커뮤니티에 새로운 희망과 기쁨이 충만하게 되었습니다. 이 복음서 문학장르의 최초의 사건이 바로 "마가복음서The Gospel According to Mark"의 출현이었습니다. 마가복음서를 누가 썼는지는 정확히 알 수는 없습니다. 그러나 그 복음서는 "마가"라는 이름의 작가에 의하여 쓰여졌다고 상정됩니다. 마가복음서의 저자가 누구인지 정확히 알 수 없다고 한다면, 마가복음서의 저자는 마가이다라는 표현은 하등의 문제 될 일이 없습니다. 사실 그 마가는 한 개인일 수도 있고 요즈음 방송작가그룹처럼 단체일 수도 있습니다. 그러나 분명 대표집필자가 있을 것이고(문체나 플로트의 동질성, 연속성으로 보아), 그 대표집필자를 마가라고 부르는 데 별 어려움이 없을 것입니다.

최초의 복음서는 마가에 의한 마가복음서입니다. 그런데 옛날에(AD 70년대) 양피지 위에다가 복음서라는 문학양식을 완성하는 작업은 매우 고가의 경비를 필요로 하는 작업이었습니다. 다시 말해서 마가가 복음서를 완성하기까지 그 경비를 댄 교회공동체가 있었다는 것이죠. 그 교회공동체를 편의상 마가공동체, 혹은 마가교회라고 부르는 것은 별 문제가 없겠지요. 문제는 이 마가공동체가 어떠한 성격의 것이며 어느 지역에서 활동한 것인지를 알아내는 것입니다.

우선 마가공동체를 알아내기 전에 마가복음서가 최초의 복음서라는 사실에 대한 의미를 좀 확연히 깨달을 필요가 있습니다. 단순히 여러 개 중에서 제일 먼저 쓰여진 복음서라는 의미로서 이해하면 곤란합니다. 마가복음서로 인하여 우리가 복음서라고 부르는 고전문헌양식이 인류역사상 최초로 출현했다고 하는 사실의 의미를 좀 깊게 새겨볼 필요가 있습니다. 바울은 나 예수의 인간에 관해 전혀 관심이 없었습니다. 그와 나는 그가 다메섹(=다마스커스, 시리아의 수도)으로 가는 도중 영적인 교감에 의해 만났습니다. 따라서 그는 내가 어디서 태어났는지, 몇 살인지, 갈릴리와 예루살렘에서 무엇을 했는지, 나의 삶의 비전이 무엇이었는지, 나의 사생활에 관해 일체 관심이 없었습니다. 따라서 바울에게서 나는 부활신화의 상징이었고, 종말론적 관심의 궁극적 주체로서의 메시아였습니다. 그의 담론은 나의 죽음과 부활과 재림에 관한 철학적 담론이었으며 추상적 의미체계였습니다. 생동하는 나의 삶의 이야기는 그의 디스꾸르(담론)

속에 자리잡을 길이 없었습니다.

그런데 복음서, 즉 유앙겔리온(=가스펠gospel)의 출현은 이 모든 인식구도를 전환시키는 전혀 새로운 작업이었습니다. 최초기 40년의 초대교회역사(AD 30~70)는 유대교 최말기 40년의 역사이기도 합니다. 예루살렘의 멸망으로 이 최초·최말의 역사가 다같이 막을 내립니다. 그리고 새로운 희망, 복음서의 시대가 시작됩니다. 그 굳 뉴스, 복음의 최초의 양식을 만들어낸 완벽한 창조의 계기가 바로 마가의 복음서입니다. 그것은 술述이 아닌 작作이었습니다. 그 무無의 벌판을 더듬어가는 최초의 창조적 긴장감creative tension은 여타 복음서나 여타 대화록과 가히 견줄 바가 없습니다. 그 한줄 한줄이 모두 온전한 창조였습니다.

나는 살아있을 동안에 교회를 만든 적이 없습니다. 교회라는 조직은 전혀 나의 사전에 한 줄도 있을 수가 없습니다. 나는 갈릴리의 민중과 더불어 살았을 뿐이며, 나를 믿으라고 하는 신앙공동체를 만든 적이 없습니다. 나는 더불어 살았을 뿐이며, 더불어 행동했을 뿐이며, 더불어 구원의 실천을 모색했을 뿐입니다. 나에게는 행위만 있었을 뿐, 조직이나 교리나 실존을 벗어난 진리담론은 존재하지 않았습니다.

내가 죽었을 때, 내 주변의 모든 사람들은 제각기 뿔뿔이 흩어졌습니다. 그러나 그 뒤로 나의 생전의 담론을 기억하고 사랑하는 사람들에 의하여 나의 설교집, 즉 간략한 어록 같은 것들이 여기저기서 편찬되었습니다. 이런 것들은 로기온(말씀)자료라고 하는데 이 로기온들이 나의 생애에 관한 일차자료가 되었을 것입니다. 허나 이 로기온자료들은 기본적으로 파편조각 fragments과도 같은 것이라서 일관된 이야기 줄거리를 형성하지 않습니다.

그리고 로기온자료들도 기록자에 따라, 공통된 것도 있었지만 다르게 해석되어 다른 의미를 지니는 것도 있었고, 또 나의 담론의 새로운 측면들을 개척해나간 기록들이 많았습니다. 그러니까 그러한 로기온자료들이 반드시 나의 말을 있는 그대로 전한다는 보장은 없습니다. 그러나 대체적으로 초기 로기온자료들은 삶의 지혜에 관한 것이나, 천국의 도래에 관한 상식적인 권유를 기록한 내용이 대부분이며, 신비나 기적이나 초월적 측면을 기록한 것은 거의 없었습니다.

그런데 복음서라는 것은 기본적으로 나의 삶에 관한 이야기입니다. "이야기story"라는 것은 나의 삶의 역정을 엮어 풀어내는 것입니다. 말씀자료만으로는 이야기가 될 수가 없습니다. 말씀자료들을 엮어내는 맥락적 상황설명에 해당되는 내러티브(객관적 서술양식)가 반드시 필요하게 됩니다. 아주 쉽게 말하자면 이야기는 말씀자료와 서술자료(내러티브)로 구성되는 것이지요. 마가는 우선 문서화 된 기존의 로기온자료(말씀자료)들을 수집했습니다. 그리고 서술자료를 만들기 위하여 많은 갈릴리 지역을 답사하면서 나의 행보의 흔적을 조사하고, 주변에 뿌려진 나에 관한 이야기들을 수집했습니다.

당시만 해도 내가 죽은 후 40년 정도 지난 시기였기 때문에 아직도 나를 생생하게 기억하는 촌로들을 만날 수 있었습니다. 요즈음 방송드라마작가들이 집단적으로 자료를 조사하고 다양한 플로트를 구상하고, 최종적으로 테이블에 옹기종기 모여앉아 의도하는 바 궁극적 목적을 구현하는 스토리를, 취사선택하여 구성하는 것과 똑같은 작업을 마가공동체는 감행하였던 것입니다. 이러한 창조적 노력을 통하여 유앙겔리온(=복음)이라는 유니크하고도 위대한 문학장르가 인류사의 지평에 최초로 등장하게 된 것입니다.

자아~ 그렇다면 마가의 복음서는 나 예수라는 인간의 모습을 세상에 알리기 위해 쓰여진 것일까요? 이 질문에 명료하게 답하기가 쉽질 않습니다. 왜냐하면 복음서 자체가 기쁜 소식이고, 기쁜 소식이라는 것은 나 예수가 그리스도이며 하나님의 친아들이라는 것을 전제로 할 때만이 성립하는 것이기 때문입니다. 마가는 자신의 복음서를 동사가 없이 이렇게 시작했습니다.

"하나님의 아들 예수 그리스도 복음의 시작."

그러니까 결국 나의 삶의 이야기이기는 하지만, 그 복음이라는 문학장르가 궁극적으로 노린 것은 나 예수가 그리스도라는 것을 입증하기 위한 것이지요. 단지 기독론의 근거를 바울식 부활담론의 추상적 논설로써 마련한 것이 아니라, 살아있는 인간 예수의 삶의 이야기로써 마련한 것이 다를 뿐이죠. 기독교의 초기형성과정에서도 이미 죽음이 삶을 앞섰고, 논설이 이야기를 앞섰고, 철학이 문학을 앞섰습니다. 그러니까 아무리 문학이 생생한 이야기를 전해도 이미 형성된 철학의 개념적 속박을 벗어나기 힘든 것이죠.

20세기의 서구의 가장 위대한 성서신학자라고 말할 수 있는 루돌프 불트만은 이와같이 말했습니다: "바울의 담론을 통해서도, 어떠한 복음서의 기술을 통해서도 역사적 예수Historical Jesus에 관한 진실은 알려질 길이 없다. 그 모든 담론이 이미 초대교회의 케리그마적 담론이며, 초대교회는 종말론적인 회중이다. 이미 신화 속에 갇힌 사람들이다." 세상사람들이 불트만을 진보적 신학자로서 평가하는 이유는 그가 철저히 성서의 신화적 기술을 비신화화하려 했기 때문입니다. 2천 년 전의 신화적 세계관을 오늘 과학적 세계관 속에서 사는 사람들에게 강요할 수 없다는 합리주의정신을 표방했기 때문입니다. 그래서 그는 초대교회의 케리그마를 발견했고, 그 케리그마의 신화적 성격을 규명했습니다.

그런데 비신화화demythologization의 궁극적 목적은 20세기 사람들의 마음을 신화로부터 해방시키는 데 있어야 할 텐데, 그의 비신화화는 오히려 나와 인간의 마음을 철저히 신화 속에 가두어 버리는 바보짓이 되고 말았습니다. 그의 비신화화는 신화를 제거하려는 데 있는 것이 아니라 오히려 신화를 긍정하고 그 신화적 표현의 의미를 인간의 실존적 상황 속에서 해석하려 했습니다. 신화의 의미를 물은 것이죠. 그러나 그의 케리그마이론은 신약의 모든 언어를 초대교회의 케리그마에 가두어 버리게 된 것입니다. 복음서라는 문헌의 한계를 지적한 것은 좋은 일이라고 말할 수도 있겠지만 그의 진보적 사상은 기실 너무도 지독한 경건주의에 빠져 있습니다. 그 자신이 케리그마에 갇혀 살아있는 나 인간 예수를 근원적으로 거부해버렸습니다. 역사소설이 아무리 픽션이라 할지라도 그 픽션 속에는 역사적 인간이 살아 있습니다.

복음서라는 문학양식을 최초로 만든 마가라는 천재는 초대교회 케리그마 속의 연역적 그리스도상과 갈릴리 지평 위에서 민중과 더불어 즉자적(유튀스)으로 움직이는 귀납적 예수상, 그 양면을 모두 타협 없이 발현시키는 오묘한 창조를 달성했습니다.

그 무無에로의 창조적 긴장감은 유대교적 타성을 완전히 벗어날 수 없는, 소승적 단계에 머물러 있을 수밖에 없었던 초기기독교를 대승적 종교로 비약시키는 혁명적 계기를 마련했습니다.

마가는 복음(기쁜 소식)의 궁극적 성격을 부활이나 재림에 두지 않고 갈릴리 민중(오클로스=무리)의 현존적 삶의 지평 위에 뿌리박았습니다. 그리고 그것을 시종일관 타협 없이 관철시켰습니다. 나는 마가의 기술 속에서 살아있었고, 비로소 숨을 쉴 수 있었습니다. 사람들이 이 사실을 느낄 수 없다면 그것은 매우 가여운 일입니다.

마가는 나를 그리스도로 만든다는 대전제를 버리지는 않았지만, 예수로서의 모습도 매우 담박하고 간결하고 진솔하게 그려나갔습니다. 마가를 특징 지우는 것은 "단절"입니다. 나의 사상이나 선포를 구약과 단절시켰고, 예루살렘과 단절시켰고, 신적인 개입과도 단절시켰고, 가족과 단절시켰고, 심지어 가까운 제자들과도 단절시켰습니다. 처음부터 끝까지 단절시키지 않은 것은 갈릴리의 민중일 뿐입니다. 단절된 나, 고립무원의 나, 그 나의 실존적 고독을 주 테마로 밀고 나간 것이지요. 이러한 마가의 특성을 눈치채지 못하는 사람들이 많습니다. 우선 마가를 제대로 읽지 않기 때문이고, 마가의 독자적이고 창조적인 특성을 망각한 채 타 복음서의 정보와 무차별하게 비빔밥을 만들어

먹기 때문입니다. 비비기 이전의 담박한 쌀밥의 순수성을 음미하지 않는 것이죠.

우선 여러분들이 알아야 할 것은 마태복음이나 누가복음, 그리고 요한복음은 모두 마가복음보다 후대에 쓰여진 것이며, 모두 마가복음을 책상머리에 놓고나서 그것을 온 줄거리로 삼아 써내려간 마가증보판이라는 사실이지요. 그러니까 같은 복음서장르의 문학작품이라 할지라도 여타 3복음서에는 오리지날 복음서인 마가복음의 창조적 긴장감이 전혀 느껴지질 않는 것이죠.

마가는 작作(Creation)의 차원을 달리는데 여타 3복음서는 술述(Transmission)의 차원을 달리는 것이죠. 심하게 말하자면 마가가 온전한 창작임에 반하여 여타 복음서는 그 창작물에 대한 장식, 수식, 변형 정도의 작품이라는 것이죠. 집을 쌩으로 사전 모형이 없이 새로 짓는 것과 보수공사를 하는 것은 차원이 다른 것입니다.

마가는 나오자마자 공전의 히트를 쳤습니다. 절망에 빠져있던 유대인들과 기독교인들과 로마압제에 시달리던 이방인들에게 예수라는 인간과 함께 그리스도라는 신화적 구원자의 소식을 알렸습니다. 그것은 형식에 있어서나 내용에 있어서 이전의 어떠한 장르보다도 파격적인 것이었습니다. 희랍비극의 모든 요소를 갖추고 있으면서도 훨씬 더 강렬한 리얼리티 감각과 의미체계를 모든 실존자들에게 반성의 계기로서 침투시켰습니다. 바야흐로 유앙겔리온의 시대가 도래한 것입니다. 그래서 또다른 유앙겔리온을 만들려는 노력이 사방의 교회공동체에서 일어납니다. 복음서라는 장르 때문에 교회공동체가 단순한 종말론적 기대를 극복할 수 있는 새로운 기풍을 확보하고 활성화되어 가는 것이죠.

마태는 마가를 정직하게 계승하면서도(마가텍스트의 대부분이 마태복음에 들어가 있다), 마가의 단절들을 땜방하는 작업을 감행했습니다. 구약과 예수를 단절시키는 것이 아니라 연속시키는 것이죠. 그러니까 마태는 마가를 당시 새로운 기독교인 인구의 주류를 형성하고 있던 유대계 기독교인들에게 어필될 수 있는 형태로 개칠을 한 것이죠. 그런데 개칠이 반드시 나쁜 것만은 아닙니다. 개칠한 부분에도 마가가 담지 못했던 새로운 정통자료들(예수운동의 자료를 마가가 다 흡수한 것은 아니다)이 첨가되었을 수도 있고 나의 다양한 면모가 확대되어 나타날 수도 있습니다.

마태에 비해 누가는 나를 헬레니즘의 국제적 지평 위에 놓으려고 했습니다. 누가는 매우 세련된 사람이었으나 좀 과도하게 꾸미기를 좋아하는 사람이었습니다.

요한이라는 사람은 이 세 복음서를 모두 책상 위에 올려놓고 다 참조하면서, 이전의 공관복음서와는 매우 성격이 다른 새로운 복음서를 만들었습니다. 요한은 헬레니즘 세계에 있어서 나의 삶과 죽음을 헬레니즘의 세뇌를 받은 지식인들에게 먹혀들어갈 수 있는 철학적 구도 속에서 조망해 들어갔습니다. 그것이 바로 로고스기독론이라는 것인데 빛과 어둠이라는 2원론적 세계관을 전제로 해놓고 나를 어둠의 세계 속에 던져진 빛으로서 (빛=로고스) 추상화시켰으며, 나의 존재를 신격화시키는 데 주저함이 없었습니다. 메시아 비밀과는 정반대의 자의식을 노출시키면서, 또 때로는 나의 인간적인 측면을 감성적으로 어필시키기도 했습니다. 그러나 마가복음에서 가장 멀리 나아간 요한복음까지도 마가복음의 기본틀을 벗어나지는 않는다는 것입니다.

비빔밥이 맨밥보다 맛있을 수도 있고, 증보판이 초판보다 더 좋을 수도 있습니다. 사실 마가는 오리지날 유앙겔리온이었고 또 기독교의 형성에 결정적인 디프 스트럭쳐를 제공했음에도 불구하고, 시대가 지나면서 기독교 교회들이 선호한 것은 마가가 아니라, 마태, 누가, 요한이었습니다. 더구나 성서편집이 마태를 마가 앞에 놓게 되니, 모든 사람이 마태가 마가의 증보판인 것인 줄을 모르고, 오히려 마가는 마태의 소략화된 엉성한 판본 정도로 착각하게 되었습니다. 더구나 요한복음의 화려한 구라와 과도한 기적행위에 맛이 들린 사람은, 마가복음은 매우

나는 예수입니다

부실한 대본처럼 느껴지게 됩니다.

　그러나 여러분들이 나 예수를 알고 싶어한다면 반드시 마가를 타 복음서의 전제가 없이 읽어야 합니다. 마가야말로 나 예수의 소박한 모습이 비쳐지고 있는 매우 절제된 걸작품입니다. 타 복음서나 바울의 서한이 틀렸다는 말이 아닙니다. 마가를 독자적으로 이해할 때만이 타 복음서의 특성과 아름다움이 보이기 시작한다는 것이죠. "예수로 돌아가라!"를 외치는 사람은 반드시 이렇게 외쳐야 합니다: "마가로 돌아가라!"

　마가라는 천재를 탄생시킨 마가공동체는 과연 어디에 있었을까요? 전통적으로 마가공동체의 소재지를 로마로 잡았는데 그것은 말도 안되는 낭설에 불과합니다. 우선 마가복음서는 마가에 의하여 예루살렘멸망 직후에 쓰여졌습니다. 마가 당대의 예루살렘포위Siege of Jerusalem를 당했던 동포들을 위로하는 글도 실려있는 것으로 보면, 마가복음서는 AD 71년 정도에 성립했다고 보면 됩니다.

　마태는 그보다 한 10년 후, 그리고 누가는 그보다 다시 10년 후, 그리고 요한은 또다시 10년 후에 성립했다고 보면 됩니다. 그러니까 AD 70년으로부터 AD 100년에 이르는 30년의 시기야말로 헬라적 사유와 헤브라이즘적 사유가 융합되어 가면서 합

41

1장_ 예수운동과 복음서의 등장

리와 초합리의 군무群舞가 이루어지는 찬란한 문화창조의 시기였다고 보시면 됩니다. 그 즈음에 인도에서도 반야경전이 쓰여지기 시작했으니까 전 세계의 문화적 천재들이 인류문명의 새로운 패러다임을 만들고 있었다고 보면 되겠지요.

그러나 예루살렘멸망 직후 마가복음이 예루살렘의 폐허에서 쓰여졌다고 볼 수는 없습니다. 예루살렘은 정말 폐허가 되었고 그러한 문화적 사업을 도모할 수 있는 기반시설이 다 무너져 버렸습니다. 그리고 유대·로마전쟁은 바르 코크바 항쟁Bar Kokhba revolt(AD 132~136)에 이르기까지 계속 이어지는 분위기였습니다. 앞서 말했듯이 초대교회는 예루살렘과 갈릴리의 두 센터로 대별된다고 했는데, 예루살렘파멸 직후에는 갈릴리 지역도 안전한 지구가 아니었습니다. 로마군단은 갈릴리 지역을 파괴하면서 예루살렘으로 내려왔습니다.

그러나 당대의 갈릴리 지역은 그 북쪽의 레반트 지역(지중해 연안), 시리아 지역과 같은 문화권을 형성하고 있었기 때문에 기독교는 일찍 갈릴리의 북쪽, 그러니까 팔레스타인 북부 지역과 시리아 남부 지역을 통섭하는 넓은 지역에서 높은 수준의 종교운동을 벌이고 있었습니다. 시리아 북부 지역의 중심은 안티옥이고, 그곳은 바울의 교회운동의 센터가 있었던 곳이라서 역시 바울의 입김이 강한 곳이었습니다. 마가공동체는 남부 시리아의 레반트 지역, 그러니까 페니키아문명의 발상지인 두로(뛰레 Tyre), 시돈(현재는 사이다Saida, Sayda)을 배경으로 활약했다고 단정 지을 수 있습니다. 새로운 운동을 전개시킬 수 있는 문화적 역 량과 재정적 능력이 축적되어 있는 곳이며 이미 내가 살아 활동 하던 당대에도 긴밀한 교섭이 있었습니다.

제2장

갈릴리와 나, 세례 요한과 나

이제 내 얘기를 할 때가 된 것 같습니다. 내가 나에 관하여 얘 기한다는 것, 즉 내 인생에 관하여 자술自述한다는 것은 나의 자유에 속하는 일 같지만 결코 나 또한 자유로울 수가 없는 것 같습니다. 나는 고립된 개인으로서의 예수가 아니라, 이미 역사 화 된 예수입니다. 역사 속에서 화석화 된 예수를 다시 살아 움 직이는 현존의 예수로 만드는 작업은 화석 그 자체의 면밀한 연 구와 그 화석을 생산했던 시대의 모든 삶의 자리들을 재구성하

는 해석작업을 요구합니다. 그 작업의 제1차 자료가 바로 마가
복음입니다. 마가복음의 기술을 있는 그대로 따라가면서 나 예
수의 삶의 모습을 복원하는 작업이 지금 내가 나에 관하여 하고
자 하는 일입니다. 마가의 이야기를 별 생각없이, 깊은 해석이
없이 그냥 쭉 따라가 보는 것이 이 세상사람들이 나 예수를 알
수 있는 정도正道일 것 같습니다. 복음은 원래 그런 목적을 위
하여 창조된 것이니까요.

마가는 개칠을 한 마태나 누가와는 달리 내 인생을 나의 공생
애의 출발시점, 그러니까 내가 세례 요한을 만나는 시점으로부
터 시작합니다. 그때는 내가 나이 서른 두세 살 정도였고 그 해
7·8월 정도였습니다(AD 29년 8월. 예수에 관한 모든 크로놀로지
는 정밀할 수 없다). 그러니까 서른 두 살 이전의 나의 삶에 관해
서는 관심도 없었고 정보를 수집할 길도 없었다는 뜻이지요. 나
의 존재가 사회화 되기 이전의 정보는 역사나 사람들의 기억 속
에 남지 않았다는 것이 가장 정직한 사실이겠지요. 마가에게는
이러한 정직성이 있습니다. 그리고 마가 또한 초대교회의 케리
그마를 존중하는 사람이었기에, 유앙겔리온의 집필목표가 나의
그리스도됨을 입증하는 데 있다면 당연히 나의 공생애를 주제
로 삼았겠지요. 마가는 작가였지만 정직한 사람이었습니다.

내가 세례 요한을 만난 이야기를 하기 전에 나에 관한 기본적

인 정보 몇 가지를 얘기해둘 것이 있습니다. 나는 갈릴리 나자렛에서 태어났습니다. 나의 어머니 마리아는 매우 평범한 여인이며, 결코 성모聖母라고 컬트화 될 수 있는 그런 여인이 아닙니다. 여러분들이 중동 지역 길거리에서 만날 수 있는, 까만 보자기를 쓴 보통의 여인, 그 이상 아무것도 아닙니다. 나의 그리스도됨을 원한다면 그 신령성을 나의 삶 속에서 찾아야 할 것입니다. 나의 가족을 장식물로 삼아 이야기를 구성하는 것은 너무 어리석은 짓입니다. 마리아는 아람어로 마리암Mariam인데 그것을 희랍어로 적으면 마리아Μαρία가 됩니다.

나의 엄마 마리아는 나의 아버지 요셉과 결혼하여 아들을 다섯 명, 딸을 셋 낳았습니다. 나는 8남매 중 둘째입니다. 그러니까 맏형이 있습니다. 그러니까 처녀잉태 같은 것은 애초에 말이 되지 않는 것입니다. 그것은 로마문명의 로컬 컬트와 결합되면서 다양한 이야기를 지어냈습니다. 그것은 그것대로 하나의 문화전통이니까 부정·긍정의 논란의 대상이 될 필요가 없겠지요. 그러나 나 예수를 정직하게 바라보고, 진지하게 이해하고 싶어 하는 사람들은 그런 유치한 논의에 사로잡혀서는 안됩니다.

나의 아버지 요셉은 매우 훌륭한 가장이었습니다. 나의 아버지 요셉을 목수라고 하지만, 당시 목수에도 여러 급이 있었고, 나의 아버지는 매우 고매한 지식인이었습니다. 목수carpenter라는 말은 아람어로 "나가르*naggar*"라고 하는데 그것은 장인을 의미하는 동시에 학자, 지식인, 유자儒者를 의미하기도 합니다. 나의 아버지는 지역에서 존경받는 유자였습니다. 나의 아버지는 나에게 당대의 문화적 전승을 남겨주었습니다. 나의 교양, 나의 지식과 품격, 어학능력, 비유로 말하는 능력 등등은 주로 아버지에게서 배운 것입니다. 나의 아버지는 내가 스무 살 때 돌아가셨습니다. 그래서 내가 활동할 때는 이 세상에 안 계셨습니다.

나도 아버지를 따라 목수일을 배웠습니다. 그러나 나는 단순히 작은 가구를 만드는 목수가 아니었습니다. 나는 배를 만들었습니다. 그래서 갈릴리 북부의 어촌과 교분이 있었습니다. 배를 만드는 작업은 다양한 지식과 섬세한 감각과 도제관계의 엄격성 속에서 전문적 훈련을 거쳐야 합니다. 나는 물론 농사도 지었습니다. 식구가 많았기 때문에 나는 다양한 생업에 종사하면서 부지런히 살았습니다. 그리고 무엇보다도 나는 민중의 삶 속에서 배우며, 깨달으며, 민중의 삶을 향상시키는 비젼에 대한 향심을 갖게 되었습니다.

다음으로 중요한 것은 내가 갈릴리에서 태어나 갈릴리에서 성장한, 갈릴리 사람이라는 사실입니다. 나는 유대인이라고 정확히 꼬집어 말하기가 힘듭니다. 나는 갈릴리 사람입니다. 거시적으로 보면 나 또한 이스라엘족속의 혈통관계 속에 속하는 사람이라고 말할 수는 있겠지만, 갈릴리 사람은 갈릴리 사람으로서의 자체 아이덴티티를 가지고 있습니다. "유대인"이라는 개념은 아주 엄밀하게 따지자면 야곱의 열두 아들 중에서 넷째 아들 (레아의 소생) 유다Judah의 소생들을 가리키며, 이 지파는 여호수아의 리더십 아래 가나안땅에 들어왔을 때 예루살렘과 유대광야를 분배받았고, 이들이 12지파 중에서 가장 중요하고 가장 세력이 왕성한 지파가 되었습니다.

이들이 벤야민 지파와 함께 남유다왕국을 형성하였고 예루살렘성전중심주의를 지속시켜 나갔습니다. 이에 비하면 갈릴리 지역은 유다 지파와 관련이 없으며 12지파 중 납달리, 아셀, 잇사갈, 스불론, 그리고 단Dan족속이 정착한 곳이었습니다. 이들은 남유다왕국에 대항하여 북이스라엘왕국을 형성하였으나, BC 740~722에는 앗시리아제국에 의하여 괴멸되었고, 북이스라엘을 구성하였던 10개 지파(남왕조의 유다 지파·벤야민 지파만 남기고)는 종적이 묘연하게 사라져 버리고 말았습니다.

그러니까 갈릴리 사람들은 유대인 역사에 있어서 독자적인 인정을 받지 못하였고 존재감이 없었습니다. 그리고 가장 중요한 사실은 바빌론유치의 대상이 아니었기에 바빌론 생활을 하지 않았고, 또 그러기에 바빌로니아의 종교에도 노출되지 않았고, 유대민족주의적 열망에 사로잡힌 적도 없고, 따라서 시오니즘Zionism을 체험하지 못했습니다. 따라서 예루살렘성전의 권위를 인정하지 않았고, 따라서 토라(율법)의 권위도 갈릴리 민중에게는 별 의미 없는 염불이었습니다.

"유대인"이라는 개념은 시온주의와 관련되어 강렬하게 부각된 것이며, 사실 여러분이 생각하는 유대인의 개념은 20세기 히틀러 덕분에 선명해진 시온주의적 개념입니다. 나는 유대광야에서 살지도 않았고, 예루살렘성전의 권위도 인정하지 않았으며, 토라(율법)의 명령도 거부하는 사람입니다. 이러한 나를 막연하게 유대인으로 규정하는 것은 나의 존재에 관한 오해를 불러일으킬 수 있습니다.

유대인들은 2천 년 동안 나를 저주하면서 살아왔습니다. 다이애스포라로 흩어져 살게 된 이유가 나 때문이라는 것입니다. 그리고 유대인의 영역에서 나를 철저히 배제시켰습니다. 그런데 요즈음 와서 나를 다시 유대인으로 편입시키려 하는군요. 나는 갈릴리 사람입니다. 갈릴리 사람은 폐쇄된 예루살렘성전 하이어라키에 대한 향심이 없습니다. 갈릴리는 오히려 고도의 문명을 축적해온 개방적인 레반트 지역(페니키아문명), 시리아 지역과 더 연계되어 있으며 마케도니아에서 인도에 이르는 헬레니즘·힌두이즘 복합문명에 더 친근합니다. 더구나 갈릴리문명은 서구문명 즉 라틴 웨스트Latin West와는 전혀 무관하며, 그것은

아시아대륙문명의 일부로서 이해되어야 마땅합니다. 나 예수는
아시아대륙의 사람입니다.

　갈릴리는 풍요와 기회의 땅인 동시에 빈곤과 착취와 절망의
땅이기도 합니다. 이스라엘은 크게 갈릴리, 사마리아, 유대광야
로 삼분 되는데, 갈릴리를 제외한 두 지역은 대체로 척박합니
다. 갈릴리는 풍요로운 농촌이 있었고 척박하지 않은 땅이 있었
습니다. 농토라 해도 조선의 금수강산처럼 수전작水田作을 할
수 있는 곳은 없습니다. 그러니까 쌀농사는 발달하지 않았습니
다. 이스라엘민족에게 제일 중요한 것은 밀농사와 보리농사입
니다. 밀과 보리를 수확해놓고 끼니때마다 맷돌을 돌려 가루를
만들고 그 가루에 물과 올리브기름을 섞어 다시 효모를 집어넣
어 발효시킨 것을 구워내어 호떡 같은 것을 만들어내는데, 그
호떡을 보통 "빵"이라 부르는 것입니다. 밀로 만든 것이 상급이
고, 보리로 만든 것이 중·하급입니다. 그 양자를 적당히 섞어
만들기도 합니다.

　그리고 밀농사, 보리농사 외로 중요한 것은 "올리브나무"의
재배입니다. 밀, 보리, 올리브, 그리고 양, 염소 등의 육류, 갈릴
리바다의 어류, 그리고 대추야자, 무화과, 석류, 포도재배 등이
예수 시대의 생활상의 주요품목인데 이런 것들이 갈릴리에서
풍성하게 생산되었습니다. 그래서 예루살렘성전의 하부구조는

갈릴리를 얼마나 효율적으로 잘 착취하냐에 달려 있었습니다. 전통적으로 전라도가 풍요로운 곡창의 대평야를 가지고 있음에도 불구하고 전라도 사람들이 중앙의 착취에 시달린 것과도 비슷한 상황이지요. 인구의 1%도 채 안되는 영주와 총독들을 둘러싼 최고 지배세력이 농토의 50% 이상을 차지하였고, 그 아래도 제사장 계급, 군인·관료 계급, 상인 계급이 있었습니다.

농민은 수확의 3분의 2를 그 상층 계급을 먹여 살리는 데 빼앗겼습니다. 이들은 빚이나, 병에 걸려, 또는 한재로 농사를 망치게 되면 땅을 빼앗기고, 노예나 소작인이나 위탁경작인으로 전락했고, 더 심하면 "불가촉천민"이 되어 방황하는 신세가 되었습니다. 불가촉천민의 인구가 최소한 10%는 되었는데 이 숫자는 늘어나기만 했습니다. 지배 계급은 이 천민 노예의 증가를 방조했지 해결하려고 하지 않았습니다. 경제적인 이득이라고 생각했으니까요. 갈릴리는 풍요와 동시에 집 잃고 땅 잃고 방황하는 천민들의 땅이기도 했습니다. 이러한 시대배경과 사회상을 이해해야만 복음서가 묘사하고 있는 갈릴리 민중의 모습이 보입니다. 나는 이 불가촉천민들의 친구였습니다.

갈릴리는 조선의 전라도에서 판소리와 같은 짙은 남도의 가락이 생겨난 것과도 같이, 기악과 노래와 춤이 독특하게 발달했고, 따라서 공동식사의 문화 또한 발달했습니다. 예루살렘 사람

나는 예수입니다

들의 경건주의와는 다른, 낭만적 문화가 살아있었습니다. 그러한 근본적인 문화충돌을 전제로 해서 복음서를 이해하는 것이 중요합니다.

다음으로 중요한 것은 내가 말하는 하나님은 구약에서 말하는 "야훼"(=여호와)와는 전혀 다른 하나님이라는 사실입니다. 복음서에서는 그냥 일반명사로 "테오스Θεός"라는 말만 쓰지, "야훼Yahweh"나 "엘로힘Elohim"과 같은 특정 이름에 해당되는 명사화 된 하나님을 지칭하지 않습니다. 야훼는 어디까지나 유대인종족의 하나님입니다. 유대인에게 선민의식을 불어넣고 유일한 선택과 경배를 강요하는 질투하는 하나님입니다. 나의 하나님은 인간에 대한 분별심이 없습니다. 한 민족을 타 민족보다 우월하다고 생각지 않으며, 한 민족을 사랑하고 여타 민족을 도륙, 괴멸시키는 그런 차별심이 없습니다. 그것은 숭배의 대상으로 객화되는 존재가 아니라, 인간에 대하여 무한한 사랑과 용서를 베푸는 자비의 하나님입니다.

나는 하나님에 대하여 일체 신학적 이론을 말하지 않습니다. 나에게 하나님은 오직 역사 속에서 일하시는 행위로써만 드러나는 존재입니다. 인간의 현재적 삶 속에서 역사役事하시는 것으로 내가 인지하는 바, 바로 그 인지함 속에 자신을 드러내는 하나님입니다. 나에게 하나님은 이 세상을 사랑하시는 아버지와 같으신 분입니다. 태양을 솟게 만들며 비가 내리게 만들어 만물을 이롭게 하는 자비로운 아버지, 그의 자녀들에게 일용할 양식을 주시는 아버지와 같은 분일 뿐입니다. 나의 하나님은 각박하게 따지는 하나님이 아닙니다.

마지막으로 나는 종교를 만들지 않았습니다. 나는 어떠한 종교의 교주가 아닙니다. 기독교의 교주도 아니고 예수교의 교주도 아닙니다. 나 스스로 하나님을 친아버지처럼 따른 사람이었을 뿐, 내가 하나님과 동격의 인간이라는 것을 과시하면서 나를 믿으라고 말한 적이 없습니다. 요한복음의 과도한 언사들은 초대교회의 절박한 요청에 의한 시대적 언사일 뿐, 나의 언어가 아닙니다. 나의 진실은 오직 마가에 담겨있습니다. 나는 사람들에게 나를 믿으라고 말한 적이 없습니다. 나는 사람들에게 내가 믿는 하나님의 말씀을 믿어주기를 바라는 마음에서 하나님의 말씀을 전했을 뿐입니다. 나는 하나님께 기도하는 삶을 살았습니다. 하나님을 빙자하여 나를 믿으라고(숭배하라고) 개인을 설득하거나 조직을 만든 적이 없습니다.

나 예수와, 내가 믿고 사랑한 나의 하나님, 이 두 가닥의 주제가 후대의 교회사에서 크게 혼동을 일으키는 문제가 되었습니다. 불행하게도 기독교라는 것은 나 나자렛 예수의 소박한 믿음을 계승하지 않고, 요한복음의 저자와 사도 바울의 신화적인 비젼을 발전시켜 나갔습니다. 나의 소박하고도 흙냄새 나는 현세적 비전은 "하나님의 나라"(천국天國) 이 한마디에 담겨있습니다. 나는 "천국운동가"였습니다. 이 말이 무엇을 뜻하는지 이제 마가의 서술을 통해 제 이야기를 풀어나가 보겠습니다.

세례 요한이나 나나 바울, 모두 동갑내기들입니다. 동시대의 고민을 공유한 사람들이죠. 이 세 사람에게 공통된 것이 있다면, 어떤 종말론적 관심eschatological concern을 공유한다는 것이겠지요. 종말론이라고 말하면 이 세상에 끝이 온다는 협박으로 아는데, 사실 그것은 새로운 질서의 도래에 대한 희망을 노래하는 것입니다. 그 새로운 질서가 아주 새롭기 때문에 종말을 말하게 되는 것입니다. 아주 끝장이 나야 아주 새로워지거든요.

이 새로운 질서에 관하여 세례 요한은 매우 정치적이었고, 바울은 매우 신화적이었습니다. 나는 그 양면을 뛰어넘는 어느 곳에 있었습니다. 득도한 순서대로 말한다면 세례 요한이 나의 선배이고, 바울은 나의 후배입니다. 세례 요한은 나보다 먼저 깨달은 선각자였고 바울은 나보다 늦게 깨달은 후각자였습니다. 나는 갈릴리 사람이지만, 세례 요한은 정통적 제사장 집안에서 태어난 전형적인 유대인입니다. 요한은 활동무대가 예루살렘 부근이었고, 유대 지방의 유대인들 속에서 활약했습니다.

이에 비하면 바울은 벤야민지파의 정통후손이며 자기 말로 "히브리인 중에서도 지독한 히브리인"이라고 말했습니다. 그는 헬라화된 문화도시 길리기아 다소에서 태어났고 매우 정통적인 엘리트교육을 받은 인물이었습니다. 요한은 간결하고 쉽게 이야기하는 데 반해 바울은 장황하고 어렵게, 그렇지만 심오하고 이론적인 언어를 구사합니다. 나는 아무래도 요한꽈科이지, 바울꽈는 아닙니다. 그러나 요한이나 바울이나 유대인정통주의의 바탕이 있기 때문에 매우 금욕적인 삶의 자세가 있어요. 그런데 나는 그렇지 않아요. 나는 갈릴리 사람이에요. 술도 잘 먹고, 노래도 잘 부르고, 로맨스도 즐겨요. 잔치 벌이기도 좋아하지요.

그런데 나는 바울과 만난 적이 없어요. 바울은 내가 누구인지 몰라요. 나 또한 바울을 모릅니다. 그러나 세례 요한은 상황이 다릅니다. 요한은 내가 직접 만난 사람이고 한동안 같이 생활했어요. 나는 세례 요한에게서 많이 배웠죠. 그는 진정한 나의 스승이었어요. 나의 천국운동은 실상 그로부터 시작된 것이라 해도 과언이 아닙니다.

내가 이렇게 말을 솔직하게 하면, 초대교회 사람들은 별로 좋아하지 않아요. 왜냐하면 나를 하나님과 동급의 절대적인 인간으로 만들고 싶어하는 사람들은 내가 누구에게 배웠다든가, 내가 누구에게 종속되어 있었다든가 하는 이야기를 아주 싫어합

나는 예수입니다

니다. 세례 요한과 나는 실상 비슷한 시기에 비슷한 이유로 처형되었습니다. 체제의 전복을 도모한다는 이유로 권력자들에 의해 제거된 것입니다. 세례 요한이 나보다 몇 달 빨리 처형되었지만 그의 제자들은 해체되지 않았고, 그의 시체를 가져다가 정중하게 장사를 지낼 정도로 세력을 유지했습니다.

사도행전 18장에 보면 알렉산드리아 출신으로서 에베소의 교회에 와서 나의 가르침을 매우 유창한 구변으로 전하는 아폴로 Apol'lo라는 사람이 있었습니다. 바울의 서한문에 보면 이 아폴로라는 출중한 인물에 관해 바울이 라이벌의식을 느낀 소감들이 술회되어 있습니다. 그런데 이 사람은 철저하게 세례 요한파 그룹에 속하는 사람이었고, 세례 요한의 가르침과 세례방식에 정통한 사람이었습니다. 이것은 이미 알렉산드리아, 소아시아 지역에 세례 요한파가 널리 분포되어 있었다는 것을 의미합니다. 마가가 복음서를 쓸 때에만 해도 나를 신봉하는 그룹과 세례 요한을 따르는 그룹 사이에 모종의 긴장관계, 라이벌관계가 있었습니다.

현존하는 누가 · 마태복음에 공유되어 있는 또 하나의 어록자료인 Q복음서(AD 50년경에 성립한 말씀자료)에 보면 그 모두冒頭에 세례 요한의 위상이 매우 정중하게 표현되어 있습니다. 그러니까 AD 50년경까지만 해도 이 두 그룹은 사이가 좋았다는 것이죠. 그러다가 마가 때는 약간의 긴장감이 더 강화되다가, 요한복음(AD 100년경)에 오면 세례 요한의 위상은 여지없이 추락하고 맙니다. 요한은 나를 하나님과 동격으로 올려놓을 생각이 있었기 때문에, 세례 요한 같은 사람은 애초에 상대도 되지 않는 인물로 격하시키려 했죠.

보통 여러분은 일상생활 속에서 "세례 요한"이라는 말을 쓰면, 대체로 뽄때를 보여주는 진짜 인물이 나타나기 전에 준비작업을 하는 "시다바리" 정도의 뜻으로 씁니다. 그런데 세례 요한에 대한 그러한 인상은 실상 요한복음에서 오는 것입니다. 기자 요한은 나를 로고스며 빛이라 했는데, 세례 요한에 대해서는 아주 냉정하게 "그는 빛이 아니라 다만 그 빛을 증언하러 왔을 따름이다"라고 잘라 말했습니다. 나의 시다바리로 만들어버린 것이죠.

그러나 실상은 그렇지 않습니다. 동정녀마리아탄생설이니 이런 구질구질한 세속적 얘기를 싹 쓸어버리고 깔끔하게 나의 등장을 추상적 "로고스탄생"으로 만들어버린 기자 요한조차도 세례 요한의 존재를 없애버리지 못한 것을 보면, 세례 요한파의 세력이 얼마나 강했는지를 알 수 있습니다. 기자 요한은 내가 세례 요한에게 세례를 받았다는 얘기도 싹 빼버렸습니다. 기자 요한의 구미에는 매우 모독적으로 들리는 말이었겠죠.

마가는 이 양 파의 타협점을 이렇게 찾았습니다. 나 예수가 선구적 세례 요한의 세례운동에 참여한 것은 사실이고, 또 내가 세례 요한에게 세례를 받은 것도 정확한 사실이기 때문에, 마가는 그 사실을 복음서의 첫머리에 기록하는 것을 빼놓지 않았습니다. 그리고 이렇게 정확하게 말했습니다: "예수는 갈릴리 나자렛으로부터 요단강으로 요한을 찾아와 세례를 받았다."(1:9). 그 대신 이러한 타협점을 내걸었습니다. 세례 요한의 극도의 겸손을 동시에 표현한 것이지요: "나보다 능력 많으신 이가 내 뒤에 오시나니 나는 굽혀 그의 신들메(샌달을 묶는 끈)를 풀기도 감당치 못하겠노라."(1:7).

자아! 이제 문제의 실상을 차근히 얘기해봅시다. 세례 요한은 좋은 가문에서 태어났습니다. 아버지가 헤롯시대 때 사제 스물네조組 중의 하나인 아비야조the Division of Abijah에 속했던 사제였고 어머니 또한 아론Aron의 후예였습니다(눅 1:5). 그런데 불행하게도 요한은 10대에 부모님을 다 여의었습니다. 꼭 싯달타처럼 생로병사의 고락을 일찍이 체험한 후에, 깊은 종교전통 속에서 자라난 그는 고행의 수행을 계속합니다. 그는 성적 욕망으로부터 자신의 정결을 지키는 것, 하나님의 계율을 엄수하고 하나님 앞에 부끄럼 없는 자가 되는 것을 지향하면서 여러 곳을 떠돌다가 결국 사해 부근의 엣세네파 집단인 쿰란커뮤니티에 정착했습니다.

쿰란집단은 매우 생활이 정갈했고 금욕적이며, 흰옷을 입었고, 또 과묵했으며, 말보다는 실천을 중시했습니다. 쿰란의 사람들은 자신들의 공동체가 임박한 하나님의 심판 때에 거대한 악의 세력과 전쟁을 수행할 것이라고 믿었습니다. 새로운 시대를 맞이하기 위하여 선택된 새 계약공동체라고 믿었습니다. 쿰란공동체에는 이미 기독교인들의 초대교회를 지배한 종말론이나, 메시아사상이나, 부활사상 같은 것의 원형에 해당되는 그러한 사유를 찾아볼 수가 있습니다. 그리고 이들에게는 바빌로니아나 페르시아 계열의 신화적 사유, 선과 악, 빛과 어둠을 실체적으로 대별시키는 이원론적 세계관이 노골적으로 드러나 있습니다.

세례 요한은 이 쿰란공동체에서 매우 금욕적인 생활을 하면서 10년 동안을 쿰란의 계율 속에서 살았습니다. 그러다가 어느 날 세례 요한은 홀연히 쿰란을 떠납니다. 요한은 폐쇄적인 공동체의 규율생활의 무의미성을 깨닫게 된 것이죠.

요한이 세례운동을 시작하게 된 것도 실상 쿰란공동체에서 일상적으로 행하는 싯킴굿과도 같은 정화의식에서 힌트를 얻은 것입니다. "싯킴"이라는 것은 몸의 세속적 때를 벗긴다는 뜻으로 몸의 성화sacralization을 의미하는 것이죠. 그것은 재계齋戒의 뜻이며 모든 제식을 신성한 장으로 만든다는 의미를 지니고 있습니다. 이러한 싯킴으로서의 세례는 구약의 세계에나 모든 옛

문명에 공통된 것입니다. 그러나 요한은 이 세례에 관하여 혁명적인 생각을 하기 시작했습니다.

요한은 쿰란을 떠나 그곳에서 동북방으로 한 30리 떨어진 요단강 하류, 여리고Jericho의 동쪽 베다니 지역(예수가 예루살렘사역의 중심으로 삼은 베다니Bethany와는 다른 "강건너 베다니")에 자리를 잡고 세례의식을 민중에게 선포하기 시작했습니다. 그곳은 곧바로 예루살렘문화권이었기 때문에 그곳에 몰려드는 이들은 예루살렘 사람들과 유대광야의 사람들이었습니다. 그런데 요한의 세례는 전혀 그 의미가 달랐습니다. 그의 세례는 정화의 의미가 아니라 "죄사함"의 의미였습니다. 그것도 적당한 죄사함의 의미가 아니라 모든 죄가 일시에 씻겨져 없어지는 "거듭남"의 의미였습니다. 유대전통에 있어서 "죄사함"이라는 것은 야훼만이 할 수 있는 신의 특권이었습니다. 인간이 인간에게 죄사함을 행한다는 것은 신권에 대한 도전이고, 하나님에 대한 반역행위가 됩니다.

유대민족은 야훼와 출애굽의 계약을 맺으면서 율법의 멍에를 뒤집어쓰게 되었습니다. 따라서 인간의 구원이라는 것은 오직 율법을 지킴으로써만 가능한 것이었습니다. 그러나 율법을 지킨다는 것은 한 인간이 죽을 때까지 그 평생을 지속하는 윤리적 약속이며, 율법의 세계에서는 일시적 행위로써 구원을 얻는다는 것은 있을 수가 없습니다. 이런 의미에서 세례 요한과 바울의 사상은 시공을 달리하지만 통하는 데가 있습니다.

세례 요한은 이미 야훼의 율법적 속박에서 벗어난 인간이었습니다. 그는 세례를 하나님의 대리인으로서의 행위라고 생각하지도 않았습니다. 그에게는 이미 신관의 거대한 변화가 일어난 것입니다. 그가 기나긴 수행 속에서 발견한 하나님은 율법의 구속을 강요하는 하나님이 아니라, 어느 때이고 어느 곳에서나 인간이 회개하기만 한다면 죄를 사해주시는 하나님이었습니다. 그의 죄사함의 세례는 실로 죄사함의 하나님의 새로운 발견으로 가능하게 된 사건이었습니다.

유대광야의 유대인의 입장에서 볼 때에도, 이 세례 요한의 세례운동은 가히 혁명적인 사고의 전환을 가져오는 사태였습니다. 평생을 예루살렘성전의 권위에 짓눌려, 평생을 율법적 속박에서 살아야 하고, 평생을 그 죄값으로 성전에 헌금을 뜯겨야 하는 유대인들의 입장에서는 단 한 번 요단강의 물에 들어갔다가 나오는(일시적으로 전신을 물에 담그는 예식은 종래 없었다. 그리고 정화예식은 자기가 행하는 것이고, 세례 요한과 같은 세례자가 따로 없었다) 수세受洗의 행위를 통하여 전생의, 생전의 모든 죄가 씻겨 없어지고, 구원을 얻으며, 온전한 새 인간이 된다고 하는 전대미문의 이 사태는 그것의 사실여부를 떠나 너무도 감격적인 사건이었습니다. 요한은 자꾸 외칩니다: "생각을 바꿔라! 생각을 바꿔라! 하늘의 나라가 오고 있다!"(마 3:2).

요한은 단지 세례를 행한 것이 아니라, 세례를 주기 전에 간결한 설교를 했습니다. 그 설교에 동의한 자들만이 세례를 받는 것입니다. 그러나 그의 설교에 감복되지 않는 사람은 거의 없었습니다. 그만큼 그는 엄격한 금욕주의자였고 성자의 인격과 풍모를 지닌 사람이었습니다. "약대털을 입고 허리에 가죽띠를 띠고 메뚜기와 석청을 먹더라"라는 표현은 단지 그의 금욕적 삶을 상징적으로 나타낸 표현일 뿐이지요.

요한은 요단강 하구(사해로 물이 흘러들어가는 곳) 한 곳에서 줄곧 세례를 행하였는데 순식간에 사람들이 몰려들어 그의 말씀에 감복하는 자는 수만, 아니 수십만을 헤아리게 되었습니다. 그에게는 핵심적인 도덕 메시지가 있었고 그의 행위는 모두 개방적인 것이었기에 사특함이 없었습니다. 비교秘教(비밀스러운 가르침)가 아닌 일종의 돈오頓悟(즉각적인 깨달음)였습니다. 그런데 이러한 세례 요한의 무리는 당대 최고 실권자였던 헤롯 안티파스(로마에 의하여 갈릴리와 베레아 지역의 4분영주로 분봉된 통치자. 유대아 지역도 영주가 공석이었기 때문에 실제로 그의 입김 아래 있었다)의 두려움을 사기 시작했습니다.

안티파스는 요한의 메시지의 도덕성과 그의 인품의 정직성을 알고 있는 사람이었습니다. 그래서 함부로 그를 다루면 신의 진노를 받지 않을까 두려워하기도 하였습니다. 그러나 안티파스에게는 치명적인 약점이 있었습니다. 안티파스는 자기의 동생의 부인 헤로디아스를 아내로 취했습니다. 그것은 레비레이트 매리지levirate marriage라는 율법체계에 어긋나는 처사였습니다(신명기 25:5~10). 죽은 동생이나 형의 부인은 오히려 데리고 살아야 하지만, 살아있는 동생의 부인을 빼앗아 데리고 사는 것은 간음에 지나지 않습니다(레위기 20:21).

그것만 해도 이미 약점 잡히기에 족한데, 안티파스는 헤로디아스를 부인으로 데려오면서, 정처인 저 아래의 강력한 남부왕국 나바테아(페트라가 그 수도)의 왕 아레타스Aretas의 딸을 의리 없이 쫓아냄으로써 국내외 사람들의 지탄을 받게 되었습니다. 안티파스는 이 행위로 인하여 나바테아왕국의 진노를 불러일으키고 있었습니다.

이렇게 국제적 관계가 오묘해져가는 시점에 회개를 외치는 세례 요한이 거대한 민중세력으로 등장하게 된 것입니다. 안티파스는 그에게 특별한 죄를 물을 건덕지도 없었지만 은근한 공포심이 있었습니다: "세례 요한은 별 하자가 없는 도덕적인 인물이야. 그래서 더욱 민중들이 그의 말을 액면 그대로 잘 따르고 있지. 그런데 그의 말을 따르는 군중들이 점점 불어나고 있단 말야. 만약 그가 어느 날 안티파스 저놈 나쁜 놈이다. 저놈을 처단하라 하고 명령만 내리기만 해도 저 수세군중受洗群衆은 나를 때려죽이려는 폭도로 돌변할 것이란 말이지. 무섭지 않을 수 있겠는가? 우선 세례 요한을 베레아 지역의 감옥에 가두어 두는 것이 상책일 것 같아. 상황을 좀 두고 보지."

복음서를 읽는 사람은 나와 세례 요한의 관계를 정반대로 이해하는 사람들이 대부분입니다. 내가 복음서의 주인공이고 세례 요한은 괜스레 끼어든 잡역인 것처럼 이해하죠. 그러나 내가 살던 시대의 상황은 정반대였습니다. 세례 요한이야말로 내가 살던 시대에 민중의 소망이고 구심체였고, 유명하기로 말하면 나와는 비교도 되지 않는 자이언트였고, 정치적으로도 영향력이 막강한 세기적 거물이었습니다. 우리 시대가 갈망하는 모든 이상을 구현한 새로운 가치관의 프론티어였습니다. 그가 죄사함의 세례를 선포한 요단강 지역은 바로 젖과 꿀이 흐르는 약속의 땅으로 여호수아가 12지파 이스라엘백성들을 데리고 건넜던 바로 요단강 그 지점입니다. 그곳에서 세례 요한은 새로운 입성, 새로운 약속, 새로운 해방을 선포하고 있는 것입니다. 율법의 하나님이 아닌 죄사함의 하나님을 선포하고 있는 것입니다. 그러한 새로운 심볼리즘은 통치자들에게는 하나의 공포일 수밖에 없었습니다.

세례 요한의 세례운동이 한창일 때는 나는 갈릴리 나자렛 지역에서 목수일을 하면서 민중의 삶의 참상을 목격하고 있었습니다. 나에게 별달리 할 수 있는 일이 없었고, 나의 아버지도 돌아가신 지 벌써 10년이 넘었고, 가족과는 별 대화도 되지않았고, 그냥 그렇게 빈둥거리던 시절, 나는 먼 이역 갈릴리에서 세례 요한의 소식을 듣게 되었습니다. 그의 세례운동의 강렬함과 그의 주장의 정밀한 논리에 무한한 매력을 느꼈습니다. 나에게 가장 매력적인 것은 그의 운동이 종교운동이고 정신혁명이며 또 대중을 크게 움직이는 데 성공하고 있다는 사실이었습니다. 내가 성장한 갈릴리에는 시나고그를 중심으로 하는 바리새파운동이 상당한 세력을 형성하고 있었고, 무엇보다도 갈릴리는 시카리Sicarii(가슴에 단도를 품고 다니는 자객들. 이들은 열성당원의 극렬분자들이다)들의 본영이었습니다.

그러니, 생각해보십시오. 갈릴리라는 곳은 극도의 착취와 빈곤에 허덕이는 오클로스 민중과, 착취의 주체인 로마식민세력과 그에 부종附從하는 관료·군인·제사장 세력, 그리고 허세를 일삼는 바리새인, 서기관, 그리고는 폭력혁명을 꿈꾸는 열성당원의 대결밖에는 없었습니다. 나는 어떤 경우에도 폭력적 혁명을 생각해본 적이 없었습니다. 나의 아버지 요셉은 나에게 폭력은 결국 폭력을 낳게 될 뿐이라는 것을 뼈저리게 가르쳐주셨습니다. 이러한 절망상태에서 세례 요한의 소식은 나에게 하나의

나는 예수입니다

구원의 빛이었습니다. 그야말로 나에게 메시아의 상相으로 나타났습니다. 그에 대한 소감을 이렇게 한마디로 표현하고 싶습니다: "세례 요한이야말로 구약과 신약의 가교였다John the Baptist was the bridge between the Old Covenant and the New."

제3장

• —— •

나의 공생애의 출발

내가 사는 나자렛에서 여리고 지역까지 나는 열흘 정도를 걸어가야만 했습니다(서울에서 청주 가는 정도의 거리). 나는 마침내 그의 공동체에 도착했습니다. 그의 처소를 찾고 그의 가르침을 듣는 것은 누구에게나 열려있었기에 어려운 일이 아니었습니다. 나는 성심껏 그의 사상을 흡수했고 단시간 내에 그의 생각의 장·단점을 다 파악했습니다. 나는 세례 요한의 제자가 되었습니다. 그리고 그의 세례운동에 참여했습니다. 나는 그와 같이 생활하면서 민중운동의 성격과 그 문제점을 파악하였습니다.

그는 쿰란집단에서 성장하였기 때문에 쿰란의 종말론적 사유를 온전하게 탈피하지는 못하였습니다. 그의 회개나 세례는 종말을 전제로 한 것입니다. 그러나 그가 말하는 종말은 쿰란 엣세네파가 말하는 페르시아종교적인 말세를 의미한다기보다는 새로운 시작을 의미하고 있었습니다. 그러나 그의 강조점은 어디까지나 "죄사함"에 있었습니다. 새로 도래될 "천국"에 대한 구체적인 청사진을 결여하고 있었습니다.

마가는 세례 요한의 사상과 나의 사상의 다른 점을 단적으로 "물의 세례"와 "성령(프뉴마πνεῦμα)의 세례"라는 말로 표현하였습니다(1:8). 마태는 "성령의 세례"라는 말 대신에 "성령과 불(퓌르πῦρ)의 세례"라는 말을 썼습니다(마 3:11). 누가도 "성령과 불의 세례"라는 표현을 썼습니다(눅 3:16).

"프뉴마"라는 것은 본시 "숨"을 의미합니다. 동양언어에도 "기氣"라는 말이 있습니다. 기는 신령한 그 무엇이면서도 우주 전체에 깔려있는 물질의 기초이기도 합니다. 그런데 기는 결국 숨breath입니다. 숨은 콧구멍을 들락거리는 공기, 바람이기도 하죠. 숨은 곧 생명의 근원, 증거이기도 합니다. 내가 쓰는 헬라문명권 언어의 이 프뉴마는 동양의 기와 매우 유사합니다. 그것은 숨이며, 바람이며, 호흡이며, 생명이며, 신적 영감divine inspiration이며, 신의 영이며 사람의 영입니다. 물의 세례는 매우

나는 예수입니다

구체적인 물질적 접촉을 통하여 이루어지는 세례를 의미하지만, 영의 세례, 즉 기의 세례는 생명의 토탈한 뒤바꿈, 전 인격의 변화를 의미합니다.

"불"은 물질을 대변한 말이 아니라, 프뉴마의 신생新生의 뜨거움을 대변하는 말입니다. 물의 세례보다는 불의 세례가 한 차원 높은 어떤 영적 트랜스포메이션spiritual transformation을 나타내고 있습니다. 즉 나의 사상과 세례 요한의 사상에 균열이 생겼다는 것을 의미하기도 하지요. 균열이 생기면 결국 이별하게 됩니다. 이별하게 된다는 것은 나 예수가 새로운 길을 개척하게 되었다는 것을 의미하지요.

아주 쉽게 말하자면 나는 세례 요한 밑에서 공부하면서 세례 요한보다 더 상위권의 비전을 획득하고 그와는 다른 길을 개척하였다는 것을 의미하겠지요. 그 시점이 아주 오묘했습니다. 내가 세례 요한과 결별하게 되는 시점 그 즈음에 안티파스는 세례 요한을 마캐루스성채의 감옥에 가두었습니다. 세례 요한의 세례운동은 통치자 안티파스를 위협할 정도의 사회적 세력을 형성하였고, 그것은 그의 전성기를 의미하는 동시에 몰락을 의미하는 것이었습니다. 나는 세례 요한의 터무니없는 몰락을 목격하면서, 나의 영적 세례운동은 정치적 세력을 형성해서는 아니 된다는 교훈을 얻었습니다.

마가는 내가 요한에게 세례받는 장면을 기록하고 있습니다 (1:9). 신학자들은 이 장면을 놓고 왈가왈부하지요. 예수는 죄 없는 하나님의 친아들인데 어떻게 사람 요한에게 죄사함의 세례를 받을 수 있겠는가? 예수의 세례 자체가 모순적 개념이 아닐까?

생각해 보십시오. 나는 예수일 뿐입니다. 나는 사람일 뿐입니다. 나는 나 자신을 "사람의 아들"이라 부릅니다. 어찌 죄가 없을 수가 있겠습니까? 죄는 인간 존재의 허약이며 한계입니다. 그것이 없을 수는 없지요. 제가 요한에게 세례를 받았다는 것은 평범한 죄사함의 일회적 사건을 의미하는 것이 아니라, 내가 요한 밑에서 세례운동에 동참하면서 어떤 나의 생애를 뒤바꾸고도 남을 대각大覺의 계기를 얻었다는 것을 의미합니다. 그 장면을 마가는 이렇게 기술합니다.

> "**곧** 물에서 올라올 때 하늘이 갈라지며 성령이 비둘기 모양 으로 예수 자기에게 내려오는 것을 보았다."

이 기술에서 중요한 것은 그 사건을 나 본인의 내면적, 주관적 사건으로 기술하고 있다는 것입니다. 하늘이 갈라지고 성령이 비둘기 모양으로 내려오는 것은 나 예수가 본 것이지, 타인에게도 동시에 같은 모양으로 나타난 사건이 아닙니다. 그것은 즉 나의 대각을 나타내는 나의 내면의 이야기였습니다. 다시 말해서 나는 사람에게서 인가印可(도통의 확인)를 받는 것이 아니라, 하나님에게 직접 하나님의 아들임을 인가받았다는 것을 의미합니다.

그때 하늘에서, "너는 내 사랑하는 아들이라, 내가 너를 기뻐하노라" 하는 소리가 들려왔습니다. 이것 또한 나의 귀에만 들린 것이지, 타인에게도 들릴 수 있게 객관적으로 허공에서 울려 퍼진 소리가 아닙니다. 나 혼자 은밀히 들었고, 복음의 독자들인 여러분이 듣게 된 소리지요.

마가의 기술방식에서 한 가지 유의할 것은 그가 "유튀스 εὐθύς" 즉 "곧"이라는 말을 자주 사용하고 있다는 사실이지요. 마가는 제1장에서 "유튀스"를 11번 썼고, 마가복음서 전체를 통하여서는 41번을 썼습니다. 그는 나의 삶을 사유로써 기록하려고 한 것이 아니라 행위로써 기록하고자 했습니다. 나는 끊임없이, 지체 없이, 곧 움직였습니다. 그래서 마가복음을 "행위의 복음서the Gospel of Action"라고도 합니다. 나의 삶은 끊임없이 곧곧 움직이는 행위의 연속이지요. 하늘에서 들려온 소리 속에는 "사랑"(아가페)이라는 말이 들어가 있고, "기뻐한다"(유도케오)라는 의미 속에는 "동의하다," "결정하다"는 뜻도 들어있습니다. 나는 하느님으로부터 직접 인가를 받은 것입니다. 그것은 지극한 깨달음이었습니다. 그리고는 성령(프뉴마)이 곧(유튀스) 나를 광야로 몰아냈습니다. 내가 세례를 받은 곳은 여리고 부근이었습니다. 여리고 부근의 유대광야로 나는 나아간 것입니다.

항상 대업을 도모하는 자는 대업을 도모하기 전에 시험의 휴식기를 갖습니다. 광야는 사막입니다. 사막은 뜨겁습니다. 사막은 모든 것을 무화無化시킵니다. 사막은 모든 잡념을 제거시킵니다. 그래서 인간을 신령스럽게 만드는 힘이 있습니다. 모세도 이스라엘민족을 애굽에서 구출하는 대업을 시작하기 전에 미디안광야에서 40년의 방황생활을 했습니다. 이스라엘민족도 젖과 꿀이 흐르는 가나안땅으로 들어가기 전에 시내광야에서 40년을 헤매었습니다. 모세가 야훼의 훈계와 계명을 기록한 돌판을 받기 위해 시내산에서 지낸 것도 40일입니다. 40이라는 숫자에 어떤 양식적 의미가 있을 것입니다만 그런 것이 중요한 것은 아니겠지요.

인가를 받는다는 것은 인가에서 끝나는 것이 아닙니다. 그 인가의 경지는 반드시 시험을 거쳐야 단단해지는 것입니다. 나는 40일 동안 광야에서 사탄의 유혹을 받았습니다. 사탄이라는 표현은 구약에서 이미 쓰여진 표현이며 "적대자"라는 의미입니다. 마귀라는 실체를 가리키는 말이라기보다는 내 의식 내면의 부정적·적대적·유혹적인 소리를 표현한 말일 것입니다. 마가는

나는 예수입니다

이 사건을 아주 간결하게 처리했습니다: "예수는 사십일 동안 광야에서 사탄의 유혹을 받았다." 이것이 전부입니다. 그 내용을 밝히지 않았습니다. 그 내용은 마태와 누가가 전합니다.

돌을 떡으로 만들어보라(배고픔의 유혹), 성전 꼭대기에서 뛰어내려 보라(이적 행함의 유혹), 나에게 엎드려 경배하면 천하만국의 권세와 영광을 다 주겠다(정치적 타협, 현세적 타협의 유혹) 이 세 가지가 기록되어 있지만 실로 내가 광야를 헤매는 동안 나의 의식을 휩쓴 많은 유혹이 있었습니다. 이 유혹은 일시에 해결된 것이 아니라, 나의 생애를 통하여 끊임없이 나를 괴롭힌 유혹일 것입니다.

세례 요한은 "내 뒤에 오시는 분the Coming One"이라는 표현을 썼는데 과연 나 예수가 그 분이라고 세례 요한이 믿고 있었는지는 나도 알 수가 없습니다. 단지 나는 광야의 유혹을 물리치면서 점점 그가 기대했던 "그 분the Coming One"의 모습을 실현해나갔다고 말할 수 있을 것입니다.

불행하게도 이 시점에 요한은 헤롯 안티파스에 의하여 마캐루스성채의 싸늘한 감옥에 갇히게 됩니다. 그만큼 정치적 긴장감이 감도는 시기였습니다. 마캐루스성채가 베레아 지역에 있기 때문에 베레아 지역의 영주이던 안티파스가 유대아에서 활약하던 세례 요한을 그곳에 가두어 버린 것입니다. 마가는 "요한이 잡힌 후 예수는 갈릴리로 왔다"라고 쓰고 있습니다(1:14).

이것은 지리적으로 분석하면 엄청난 거리의 사건을 의미하는 것입니다. 요한과 나 예수는 사해 북단 요단강 지역에 같이 있었는데 요한은 사해 동쪽에 있는 마캐루스로 끌려 내려갔고 나는 나의 본거지인 갈릴리로 북상하였다는 것을 의미합니다. 다시 말해서 나는 요한파와 손을 잡고 일을 했지만 그곳에 머물지 않았다는 것을 의미합니다. 나는 요한의 뒤처리를 하는 작업에 연연치 않았습니다. 세례 요한의 사역의 지평은 예루살렘을 배경으로 한 것입니다. 나에게 예루살렘은 죽음의 지평입니다.

나는 세례 요한과는 다른 나의 사역의 지평을 건설해야 했습니다. 그것은 오직 갈릴리 민중의 지평이었습니다. 세례 요한은 자신의 사역의 공간을 여리고 지역의 요단강 한 포인트에 고정시켰습니다. 나는 갈릴리 민중의 삶이 나의 지평이었기 때문에 끊임없이 사역의 공간을 이동시켰습니다. 세례 요한은 유대인만을 대상으로 했지만 나는 갈릴리 지역의 모든 인간들, 유대인과 이방인, 즉 갈릴리호수의 서편(유대인 지역)과 동편(이방인 지역)을 가리지 않았습니다. 바울의 이방인 선교의 개념은 이미 나의 삶에서 구현된 것입니다. 나는 끊임없이 민중의 삶으로 파고들었습니다.

요한은 죄사함을 외쳤지마는 그의 하나님은 여전히 계율을 요구하는 강직한 하나님이었고 무서운 하나님이었습니다. 그러나 나의 하나님은 모든 계율을 해탈한 사랑의 하나님이었고 부드럽고 유순한 하나님이었습니다. 요한의 시대가 가고 나 예수의 시대가 왔습니다. 예루살렘의 지평이 메말라가고 갈릴리 지평에 생기가 돌기 시작했습니다. 그렇지만 당시 갈릴리의 영주는 안티파스였으며 그의 통치는 매우 가혹한 것이었습니다.

내가 갈릴리로 돌아와서, 갈릴리의 푸른 벌판 위에서 외친 최초의 대각의 선포, 그것은 다음과 같습니다.

"때가 찼고 하나님 나라가 가까왔다.
회개하고 복음을 믿으라.
The time is fulfilled, and the Kingdom of
God is at hand;
repent, and believe in the gospel."(1:15).

사실 나의 사상은 이 한마디에 모두 구현되어 있습니다. 나의 공생애 전체가 이 한마디의 구현이라고 말해도 과언이 아닙니다.

희랍인들은 시간을 두 가지 단어로 표현합니다. 하나는 크로노스*chronos*, χρόνος이고, 하나는 카이로스*kairos*, καιρός입니다.

3장_나의 공생애의 출발

크로노스는 그냥 시계로 잴 수 있는 물리적 시간입니다. 그러나 카이로스는 결정적인 타이밍, 기회를 의미합니다. 카이로스는 신의 이름이기도 한데, 지나치면 붙잡을 수 없는 미소년과 같은 모습을 하고 있습니다. 뒷통수만 쳐다보면서 한탄하게 되는 것이지요. 여기 나의 말의 "때"라는 것은 크로노스가 아닌 카이로스를 의미합니다. 결정적인 시기가 오고 있다! "오고 있다"라는 의미는 이미 왔다는 뜻과 곧 올 것이다라는 뜻을 다 포섭하는 말입니다.

내가 쓴 "하나님 나라"는 희랍어로 "헤 바실레이아 투 테우 ἡ βασιλεία τοῦ θεοῦ"인데, 앞서 말한 대로 나의 하나님은 구약의 하나님과 다른 하나님입니다. 그런데 더 중요한 것은 "나라"에 해당되는 "바실레이아"의 의미를 사람들이 오해하는 것이지요. 이스라엘민족은 제대로 된 나라, 즉 여러분들이 생각하는 국가의 개념을 가져본 적이 없습니다. 전 역사를 실제로 다이애스포라에서 떠돌며 살았고, 제대로 된 국가개념은 1948년 5월 14일 이후에나 생겨난 것이라 해도 과언이 아닙니다.

다윗·솔로몬의 왕국도 매우 짧은 기간의 사건에 불과했습니다. 바실레이아가 왕국을 의미하기도 하지만, 그것의 실제적 의미는 추상적 통치rule, 지배reign를 의미할 뿐이며, 더 쉽게 말하면 질서order를 의미합니다. 다시 말해서 "하나님의 나라가 가까웠다"라는 것은 하나님의 질서, 다시 말해서 세속적인 통치질서가 아닌, 이상적인 하나님의 질서가 곧 도래한다. 코앞에 닥쳤다. 그러니 정신차려라! 그 타이밍을 붙잡아라! 라는 뜻이 됩니다.

마가는 "하나님의 나라"라는 표현을 썼고 마태는 일관되게 "하늘의 나라"라는 표현을 썼습니다. 하늘의 나라는 탐욕과 권세와 착취의 "땅의 질서"가 아닌 "하늘의 질서"이므로, 그것은 하나님의 질서와 같은 의미가 됩니다. 그러니까 내가 말하는 천국天國(하늘의 나라)은 뭐 하늘 꼭대기에 있는 고정된 공간이 아니라, 이 땅에서 실현되는 새로운 질서를 의미하는 말입니다. 나는 나의 기도에서 "나라이 임하옵시며, 뜻이 하늘에서 이룬 것 같이 땅에서도 이루어지이다"라고 말했습니다. 하늘의 뜻이 땅에서 실현된다는 의미입니다. 그러니까 나는 "천당"을 말한 적이 없습니다.

그 다음으로 중요한 말이 "회개하라"라는 말입니다. 그 원의는 "메타노에오*metanoeō*, μετανοέω"인데, "메타"는 "바꾸다"라는 뜻이고 "노이아*noia*"는 "생각"이라는 뜻입니다. 그러니까 "회개하라"는 뜻은 "메타노에오"에는 없습니다. "생각을 바꾸라," "인식을 전환하라," "달리 생각하라"는 뜻이지 "회개하라"는 뜻은 없습니다. "회개하라"는 말은 잘못을 뉘우친다는 의미이지만, 이 말은 인간의 현존을 잘못을 저지른 존재로 규정할 때 쓸 수 있는 말이며, 이 말은 인간보편에 적용될 수 있는 말은 아닙니다. 이것은 구약의 구습에서 유래된, 인간을 무조건 죄인으로 규정할 때만이 가능한 말입니다.

나는 인간을 죄인으로 규정하지 않습니다. "죄"라는 것은 "하마르티아άμαρτία"라는 것인데, 그것은 궁술에서 쓰이는 말로서 그냥 "과녁을 빗나갔다missing the mark"는 뜻입니다. 빗나간다는 뜻은 실력이 좀 모자란다는 뜻이고, 실수할 수도 있다는 뜻입니다. 과녁을 빗나간 것이 곧 악은 아니지요. 우리의 삶이 우리 삶의 도덕적 이상(과녁)에 좀 못 미친다고 해서 그것을 악이라고, 죄라고 규정할 수는 없습니다. 나는 인간을 죄인으로 규정하지 않습니다.

따라서 "회개하라"는 명령은 있을 수 없습니다. 하늘나라가 코앞에 닥쳤는데, 누군가 찬란한 보화를 가지고 문 앞에 서서 나를 기다리는데 문을 안 열어주다니요. 다가오고 있는 하늘의 질서에 대하여 나의 마음의 문을 여는 것, 그것을 나는 메타노이아, 즉 생각을 바꾸는 것이라고 말했습니다. 천국 즉 하늘의 질서, 즉 여태까지와는 전혀 다른 새로운 세상이 임박하고 있는데 그 세상을 맞아들일 마음의 태세를 안 갖추다니요, 그게 말이 됩니까? 천국은 문 앞에 와있다. 생각을 바꾸어라!

나는 예수입니다

다음 말은 "복음을 믿으라"라는 말입니다. 천국이 내 앞에 와 있다는 것은 "기쁜 소식" 즉 복음(유앙겔리온)이 아닐 수 없습니다. 하나님 나라, 천국이야말로 기쁜 소식입니다. 우리는 생각을 바꿈으로써 기쁜 소식을 믿을 수 있게 됩니다. "믿는다"는 것은 "피스튜오πιστεύω"인데, 그것은 사실을 받아들인다거나 인정한다는 평면적 의미에 그치지 않고 인격적으로 완전하게 신뢰하고 자신을 전적으로 의탁한다는 의미입니다. 믿음은 구약에서는 집단적인 것이었으며 야훼에 대한 두려움과 관련되어 있습니다. 그러나 내가 말하는 믿음이라는 것은 개인의 실존적 선택과 관련 있습니다. 그것은 기쁜 소식을 믿는 것이며, 그 소식을 선포하고 있는 나를 믿는 것입니다. 궁극적으로는 내가 걸어가는 가시밭길을 같이 걸어가는 믿음과 관련되어 있습니다.

"때가 찼다. 하나님 나라가 가까웠다. 생각을 바꾸어라. 기쁜 소식을 받아들이고 새로 태어나라!" 이 이상의 간결한 메시지는 없습니다. 이 선포에 나는 나의 전 생애, 아니 전 생명을 걸었습니다.

제4장

·————·

갈릴리 사역의 전개

이 복음의 선포 직후에 나는 갈릴리호숫가에서, 어부 시몬(베드로가 정식제자로 인정되기 전의 이름)과 그의 동생 안드레에게 이렇게 말합니다: "너희로 하여금 사람을 낚는 어부가 되게 하리라."(1:17). 이 두 사람은 나의 최초의 제자가 됩니다. 이 나의 말에 그들은 앞뒤를 가리지 않고 곧(유튀스) 나를 따라나섰습니다. 진리를 바라보고, 자기 생계의 주원主源인 그물을 버려두고 따라나선다는 것은 용감한 자의 행동입니다. 제자로서 일차적 자격을 갖추었다고 말할 수 있지요.

이 사건이 일어난 곳은 모두 가버나움Capernaum이라는 곳 부근이었습니다. 가버나움은 문자 그대로 "나훔의 마을village of Nahum"이라는 뜻을 지니고 있지만 그 유래는 모릅니다. 갈릴리바다(호수가 너무 커서 바다라고도 부른다. 바다, 호수라는 말이 혼용된다. 티베리아스바다the Sea of Tiberias, 젠네사렛호수the Lake of Gennesaret라고도 불린다)로 흘러들어오는 북쪽 요단강 하구에서 서쪽으로 4km, 그러니까 10리 가량 떨어져 있는 호반의 작은 읍촌인데 내가 살던 시대에 그곳에는 약 150가호 정도의 부락이 형성되어 있었습니다. 아주 작은 소가족의 집도 있고 여러 가족이 같이 사는 대가족의 집도 있었으며 사이에 거리도 나 있었습니다.

가버나움은 어촌이었으나 주변에 윤택한 농지도 있었기 때문에 사람들의 생활이 풍요로운 편이었습니다. 인구가 1천 명에 가까운 수준이었기 때문에 극장이나 관공서 건물은 없지만 당시로는 비교적 큰 읍촌에 속했습니다. 게다가 예루살렘 지역에서 갈릴리로 오게 되면 꼭 들르게 되는 상업도시이기도 했으며, 두로, 시돈으로 올라가는 요지이기도 했습니다. 또 이두매의 해변으로부터 유대아, 사마리아, 갈릴리를 거쳐 시리아의 다메섹(다마스커스)에 이르는 대로가 경유하는 갈릴리호수 서북단의 주요 스테이션이었기 때문에 교통요지로서도 유명했습니다. 로마 군대도 이 근처에 요새를 두고 있었습니다. 그리고 이 동네 한가운데 매우 훌륭한 헬라양식의, 흰 석회암으로 지어진 시나고그도 있었습니다(1981년의 발굴로 인하여 현존하는 시나고그가 예수 시대의 시나고그로서 인정되었다. 그 전에는 2~5세기의 건축물로 간주

되었었다).

베드로는 이 동네에서 매우 큰 집을 소유하고 있었으며 동네 유지 격의 인물이었습니다. 그러한 베드로가 나의 한마디에 모든 것을 다 버리고 즉각 나를 따라나선다는 것은 예사로운 일은 아닐 것입니다. 나는 세례 요한처럼 한 군데에서 제자들을 맞이한 것이 아니라, 내가 끊임없이 다니면서 제자들을 픽업했습니다.

다음으로 내가 픽업한 인물은 제베대Zebedee의 두 아들, 야고보James와 그의 동생 요한John이었습니다. 제베대 또한 베드로처럼, 배를 부리면서 그물로 고기를 잡는 어부였는데, 그의 배는 베드로의 배보다 컸으며 두 아들 외로도 일꾼들을 부리고 있었습니다. 제베대는 어부로서는 꽤 부유한 사람이었다고 말할 수 있겠지요. 마가는 이들의 제자 되는 순간을 이와 같이 기술하고 있습니다.

"곧(유튀스) 부르시니 그 아비 제베대를 삯군들과 함께 배에 버려두고 예수를 따라나섰다."(1:20).

이들이 이렇게 나를 즉각적으로 따라나서는 데는 그들의 어머니의 향심과 이해가 뒷받침을 해주었다고도 말할 수 있을 것 같습니다. 제베대의 부인은 이름을 살로메Salome라고 했는데,

이 여인은 나를 예루살렘에까지 동반한 여인이었으며, 결국 최종적으로 나의 무덤에까지 당도한 세 여인 중의 한 사람이었습니다.

나의 일행은 곧 다섯 명이 되었습니다. 시몬 베드로, 그의 동생 안드레, 그리고 야고보와 요한, 이 4명은 나의 최초의 제자이자, 가장 신뢰할 수 있는 최측근으로서 나의 곁을 지켰습니다. 나의 갈릴리 사역에는 제자가 필요했습니다. 민중과 맞부닥치는 사역이었기 때문에 나 홀로 사역을 이끌기에는 구체적인 어려움이 많았습니다. 군중을 향해 설교를 하거나, 어떤 치유를 행하거나, 식사를 같이 하거나 하는 작업은 나 홀로 강행할 수 있는 문제가 아니었습니다. 항시 사전에 답사하고 기획하고 실행하고 사후처리를 하는 구체적인 업무가 분담되지 않으면 불가능한 일들이었습니다.

나의 제자가 꼭 12명일 필요는 없습니다. 마가라는 기자가 이스라엘민족 12지파의 상징성을 고려하여 "12제자"라는 개념을 만들었습니다만, 실제로 12명의 제자그룹이 엄격하게 지켜진 것은 아니었습니다. 대체로 한 70여 명의 팔로우어들이 생겨났습니다만, 나의 측근을 지킨 것은 이 가버나움의 네 제자였습니다.

제5장

·———·

꼴뚜기가 문어를 제일 먼저 알아본다

우리 일행 5명은 가버나움의 시나고그Synagogue(시나고그는 헬레니즘의 성행 하에서 유대민족의 전통을 지키고자 하는 노력에서 생겨난 커뮤니티 센터이다. 구약을 공부하고, 주석하고, 기도하고, 다양한 커뮤니티행사가 이루어진다. 이 센터는 출입이 자유로우며 개방적이라는 것이 특징이다)로 들어갔고 그곳에서 나는 권위 있게 가르쳤습니다. 사람들은 나의 가르침에 감동을 받았습니다.

이때 더러운 귀신들린 사람 하나가 회당에 있었는데 큰소리로 외칩니다.

"나자렛 예수여! 우리가 당신과 무슨 상관이 있나이까? 왜 우리를 멸하려 하시나이까? 나는 당신이 누구인 줄 아노니,

나는 예수입니다

당신은 하나님의 거룩한 자the Holy One of God이오니이다.”

나는 그 더러운 귀신을 꾸짖어 말했습니다.

“잔말 말고 그 사람에게서 나오라!”

더러운 귀신은 그 사람에게 발작을 일으켜 놓고 큰소리를 지르며 떠나갔습니다.

이 사건은 내가 최초의 제자 4명을 거둔 후에 최초로 대중이 보는 앞에서 행한 나의 사역의 사례입니다. 많은 사람이 이 것을 이적이라고 말하지만 그것은 매우 잘못된 견해입니다. 나는 이적을 행한 것이 아니었습니다. 그것은 천국의 도래라는 나의 선포를 실천한 한 사례에 불과한 것이었습니다. 행위의 복음 Gospel of Action이라고 말하는 마가복음의 최초의 행위는 힐링 Healing이 아닌, 엑소시즘Exorcism의 한 행태였습니다. 나의 최초의 행위는 엑소시스트로서의 행위였습니다.

여기 “더러운 귀신 들린 사람ἄνθρωπος ἐν πνεύματι ἀκαθάρτῳ” 이라는 것을 “악령 들린 사람”이라고 번역하는 것은 매우 잘못된 이해에서 비롯되는 오역입니다. “더럽다”고 해서 악한 것은 아닙니다. 귀신에게도 “악령”이라는 실체는 없습니다. 재미있는 사실은 "더러운 귀신"이라 할 때 "귀신"은, 앞서 "물의 세례"에 대비되는 "성령의 세례"를 얘기할 때 쓰인 "성령"과 동일한 단어입니다. 그것은 인간의 가장 고귀한 영성을 말하는 "프뉴마pneuma"입니다. 프뉴마가 고귀한 성령도 되고 더러운 귀신도 되는 것입니다. 다시 말해서 성령은 "기氣"입니다. 이 기는 바른 운행의 길 속에 있으면 청기淸氣가 되고 잘못된 운행의 길 속에 있으면 탁기濁氣가 되는 것입니다. 더러운 귀신 들린 사람이란 "더러운 프뉴마에 사로잡힌 사람"이라는 뜻입니다. 고귀한 프뉴마가 왜 더럽습니까?

그것은 프뉴마의 자리의 문제입니다. 있어야 할 자리에 있지 않을 때 그 프뉴마가 더럽게 되는 것입니다. 그러니까 더러운 귀신 들린 사람이란, 이 사람 속에 들어앉아서는 아니 되는 프뉴마가 자리잡고 있다는 것을 의미합니다. 나 예수는 프뉴마를 박멸하는 사람이 아닙니다. 단지 있어야 할 자리에 있지 않은 프뉴마를 내쫓아내는 일만 해줍니다. 더러운 귀신 들린 사람이라고 해도 이 사람이 회당에 사람들과 함께 있었다는 사실은 그의 정신병의 상태가 심각하지 않았다는 것을 의미합니다. 심각했다면 이미 사람들로부터 격리되었기 때문에 회당에 앉아있을 수도 없습니다.

그런데 더러운 프뉴마는 나를 보자마자, 먼저 내가 자기를 있지 않아야 할 곳으로부터 내쫓아낼 수 있는 능력을 소유한 사람이라는 것을 즉각적으로 알아차립니다. 더러운 프뉴마는 자기의 하마르티아(빗나간 상태)적인 상태를 엔죠이하는 경향이 있습니다. 아편을 피우는 사람이 아편을 계속 피우고 싶어하는 것과도 같지요. 그러니까 그 만만한 사람 속에 계속 있고 싶어 합니다. 그러니까 나를 보자마자 공포에 떱니다.

　　"당신과 우리가 뭔 상관입니까? 왜 우리를 내쫓으려고 하
　　십니까? 당신이 간섭치 않아도 괜찮을 일이 아닙니까?"

그때 이 프뉴마는 나를 제압하기 위해 이런 말을 하지요.

　　"우리는 당신이 누군지 압니다."

형사가 죄인을 잡으려 할 때, 죄인이 형사에게, "나는 당신이 누구인지 아오" 하면 좀 멈칫하게 되는 것과 똑같은 수법이지요. 상대방의 아이덴티티를 정확히 밝힘으로써 상대방을 겁주는 방식이지요. 그런데 재미있는 사실은 이 프뉴마는 내가 누구인지를 정확히 알고 있었습니다.

　　"당신은 하나님의 거룩한 자이다.
　　　　　　You are the Holy One of God!"

나의 공생애의 출발점, 그 최초의 갈릴리 사역의 시점에서 나의 아이덴티티, 나의 정체성을 정확히 파악한 자는 제자도 아니고 유대인도 아니었습니다. 더러운 프뉴마였습니다. 꼴뚜기가 문어를 제일 먼저 알아본다는 속담대로 나의 정체성을 정확히 파악한 존재는 더러운 프뉴마였습니다(악령이 아니다). 나는 이 사실을 부끄럽게 여기지 않습니다. 오히려 자랑스럽게 여깁니다. 나의 생애 전체를 통하여 나의 아이덴티티를 정확히 인지한 것은 이 더러운 귀신(프뉴마)과(1:24) 내가 십자가에서 못박혀 죽은 직후에 나의 수난을 묵묵히 지켜보았던 로마군대의 백부장, 단 두 존재였습니다.

백부장은 이렇게 말했습니다.

"이 사람은 진실로 하나님의 아들이었도다.
　　　　Truly this man was a son of God."(15:39).

더러운 귀신의 알아봄의 말과 로마 백부장의 알아봄의 말은 거의 일치하며, 나의 공생애의 시작과 끝을 차지하고 있습니다. 나의 진정한 아이덴티티를 알아본 것은, 나의 제자도, 가족도, 군중도, 재판관도 아니었습니다. 더러운 귀신과 낯선 이방인 백부장이었습니다. 그렇게 나는 고독한 운명의 사나이였습니다.

그러나 나는 더러운 귀신의 간구에도 불구하고 나는 그 귀신을 내쫓아냅니다. 사실 그 귀신은 내쫓김을 당함으로써 구원을 얻습니다. 그리고 그 귀신의 숙주였던 회당의 사람은 발작 후에 제정신을 회복합니다.

있어야 할 자리에 있지 않은 상태, 즉 있지 말아야 할 자리에 있는 상태가 곧 죄의 상태입니다. 이 죄를 몰아내는 것, 더러운 귀신을 내쫓아내는 것, 그것이 곧 하늘나라, 즉 새로운 하나님의 질서가 강림하고 있다는 것을 방증하는 것입니다. 이것이 바로 나의 천국운동이며, 메타노이아의 운동입니다. 이것이 바로 앞서 말한, 물의 세례가 아닌 성령의 세례를 가리키는 것입니다. 내가 더러운 귀신을 쫓아내는 것을 모두가 보았습니다. 그 순간에 모든 사람의 심령에 메타노이아가 일어나는 것입니다. 나의 명령에 더러운 귀신들이 굴복한다는 수군거림은 삽시간에 온 갈릴리와 그 근방에 두루 퍼졌습니다. 가버나움이야말로 그 복음의 진원지가 된 것입니다. 하나님의 나라의 소식은 갈릴리의 풀밭을 촉촉이 적시고 있었습니다.

얼마 후, 나는 제베대의 두 아들, 야고보와 요한과 함께 시몬과 안드레의 집으로 들어갔습니다(마가복음에서 안드레는 독립적으로 언급되는 일이 별로 없다). 시몬의 집은 회당에서 멀리 떨어지지 않은 곳에 있었는데, 그곳에 들어가면서 곧 시몬의 장모가 열병으로 누워있다는 것을 알게 되었습니다. 사람들이 그 딱한 사정을 저에게 말했던 것이죠. 나는 그 여인의 곁으로 갔습니다. 그리고 아무 말 없이 그녀의 손을 잡아 일으켰습니다. 열이 내렸습니다. 그녀는 온전한 신체를 회복한 것입니다.

보통 무당들은 기적을 행한다든가 병을 고친다든가 하면, 반드시 소란부터 먼저 피웁니다. 무가, 챈팅, 춤, 연기를 피우고 주문을 외우는 등 하여튼 제식적 과정이 개입됩니다. 그러나 마가의 기술은 이러합니다.

"예수는 그 부인 곁으로 가서 손을 잡아 일으켰다. 열병이 떠나갔다. 부인은 평상시처럼 손님들의 시중을 들었다."

나의 행위는 천국 도래의 한 상징적 표현일 뿐입니다. 나의 힐링은 "텃치touch 그리고 명령command"일 뿐입니다. 나의 힐링은 순간적이고 완결적입니다.

나는 이 두 가지 행위, 엑소시즘과 힐링으로 너무도 유명해졌습니다. 해가 지고 날이 저물었는데도 사람들은 온갖 병자와 귀신들린 자들을 나에게 데려왔습니다. 시몬과 안드레의 집 앞은 문전성시를 이루었습니다. 사람들은 그토록 아팠습니다. 그들은 천국을 기다리고 있었습니다. 나는 그들 온갖 병자들을 고

나는 예수입니다

쳐주었습니다. 그리고 내가 한 일을 제발 떠벌이지 말아 달라고 당부했습니다.

다음날 새벽 나는 먼동이 트기 전에 일어나 외딴 곳으로 가서 기도를 하고 있었습니다. 나는 천국운동, 하나님나라운동을 많은 사람에게 선포했습니다. 그러므로 나는 대중운동가가 될 수밖에 없었습니다. 나는 엑소시즘과 힐링의 능력이 있었고 그것으로써 천국의 임재를 과시했습니다. 이러한 과시는 바로 민중이 갈망하는 소망을 조금이나마 해결해주는 기능이 있었기 때문에 엄청난 효과가 있었습니다.

그러나 그만큼 나는 인간적으로 피곤했습니다. 당연히 휴식이 필요했습니다. 그러나 휴식만으로는 부족했습니다. 나의 가장 큰 고민은 내가 행하는 것의 궁극적 의미는 천국의 선포인데 사람들은 목전의 신체적 고통이 해결된다는 치유적 효과에만 집착했습니다. 그들은 나를 천국운동가로서 이해하는 것이 아니라 그냥 힐러, 그러니까 고통해결사로서만 이해하는 것이지요.

이 갭은 나에게 항상 공허한 그 무엇으로 남습니다. 그 공허감을 해결하는 나의 행위가 "기도"였습니다. 나는 끊임없이 나의 아버지 하나님께 매달려 기도해야만 했습니다. 기도를 통해서 나는 하나님과 하나가 되는 영적 소통의 힘을 느낄 수 있었습니다. 기도를 통해, 하나님과 교섭하는 것을 통해 나는 하나님으로부터 무한한 힘, 신선한 프뉴마를 재충전받았습니다. 나의 삶은 일work과 쉼rest과 기도prayer라는 리듬을 자연스럽게 타고 있었습니다. 그러나 나의 제자들은 이러한 나의 삶의 내면적 리듬과 요구를 이해하지 못했습니다. 그리고 시몬의 일행은 나를 헌트하기 위해 여기저기를 헤매고 있었습니다. 그들은 드디어 나를 찾아냈습니다. 그리고 말했습니다.

"저희 동네사람들이 모두들 선생님을 찾고 있습니다."

그들이 의미하는 바는 명백합니다. 가버나움의 동네사람들이 나를 대중적 기적행위자a popular miracle-worker로 인식하고 있고, 그들에게 나의 인기가 절정에 달해 있으므로 그곳으로 가기만 하면 또 사람들이 엄청 몰려들 것이고, 막말로 장사재미를 볼 수 있다는 얘기겠지요.

나는 보금자리를 만들고, 그 보금자리 속에 안주하여 포근하게 사는 삶을 즐길 수 없었습니다. 나는 말했습니다.

"나는 하나님나라를 선포하고 있다. 나는 이 일을 하기 위하여 이 세상에 온 사람이다. 나는 한 군데 안주할 수가 없다. 이 근방의 다른 마을도 많다. 그리로 가자! 끊임없이 우리는 움직여야 한다. 하나님나라가 도래하고 있음을 널리 알려야 한다. 가자! 이 동네로! 가자! 저 동네로! 끊임없이 새로운 터전을 찾아내자!"

이러한 나의 전략은 나의 운동이 민중에게 확산되는 보편적 계기가 되었습니다. 마가는 이렇게 썼습니다.

"이렇게 예수는 온 갈릴리 지방을 두루 찾아다녔다. 보이는 시나고그마다 들어가 전도하였다. 그리고 귀신들을 내어쫓았다."(1:39).

민중운동가로서의 나의 면모를 잘 그려놓고 있습니다.

이 과정에서 나병환자 하나가 불시에 나에게 달려와 무릎을 꿇고 애원하였습니다.

"선생님은 원하고자 하시기만 하면 저를 깨끗이 고쳐주실 수 있나이다."

여기 "무릎을 꿇는다"는 표현은 왕에게 경의를 표하는 행동입니다. 이 나병환자는 신적인 권능을 가진 인간 앞에 엎드린 것입니다. 나병환자는 "레프로스"라고 표현되지만 이것이 오늘날 우리가 말하는 한센씨병만을 의미하지는 않습니다. 온갖 다양한 악성 피부병skin disorder 환자들을 총칭하는 표현입니다. 피부병은 내부질환으로 인하여 생기는 것도 있지만 또 전염성인 것도 있습니다. 하여튼 피부병이 환자 본인의 잘못인 경우는 드물 것입니다. 그런데 모세의 율법은 이 피부병환자를 악성 죄인 취급하여, 철저히 격리시켰으며, 사람이 사는 집으로 들어가는 것조차 금지시켰습니다. 이 레프로스의 말에 감동적인 것이 있었습니다. 무릎을 꿇었다는 것 자체가 나의 권위에 대한 시인이라기보다, 자신의 간절한 소망을 나타내는 자세일 것입니다.

"당신이 원하기만 한다면 …… If you will ……"

여기 쓰인 동사 "텔로θέλω"는 목적이나 결의를 나타낼 때 쓰는 말이죠. "~하고자 한다," "~할 생각이다" 강력한 의지와 간망懇望을 나타내는 말이죠. "당신이 참으로 원하기만 한다면 당신은 저를 깨끗케 하실 수 있나이다."

이적은 이적이 아니라 믿음입니다. 믿음은 프뉴마(기)의 교감입니다. 내가 원하기만 한다면 자기 병을 고쳐줄 수 있으리라는 강력한 믿음, 그 믿음의 선행조건 위에서 나의 힐링행위는 이루어지고 있는 것입니다.

"예수께서 민망히 여기사 ……"

　여기 민망히 여기다, 측은한 마음이 들었다는 말 "스플랑크니스테이스"의 원형 "스플랑크니조마이σπλαγχνίζομαι"는 원래 인간의 내장, 창자를 의미하는 말인데(현재 영어로도 "splanchuology"는 "내장학"을 의미한다) 그것이 점차 "사랑" "연민"을 뜻하여 "찢어질 듯한 마음"을 의미하게 되었습니다. 조선말에 "애끓다," "애간장이 녹는다," "애탄다"는 의미와 거의 동일한 어원과 뉘앙스를 가지고 있습니다. 나에 대한 강력하고도 진실한 믿음을 표현했을 때 나의 마음, 아니 나의 창자가 움직이지 않을 수 없습니다. 율법은 본시 이웃에 대한 사랑을 위한 것인데 그것을 아전인수격으로 해석하여, 오히려 어려움에 처한 자들을 정죄하고 그들을 격리시키는 데 사용합니다. 그럼으로써 이권을 챙기고 있는 당시의 사회와 종교를 향한 분노가 창자로부터 들끓어 오르는 것입니다.

　사실 당시 민중들의 고통은 세례 요한이 실천했던 "죄사함"이라든가, 또 일시적으로 돈을 더 벌게 해준다든가, 시카리처럼 세금을 안 낸다든가 하는 것으로 해결될 수 있는 문제가 아니었습니다. 민중의 가장 근원적인 고통은 바로 율법의 속박이었습니다. 그리고 율법의 속박은 율법을 파기함으로써만 가능한 것이고, 율법의 파기라는 것은 종교 그 자체를 없애버리는 것입니다. 유대교(구약)와의 연속성을 철저히 단절시키지 않는 한, 메타노이아(생각의 전환)도 천국(새로운 질서)도 실현불가능해지고 맙니다. 이렇게 나의 사유는 민중의 고통을 직접 체험함으로써 점점 깊어지기 시작했고, 점점 본질적인 데로 나아가게 되었습니다.

"당신이 원하기만 한다면, If you will"이라고 말하는데 내가 무어라 말했겠습니까? 즉각적으로 나는 말했지요.

"예스! 아이 윌Yes, I will. 나는 원하노라!"

그 순간 나는 조용히 말했습니다.

"그대는 깨끗함을 얻으리라! Be cleaned."

그 순간 나병은 떠나갔습니다.

사실, 이렇게 해서 깨끗함을 얻은 사람들은 나를 따라나서기를 원합니다. 그러나 나는 그러한 추종을 허락하지 않습니다. 반드시 그는 그의 본래의 "삶의 자리"로 돌아가야 합니다. 그들이 나를 따라나서기를 원하는 이유는, 그들이 쾌유함을 얻었다고 해서 그냥 집으로 돌아갈 수 있는 것이 아니라 엄청난 율법적 번문욕례를 통하여 제사장으로부터 쾌유의 도장을 받아야 하기 때문입니다. 이 쾌유의 도장을 받는 데 무지무지하게 많은 돈이 듭니다. 병자의 쾌유를 기뻐하는 것이 아니라 쾌유를 빙자하여 엄청난 돈을 뜯어내는 것입니다. 유대민족의 종교는 이렇게 율법을 통하여 민중을 착취하고 돈을 벌었습니다. 나는 치유를 행한 대가로 그에게 요구했습니다.

"제사장에게 가서 돈이 들더라도 네가 깨끗해졌다는 것을 인증받아라! 그들에게 너의 온전함을 증명하여라!"(1:44).

이것은 나의 천국운동이 율법을 뜯어먹고 사는 당대의 종교 하이어라키에 던진 최초의 직접적 도전이었습니다. 나는 그 레프로스에게 내가 고쳐주었다는 얘기를 하지 말라고 당부했지만 그는 나의 행위를 선전하고 퍼뜨렸습니다. 나는 이 사건으로 인해 하도 유명해져서 드러나게 동네로 들어갈 수도 없었습니다. 그리고 외딴 곳에 조용히 머물렀습니다. 그러나 어떻게 나의 거소를 알아냈는지 사방에서 꾸역꾸역 모여들었습니다. 사회적 긴장감은 점점 높아지고 있었습니다.

제6장

요를 걷어 집으로 가라

그렇다고 외딴곳에 쭈그려 앉아있을 수만은 없었습니다. 며칠 뒤에 나는 다시 가버나움으로 갔습니다. 가버나움은 실제로 나의 선교중심이었고 나는 그곳 정해진 어느 집에 항상 기거하곤 했습니다. 내가 집에 있다는 말이 퍼지자 엄청나게 많은 사람들이 모여들어 집안은 물론 문 앞까지 빈틈없이 들어섰습니다. 사람들은 내가 레프로스를 치유하는 것과도 같은 그런 기적행함의 신기함을 구경하기를 기대하겠지만, 나는 사람들이 모여들었을 때는 그런 치유를 행하지를 않습니다. 그들을 깨우치는 하나님의 말씀을 전합니다. 말씀을 전하는 일이야말로 나의 본업이기 때문이죠(2:2).

그때 중풍병자가 왔습니다. 중풍병자는 걸을 수가 없으므로 들것에 뉘어서 네 사람이 들고 왔습니다. 그러나 들것을 멘 네 사람이 그 군중을 헤치고, 안방에서 하나님의 말씀을 전하고 있는 나에게 접근할 수 있는 방법이 도무지 없었습니다. 그러한 절망적 정황에 접한 네 사람은 묘수를 생각해냈습니다. 가버나움 지역의 가옥구조를 보면 대개 단층이고, 강우량이 회소하고 항상 맑은 날씨가 연속되기 때문에(물은 북방에서 흘러 들어온다) 지붕이 열었다 닫았다 할 수 있는 구조로 되어 있습니다. 더울 때는 서까래를 덮은 천막을 걷어버릴 수가 있습니다. 뿐만 아니라 지붕은 무엇을 말리기도 하고, 또 동네사람들에게 소리쳐서 전언하기도 하는 곳이기 때문에 평평한 지붕으로 올라가는 외부계단이 반드시 있게 마련입니다.

이 네 사람은 환자를 들것에 메고 안방 지붕 꼭대기로 올라갔습니다. 지붕을 걷어내고 중풍환자를 담요에 뉘어 네 귀퉁이를 끈으로 묶어 달아매어 내가 있는 곳으로 내려가도록 했습니다. 환자는 지붕으로부터 강림해 내려오는 듯한 묘한 분위기 속에 내 앞에 그 모습을 드러냈습니다. 네 사람의 집단적 노력의 진지함도 가상한 것입니다.

이때 나는 그들의 믿음을 목격하고는, 중풍환자에게 이렇게 말했습니다.

"너의 죄는 용서를 받겠구나!"

이 말의 의미를 우리는 정확히 파악해야 합니다. 중동문명권의 사람들은 "아프다," "병들었다"는 것을 "죄를 지었다"라고 인식했습니다. 따라서 "병이 나았다"라는 것은 "죄사함을 얻었다"는 의미가 됩니다. 그러니까 내가 "용서를 받겠구나"라고 말한 것은 "네 병이 나을 수 있겠구나"라고 말한 것과 같습니다. 그러나 내가 그런 말을 할 수 있었던 것은 환자와 환자를 메고 온 사람들의 믿음 때문이었습니다.

그런데 이러한 나의 예언은 그곳에 앉아서 나의 설교를 듣고 있던 서기관들(=율법학자들)의 분노를 불러일으켰습니다. 그들의 경직된 사유에 의하면 "죄사함"은 오직 하나님에게만 가능한 하나님의 특권입니다. 인간은 인간의 죄를 사할 수 없습니다. 유대인의 율법체계에 의하면 "메시아"조차도 인간의 죄를 사할 수 없습니다. 죄를 용서함은 오직 하나님만이 할 수 있는 것입니다. 인간이 인간에게 "나는 너의 죄를 사하노라"라고 외친다면 그것은 월권이며 하나님을 모독하는 불경죄에 속합니다.

"이 사람이 어떻게 감히 이런 말을 하여 하나님을 모독하는가? 하나님 말고 누가 감히 죄를 용서할 수 있단 말인가?"(2:7).

나는 그들의 중얼거림의 논리를 다 파악하고 있었습니다. 갑자기 나는 그들에게 선문답과 같은 화두 하나를 던졌습니다.

"중풍병자에게 '너는 너의 죄를 용서받았다'라고 말하는 것과 '일어나 네 담요를 걷어 가지고 걸어가거라'라고 말하는 것, 이 두 마디 중에 어느 편이 말하기 쉽겠느냐?"

서기관들은 앞뒤로 꽉 막혀버렸습니다. "죄를 용서받았다"라고 말한다면 그들은 하나님께 불경죄를 짓습니다. 그런데 "일어나 걸어가라"라는 것은 말하기는 쉽지만 그 사람이 일어나 걸어갈 수 있는 챤스는 제로에 가깝습니다. 다시 말해서 그들의 무기력함이 만천하에 드러나는 것이죠. 그들은 말할 수도 없고 행위를 할 수도 없는 바보들입니다.

그들이 아연실색하고 있을 때 나는 말합니다.

"일어나 요를 걷어 집으로 걸어가라!"

중풍병자는 모든 사람들이 보는 앞에서 벌떡 일어나 곧(유뒤스) 요를 걷어 가지고 당당히 걸어나갔습니다. 나는 실천으로 죄사함을 보여준 것입니다. 많은 사람들이 내가 하나님의 아들이기 때문에 그런 권능을 행할 수 있었다고 말합니다. 그러나 나는

나의 치유행함을 메시아됨의 증명으로 생각지 않았습니다. 죄
사함의 궁극적 근거는 인간의 믿음입니다. 내가 그곳에서 이적
을 행한 것은 치유에 강조점이 있는 것이 아니라 죄사함에 있
습니다. 모든 사람에게 죄사함의 진실을 보여준다는 것, 그것이
야말로 하나님의 나라가 민중 사이에 임하고 있다는 것을 보여
주는 극적인 표현이었습니다. 민중은 세례 요한의 세례보다 더
생생하게 죄사함의 진상을 느꼈을 것입니다. 마가는 이 장면을
이렇게 마무리 짓고 있습니다.

"모두들 몹시 놀랐다. '이런 일은 정말 처음 보는 일이다'
하며 그 영광을 하나님께 돌리더라."(2:12).

이때만 해도 나를 부정적으로 바라보는 사람들까지도 나의
단호한 언행에 군말을 하지 못했습니다. 나의 대중운동은 건강
하게 확산되어 가고 있었습니다. 나는 다시 갈릴리 북단의 호숫
가로 나아갔습니다. 군중들이 몰려왔습니다. 나는 군중들이 몰
려들었을 때는 하나님나라에 관한 나의 독특한 견해를 밝히는
연설을 행합니다. 마가는 나의 이러한 연이은 호숫가 연설을 세
번 기록하고 있습니다(2:13, 3:7, 4:1).

그 후 나는 길을 가다가 세관을 지나게 되었습니다. 앞서 말
씀드렸듯이 가버나움이라는 곳은 교통요지입니다. 저 남쪽 유

대아 지방의 해변으로부터 사마리아, 갈릴리를 거쳐 시리아의 다메섹에 이르는 대로(지금으로 치자면 하이웨이)의 중간 스테이션입니다. 이렇게 모든 사람이 거치지 않을 수 없는 대로의 요충지에는 반드시 세관을 설치합니다. 여기 세관이란 "텔로니온 τελώνιον"을 지칭하는데, 이것은 일종의 "통행관리소toll booth"를 가리킵니다. 지나가는 사람에게 통행세, 물품세 등을 받아내는 곳이지요. 로마는 점령식민지 지역을 통치하는 방식으로 위탁제, 즉 간접통치방식을 취했습니다. 결국 식민통치의 궁극적 "목적"은 세금(그 지역의 부)의 갈취입니다. 그래서 "세금"이라는 말이 "목적"이라는 의미를 가지는 "텔로스"와 같은 어원을 가지게 된 것입니다.

기실 로마는 법제국가였기 때문에 식민지 지역에 과하긴 했지만 그래도 합리적인 세금액을 할당했습니다. 지역총독은 일정 세금액만 로마황제에게 바치면 됩니다. 그런데 총독은 세금을 직접 받을 길이 없으니까 그 지역의 사정에 밝은 장군출신의 로마고관에게 청부를 주었습니다. 그러면 그 고관은 더 하위의 지방관에게 청부를 주고, 이런 방식으로 말단의 세리에까지 내려갑니다. 이러한 청부는 단계를 거칠 때마다 도급을 주는 사람이 엄청난 이문을 챙기기 때문에 내려갈수록 그 금액이 불어나게 되어있습니다. 따라서 로마제국의 세금이란 지역민들에게 무서운 수탈의 상징이었습니다.

서민들에게 가장 직접적인 수탈자가 "세리tax collector, τελώνης" 였습니다. 그러나 내가 세리와도 친했다고 하는 것은, 나는 세리들을 결코 수탈자들로만 볼 수 없었다는 것을 의미합니다. 그들은 수탈자인 것 같지만, 가장 수탈당하는 자이기도 했습니다. 나는 이러한 인식 위에서 교제범위를 넓혀갔고, 민중의 범위를 넓혀갔습니다. 나는 세관 부스에 앉아있는 알패오의 아들 레위를 제자로 삼겠다고 불렀습니다. 그의 얼굴에는 자기가 하는 착취행위에서 벗어나고 싶다는 갈망이 쓰여있었습니다. 레위는 즉각 나를 따라나섰습니다.

　어느날 레위집에서 식사를 하게 되었습니다. 레위는 그래도 부유한 편입니다. 어부는 나를 따라나선 후에도 내가 죽고 나면 그들의 생업으로 복귀할 수도 있습니다. 그러나 세리는 나를 따라나서면 다시는 복귀할 길이 없습니다. 그러기에 알패오의 아들 레위(마태복음에는 "마태"로 기술된다. 마 9:9)가 나를 따라나섰다고 하는 것은 매우 용기 있는 실존적 결단이었을 뿐 아니라 나의 대중운동에 새로운 계기를 만드는 사건이기도 했습니다.

　레위가 식사자리를 마련했다고 하는 것은 그가 주변의 친구들에게 이별을 고하는 작별의 잔치를 마련했다는 것을 의미합니다. 그는 다양한 그의 친구들을 초대했는데 그 좌중의 분위기를 마가는 다음과 같이 전했습니다.

"세리와 죄인들이 많이 앉아있었다."

레위의 세리친구들에 관해서는 이미 말씀드렸지만, "죄인들"이라는 것은 악인들을 의미하는 것이 아니고, 레위의 다양한 계층의 친구들로서 예수그룹과 어울리기 어려운 사람들이라는 뜻이겠지요. "하마르톨로이"(죄인들)라는 것은 단순히 "과녁에서 빗나간 사람들"을 의미한다는 것은 앞서 말씀드렸습니다. 그런데 그 자리에 바리새파의 서기관들도 앉아있었습니다. 바리새인이라는 것을 나와 반대의견을 가진 전통적인 유대인 율법주의자들로 생각하기 쉽지만, 바리새인은 하스모니아왕조(마카비시대라고도 한다) 시기에 아주 경건한 유대인들인 하씨딤Hasidim 그룹에 의하여 결성된 새로운 종교운동입니다. 그러니까 생긴지가 한 백여 년, 기껏해야 2백 년도 채 되지 않습니다. 초기에는 매우 개혁적인 성향도 있었습니다만 점점 율법적 형식주의 religious formalism에 매몰되어 갔습니다. 나에게는 유대교의 모든 악습, 질투와 위선과 경직의 상징이기도 했습니다.

여기 "바리새파의 서기관들"이라는 것은 바리새파를 도와주는, 혹은 그들에게 고용된 서기관들이라는 뜻인데, "서기관"(그람마튜스γραμματεύς)이라는 것은 쉬운 말로 "대서방 쟁이들" 정도의 의미입니다. 이들은 율법에 밝은 사람들로서 대서방 사무(온갖 서류작성)로부터 법정 변호까지 도맡아 하는 지식인들이었습니다. 구약의 전승을 담지한 사람들이지요. 그러나 어디서 정규적으로 받은 월급은 없었고 케이스 바이 케이스로 돈을 벌었습니다. 이 바리새파 서기관들이 내가 세리들, 죄인들(불결하다고 느껴지는 다양한 직종의 사람들)과 같이 음식을 나누어 먹는다는 것에 충격을 느꼈습니다. 그들의 인식 속에는 나는 일종의 유대 정통의 랍비였고, 율법의 수호자가 되어야만 한다고 생각했기 때문이었습니다. 나는 이들에게 이렇게 대답하였습니다.

"건강한 사람들에게는 의사가 필요 없다. 병든 자에게나 의사가 필요한 것이다. 나는 잘살고 있는 의로운 자들을 부르러 온 것이 아니다. 죄인을 부르러 왔노라."

이 말은 나의 갈릴리 사역을 상징하는 유명한 말이 되었습니다만 "죄인"의 그릇된 해석 때문에 이 나의 말을 왜곡하고 있습니다. 의롭게 사는 사람, 건강하게 자기 생활을 잘 운영하고 사는 사람들에게 과도하게 죄의식을 부여하여 구원의 개념을 적용하는 것은 잘못된 일입니다. 나는 교회운동을 하지 않았습니다. 따라서 단 한 명이라도 더 교회조직 속에 사람을 예속시키려는 초대교회의 입장은 나와 무관합니다.

나는 나의 구원을 요청하지 않을 수 없는 약자, 병자, 죄인의 친구일 뿐입니다. 나에게는 과도한 전도주의가 없었습니다.

종교는 항상 약자, 병든 자, 죄에 시달리는 자들의 편에 서야 합니다. 건강한 사람은 의사가 없이도 잘살 수 있습니다. 건강한 사람에게 다가가 너는 반드시 의사가 필요하다고 외치고 강요하는 것은 옳지 못합니다. 그것은 또 하나의 율법적 형식주의이며 종교적 오만이 될 수 있습니다. 신앙인들은 항상 겸손해야 합니다.

또 이즈음 세례 요한의 제자들이 바리새인들과 함께 단식을 행하고 있었습니다. 단식이란 속죄의 개념과 밀접히 연관되어 있습니다. 단식은 원래 일 년에 단 한 번만 욤 키푸르Yom Kippur라고 하는 유대인의 가장 성스러운 제식일에 행하는 것이었습니다. 유대인의 종교칼렌다 상으로 제7번째 달(티쉬레이 Tishrei 달: 전통적 유대인 민간력으로는 이 달이 정월이다)의 10번째 날이죠(레위기 16:29~31). 대강 양력상으로는 9월~10월 사이에 오게 됩니다. 새해가 시작되는 10일 동안의 회개Ten Days of Repentance 기간의 마지막 날, 해가 지면서부터 25시간을 금식과 기도로 보냅니다. 그러니까 유대율법상으로는, 단식은 이날 하루로 족했습니다.

그런데 이 단식규정이 역사와 더불어 점점 늘어나 유대인 칼렌다에는 7번의 단식일이 있게 되었습니다. 그런데 내가 살고 있던 시절의 바리새인들은 아무 이유 없이 툭 하면 단식을 했고 아주 종교적인 바리새인들은 일주일에 두 번(눅 18:12, 월요일과 목요일)씩이나 단식을 했습니다. 단식도 절차가 복잡하고 단식에 들어가기 전에는 배불리 먹는 잔치를 행하기도 하니깐 참 번거로운 짓입니다. 나는 율법주의자가 아니고, 더구나 구약의 역사적 체험에 의하여 나의 현세적 삶을 규정하는 어리석은 짓을 하지 않습니다.

이때 사람들이 나에게 물었습니다.

"요한의 제자들과 바리새파 사람의 제자들은 금식을 행하고 있는데, 어찌하여 당신의 제자들은 금식하지 아니하나이까?"

우선 나의 제자들은 항상 배가 고픈 사람들입니다. 배고픈 사람들에게는 **잔치**가 필요한 것이지 **단식**이 필요한 것이 아닙니다. 단식을 하려 해도 할 수 있는 여력이 없는 사람들입니다. 그래서 나는 이렇게 완곡하게 대답했습니다.

"결혼식 잔치에 초대받아 온 신랑의 친구들이 신랑과 함께 있는 동안에야 어찌 단식을 할 수 있겠습니까?"

갈릴리 지역에서 결혼식 잔치는 보통 일주일 동안 계속됩니다. 이렇게 만남과 환희와 축하의 위대한 절기에 어찌 신랑의 친구들이 단식을 행할 수 있겠습니까? 나 예수는 신랑입니다. 나의 제자들, 나의 팔로우어들 모두는 나의 손님입니다. 나는 지금 하늘나라의 잔치를 벌이고 있습니다. 이 잔치에 참여한 사람들에게 어찌 별 의미 없는 단식을 요구할 수가 있겠습니까? 천국운동은 같이 함께 즐겨 먹는 잔치의 운동입니다. 금욕과 속죄의 운동이 아니라 삶의 기쁨을 발견하는 잔치의 운동입니다. 그것은 패스팅Fasting이 아니라 피스팅Feasting의 운동인 것입니다.

그리고 나는 또 이런 말을 덧붙였습니다.

"새 술(포도주oinos)은 새 부대에 담아야 한다."(2:22).

새 술은 충분히 발효되지 않았기 때문에 그 부피가 늘어나기 쉽습니다. 왕성한 생명력을 과시하지요. 중동지역에서는 액체를 가죽부대에 담아 운송하는데 오래되면 가죽이 경직되어 신축성을 상실합니다. 새 술이 경직된 가죽부대에 담아지면 결국 부대를 파열시키고 맙니다. 새 술이 의미 없이 사라지고 마는 것이죠. 나 예수는 새 술입니다. 새 술 그것 자체가 새로운 잔치를 의미합니다. 새 부대라는 것은 하늘의 나라를 맞이하는 새로운 질서, 새로운 시대the New Age를 의미합니다. 천국을 이 땅에 가져오고 있는 나 예수라는 새로운 생명은 결코 낡은 구약의 율법, 낡은 형식에 갇힐 수가 없습니다.

제 7 장

· ——— ·

나는 안식일의 주인이다

이즈음 어느 안식일이었습니다. 나는 제자들과 함께 밀밭 사이를 지나가고 있었습니다. 우선 "안식일Sabbath"이라는 개념부터 정리를 해야 이해가 될 것 같습니다. 안식일은 하나님께서이 세상을 창조하시고 일곱째 날은 쉬셨다라는 창조설화에서부터 규정된 날인데, 그 특징은 "쉼"이라는 데 있습니다. 오늘날의 사람들은 "일요일Sunday"을 안식일과 동일시하기 쉬운데, 일요일이 안식일과 관련된 것이기는 하나 근본적으로 의미를 달리하는 것입니다. 일요일은 "태양의 날Sunday"이며 발랄한 로마의 토속신앙과 관련이 있습니다. 하여튼 현대인에게 일요일은 해방되어 노는 날, 생명의 발랄함을 엔죠이하는 날로 인식되어 있습니다.

나는 예수입니다

그러나 유대인의 안식일은 "창조의 쉼"이며 모든 "일의 정지"라는 의미입니다. 그리고 그것은 엔죠이먼트(향유)를 상징하는 것이 아니라 계율을 상징하는 것입니다. 안식일은 십계명에 계율로써 명시된 10개의 조항 중의 하나입니다. 안식일은 매주 금요일 저녁 일몰과 더불어 시작합니다. 모든 유대인 가정에서는 일몰 전 20분 가량 됐을 때 안식일 촛불을 켜면서 안식일을 맞이합니다. 안식일에는 일체의 창조적 행위를 할 수가 없습니다. 없던 것이 있게 되는 사태가 불가합니다. 불을 켜는 것도 안되고, 글을 쓰는 것도 안됩니다. 이 안식일의 규정만 해도 수백 개가 되는데 보통 나의 시대에 39개 조항이 있었습니다. 이것은 모두 사람을 옥죄는 조항들이었습니다.

　　밀밭을 지나가던 제자들이 배가 고프니까 밀이삭을 훑어 먹기 시작하였습니다. 유대인 율법에도 남의 곡식밭에서 한 움큼 정도 훑어 먹는 것은 허용되었습니다. 단지 낫을 대서 자르는 것은 허용되지 않았습니다(신명기 23:24~25). 그러나 안식일 39개 조항 속에 이삭훑기가 안식일에는 안되는 것으로 규정되어 있습니다. 그러자 바리새파 사람들이 나에게 항의했습니다.

　　　"왜 당신의 제자들은 안식일에 해서는 아니 될 일을 하고　　　있습니까?"(2:24).

답답한 지적이지요. 지금 배고픈 군중들이 기아를 해결하기 위하여 약간의 곡식을 실례하고 있는데 그것이 안식일이면 어떻고 비안식일이면 어떠하다는 말씀입니까? 나는 이렇게 말했습니다.

> "안식일이 사람을 위하여 있는 것이지, 사람이 안식일을 위하여 있는 것은 아니다."

그리고 또 말했습니다.

> "나 사람의 아들(=예수)은 안식일의 종이 아니라, 안식일의 주인이다."

이것은 진실로 민중의 인권선언이라고도 말할 수 있겠지요. 나에게 가장 소중한 계율은 민중의 배고픔이지 안식일의 행위 정지가 아닙니다. 나는 갈릴리의 예수일 뿐입니다. 나에게 보이는 것은 안식일이 아니라 민중의 삶입니다. 안식일의 주인임을 선포하는 나는 모세의 율법을 거부합니다. 나는 어떠한 기존의 메시아상에 맞추어 주조될 수 없습니다. 나에게는 보통 사람의 생존의 요구가 모든 종교적 제식주의에 우선하는 상위의 율법입니다. 나는 율법의 준수에 선행하는 민중의 삶을 선포하고 있었던 것입니다. 교회도 종교도 사람을 위하여 있는 것이지, 사람이 교회나 종교를 위하여 있을 수 없는 것입니다. 종교적 계율을 빙자하여 인간의 복속을 강요하는 모든 독단은 사기꾼의 폭압에 불과한 것입니다.

다음 안식일이 되었을 때 나는 다시 시나고그에 들어갔습니다. 그때 그곳에는 "손 마른 사람"(한쪽 손이 오그라붙은)이 있었습니다. 한쪽 손이 오그라붙었다는 것은 골절상으로 혈액순환이 안돼 손이 오그라붙은 정도의 증상이라고 볼 수도 있습니다. 그러니까 후천적인 사고로 인한 증상이므로 드라마틱한 치료의 가능성이 배제되는 정황도 아닙니다. 하여튼 안식일이고, 회당 안이고, 또 비정상적인 상태의 신체로 고생하는 사람이 있다는 이 상황은, 나를 트집 잡아 고발하려는 사람들에게 더없이 좋은 기회였습니다. 많은 사람들이 나를 꼬나보고 있는 것이었습니다. 나는 회당에 들어가자마자 살벌한 시선들을 느꼈습니다. 살벌한 시선으로 나를 쳐다보고 있는 그 사람들을 향해 나는 외쳤습니다.

"안식일에 사람을 죽이는 것이 옳습니까? 사람을 살리는 것이 옳습니까? 어느 것이 우리가 안식일에 해야 할 일입니까?"

그들은 아무 말도 하지 못했습니다. 그들의 마음이 완악하여 진실을 있는 그대로 받아들일 수 없기 때문입니다. 내가 가장 싫어하는 것이 "마음의 완고함(포로시스πώρωσις)"입니다. 유연성의 상실, 허虛가 전무한 마음의 상태, 메타노이아의 가능성이 차단된 인간의 마음을 일컫는 말이지요. 나는 인간의 완악함을 접하게 되면 분노가 치밀어 오릅니다. 그 순간 나는 노기 띤 얼굴로 그 싸늘한 시선들을 둘러보고 손이 마른 사람에게 외쳤습니다.

"손을 펴라!"

그는 손을 폈습니다. 그리고 그는 정상인의 상태로 회복되었습니다. 비정상적 상태가 정상인의 상태로 회복되는 것, 이것이 바로 내가 말하는 "하나님 나라의 오심"입니다.

여기까지 충돌사화 5개의 이야기가 소개되었습니다(1.달아매어 내려온 중풍환자 2.레위의 잔치 3.요한의 제자들의 단식 4.안식일 밀이삭 5.안식일 회당의 손 마른 사람). 기존의 세력권의 논리와 나의 하나님나라운동의 논리는 심한 충돌을 일으키고 있었습니다.

바리새인들은 나가서 헤롯당원 사람들을 만나 상의를 했습니다. 그들의 논의의 주제는 "나를 어떻게 죽일 수 있는가"에 관한 것이었습니다. 이미 나의 대중운동은 나의 목숨을 요구할 정도로 기존의 가치관과 충돌을 일으키고 있었습니다. 그러나 유대 광야에서의 마귀의 시험의 세 번째 질문과도 같이 나는 조금도 나의 정치적 견해나 종교적 입장이 불러오는 충돌에 대해 타협 적 태도를 취할 수 없었습니다. 나는 기존의 모든 구약적 가치 와의 단절을 선언하고 있었기 때문에, 기존의 세력을 장악한 사 람들은 나를 제거하는 길만이 나의 복음의 전파를 막을 수 있는 유일한 수단이라고 단정 짓고 있었습니다.

"헤롯당원(헤로디아노이)"이라는 것은 어떤 구체적 정치당파를 일컫는 것도 아니고, 바리새인과도 같은 종교당파도 아닙니다. 헤롯당원들은 헤롯왕가, 그 패밀리, 그리고 헤롯 안티파스를 지 지하는 헤롯우호세력으로서 사회적으로 영향력 있는 유대인들 을 느슨하게 가리키는 말입니다. 나의 죽음을 촉구한 핵심세력 이라고도 말할 수 있겠습니다.

이렇게 충돌이 강화될수록 대중운동은 다른 차원을 획득합 니다. 놀라웁게 무서운 속도로 확산되어 나가는 것이지요. 나는 그런 빠른 확산을 원하지는 않았지만 나의 선포는 항상 나의 손 아귀를 벗어나고 있었습니다. 나의 영향력은 내가 콘트롤할 수 있는 수준의 문제가 아니었습니다.

나는 이미 갈릴리 북쪽의 호반을 수없이 다녔지만 큰 무리와 함께 호숫가에 간 것은 마가에 세 번 기록되어 있습니다(갈릴리 전기사역 중에서). 두 번째로 갈릴리 북부 호숫가에 갔을 때는 갈릴리 전역에서 많은 사람이 몰려왔을 뿐 아니라, 세례 요한의 텃밭인 유대아 지역과 예루살렘, 그리고 저 남쪽의 이두매Idumea, 그리고 요단강 건너편의 베레아Perea, 데카폴리스Decapolis, 그리고 갈릴리 북부 지중해 연안인 페니키아 지역의 두로Tyre와 시돈Sidon에서조차 내가 하는 일에 관한 소문을 듣고 사람들이 엄청 몰려왔습니다(3:8).

나는 이미 국제적인 인물이 되었습니다. 헤롯일가의 통치영역 전체를 커버하는 곳곳에서 몰려들었습니다. 갈릴리의 동북방, 교통이 어려운 내륙지방 사람을 제외하고는 팔레스타인 전역의 사람들이 몰려들었는데, 실로 그 거리와 교통의 어려움을 생각할 때 이것은 보통 일이 아니었습니다. 그만큼 민중은 절박한 심정으로 구원을 소망하고 있었습니다.

인파가 내 주변으로 밀어닥치게 되자 나와 제자들은 기발한 생각을 해냈습니다. 물밀듯이 몰려드는 군중 속에 방치되어 있다가는 뭔 일을 당할지 모릅니다. 나는 예수입니다. 나는 인간입니다. 그냥 허망하게 군중의 발치에 짓밟혀 죽을 수도 있습니다. 복음서를 읽는 사람들이 유감스럽게도 이러한 나의 실제 사정을 이해해주지를 않습니다.

우리가 생각해낸 묘안은 나의 연단을 한 척의 거룻배(플로이아리온πλοιάριον)에다 마련하는 것이죠. 내가 배를 타고 연안에 정박한 상태에서 설교를 행하면 군중과의 거리가 유지될 수 있기 때문에 질서가 유지될 수 있는 것이죠. 다시 말해서 수상의 이동무대를 착안해낸 것이었습니다. 나에게 가장 많이 몰려든 사람들은 더러운 귀신들린 사람들인데, 이 사람들은 나를 보기만 하면 내 앞에 엎드려 "당신은 하느님의 아들이십니다ὁ υἱὸς τοῦ θεοῦ"하고 소리를 질렀습니다. 그 사람들 속에 있는 프뉴마가 나를 알아보는 것이죠. 그들이 그렇게 떠들어대면 나는 그들에게 그따위 소리 하지 말라고 야단을 쳤습니다.

혹자는 이러한 나의 야단침을 놓고, 내가 생전에 메시아의식이 없었다는 사실의 증표로 삼으려 합니다. 내가 메시아의식이 있고 없고는 내가 할 말은 아닙니다. 나는 단지 더러운 프뉴마가 나에 관해 떠벌이는 것이 싫었고, 또 사람들이 생각하는 메시아는 내가 생각하는 메시아상과는 너무 큰 차이가 있기 때문이었습니다(3:12).

나는 어느 날 산에 올라가 열둘을 뽑아 사도(아포스톨로스ἀποστόλους)로 삼았습니다. 그러나 실제로 열두 사도, 즉 나에게 인가받은 최측근의 사도 열두 명이라는 것은 복음서기자들의 기술방식과 초대교회에서 강조한 "사도성apostolicity"의 권위를 전제로 하여 생겨난 개념입니다. 그들은 이스라엘민족이 12지파로 구성되어 있기 때문에 그러한 구약적 세계관에 근거하여 나의 천국운동이 전 이스라엘적인 운동이라는 상징적 의미를 부각시키려 한 것입니다. 실제로 내가 가까이 둔 제자는 칠십여 명 되었고 나는 이들에게 특별한 차별의식을 부여하지 않았습니다. 나는 갈릴리 사람이고 유대인 아이덴티티가 없습니다. 나는 그냥 예수입니다. 나에게 인간은 모두 인간일 뿐입니다. 내가 살던 시대에는 유대인의 개념조차 모호해졌으며, 12지파의 계보도 사라졌습니다. 누가 누구인지를 모르게 되었습니다.

그러니까 열두 제자라는 개념은 복음서기자의 기술양식으로서 그냥 편하게 이해하시면 되겠습니다. "사도"라는 말에 해당되는 "아포스톨로스"는 본시 "보내다" "통지하다" "파송하다"는 동사에서 생겨난 말이고, "제자"라는 말에 해당되는 "마데테스 μαθητής"는 그냥 "배우는 사람"이라는 뜻에서 고희랍시대로부터 쓰여져온 말입니다. 그리고 때로는 그냥 "열둘"이라는 뜻만으로 "도데카δώδεκα"라는 표현도 씁니다. 하여튼 내가 열두 명의 사도를 뽑았다고 하는 것은, 이들을 민중에게 파송하여 말씀을 전하고, 마귀를 쫓아내는 권한을 부여하기 위한 것이었습니다. 나 혼자의 힘으로 다하기 어려운 작업을 분담하려는 것이죠.

"말씀을 전한다"는 것은 일차적으로 나의 하나님나라운동의 사상의 핵심을 전파하는 것이기 때문에 내 곁에서 배우면 쉽게 할 수 있는 일입니다. 그리고 "귀신을 쫓는다"(3:15)는 것은 내가 제자에게 가르칠 수 있는 최소한의 권능입니다. 질병을 치료하는 것, 불구자를 정상인으로 돌리는 것은 어렵지만 귀신을 내쫓는 것은 진실하게 배우고 인격을 갖추면 가능한 일입니다. 나는 제자들에게 "말씀"과 "축귀逐鬼" 이 두 가지 권능을 부여하였습니다.

열두 제자의 이름은 중요하지 않습니다. 나중에 밝혀지겠지만 이들은 나의 수난의 과정에 참여하지를 못했기 때문에, 결코 유앙겔리온 속에 뚜렷한 자리를 차지하지 못했습니다. 단지 내가 긴요할 때 동행한 자는 최초로 가버나움 해변에서 픽업한 4명(베드로, 안드레, 야고보, 요한)입니다. 이들은 내가 조선造船 목수일을 할 때부터 알던 사람들이었습니다. 단지 가룟 유다가 특이한 인물로 지목되었습니다. "나 예수를 팔아넘긴 사람"이라는 수식구를 마가는 여기에 붙여놓았습니다. 이것은 마가가 나의 공생애의 드라마적 성격을 나타내기 위해 사전암시로서 써놓은 것입니다. 그리고 또 이 열두사도 임명 시에 시몬은 베드로라는 새 이름을 얻었습니다. 가버나움의 어부 시몬은 이제 나의 하나님나라운동의 제자 수장으로서 자격을 얻은 것입니다.

베드로란 말은 "페트로스πέτρος"인데 그것은 그냥 "돌맹이"

란 뜻입니다. 돌맹이는 어디에나 굴러다니는 것입니다. 어디서나 발견될 수 있는 것이죠. 그리고 그 특성이 단단하다는 데 있지요. 그래서 나는 베드로라는 이름을 단단한 믿음을 가지고 살라는 의미로, 그리고 어디서나 민중(오클로스)과 섞일 수 있는 자세로 유별나게 빛내지 말고 살아가라는 의미로 시몬에게 준 것입니다. 그런데 마태와 초대교회가 나의 본의를 왜곡하고 "교회의 반석"이라는 의미로 과도하게 해석했습니다.

생각해보십시오! 나는 교회를 만들 생각은 꿈에도 하지 않았습니다. 더구나 교회가 건물을 갖는 그런 유형의 조직형태라는 것은 생각조차 해본 적이 없습니다. 그러니 교회를 그 위에 지을 반석이라는 식의 해석이 어찌 있을 수 있겠습니까? 나는 오직 하나님나라운동을 통하여 민중의 삶을 재건한다는 신념에 불타있었습니다. 교회반석 따위는 생각해본 적도 없습니다.

제 8 장

•────•

누가 나의 엄마냐?

　나는 다시 가버나움의 집으로 돌아갔습니다. 그러나 군중은 나의 집을 에워쌌습니다. 우리 일행은 호떡(보통 빵이라 번역하는 "아르토스ἄρτος"는 서양식 빵이 아니라 도톰하고 작은 크기의 "난"과 같은 것이다) 하나도 간단히 집어 먹을 수 있는 시간조차 없었습니다.

　이렇게 나의 운동이 크게 갈릴리 민중 속으로 퍼져나가고 있다는 소문은 순식간에 방방곡곡에 스며들었고, 나의 고향 나자렛의 사람들도 이 소식을 들었습니다. 나자렛은 가버나움에서 약 65km(실제 도보거리. 직선거리는 40km) 정도밖에 떨어져 있지 않습니다. 그런데 내 고향사람들 중에서도 나의 친가족들은 걱정이 먼저 앞섰습니다. 엄마도 8남매나 되는 대가족을 먹여살리

려니 얼마나 힘드시겠습니까? 그러니 가족의 안위가 문제가 되는 것이죠. 로마의 압제하에 신음하고 있던 보통사람의 입장에서는 누군가 민중의 편에서 유명해진다는 것은 무조건 공포에 가까운 일입니다. 나의 언행은 기존의 가치에 대한 전복을 포함하고 있었습니다. 나의 가족은 나의 얘기를 듣자마자 이렇게 외쳤습니다.

"우리 예수가 미쳤다!"(3:21).

여기 "미쳤다"는 표현은 "엑시스테미ἐξίστημι"인데, 이것은 "에크ἐκ"(밖으로)와 "히스테미"가 합쳐진 말입니다. 이것은 조선 말의 "혼이 나갔다"라든가 "얼이 빠졌다"든가 하는 표현과 동일한 발상의 표현입니다. 예수 이 얼빠진 놈아! 이 혼 나간 놈아! 너 정신이 있는 거냐? 니가 뭐라고 그렇게 사람들을 홀리고 다니는 거냐? 니가 뭐라구 그렇게 귀신을 내쫓고 사람병을 고치구 그런단 말이냐! 야~ 이놈아! 냉큼 집으로 돌아와서 목수일이나 하고 살 것이지!

우리 가족은 다급한 나머지 드디어 나의 체포조를 만들었습니다. 마가는 이것을 이렇게 표현했습니다.

"친속들이 예수의 소식을 듣고는 그를 붙들러 나왔다."(3:21).

나는 예수입니다

여기 "붙들다"에 쓰인 단어는 "크라테오κρατέω"인데, 이것은 정확하게 "체포하다," "수감하다," "제지하다"의 뜻입니다. 가룟 유다의 밀고로 내가 로마관원에게 붙잡혔을 때에도 동일한 단 어가 쓰였습니다. 가족들이 나를 미친 놈이라 규정하고 나를 체 포하러 나선 사태는 너무도 쉽게 이해할 수 있는 백성의 이야기 입니다.

한편 예루살렘에서도 나를 체포하기 위하여 산헤드린이 파견한 서기관들이 당도하였습니다. 그들은 내가 바알세불 Beelźebul(이교도들이 섬기는 신들의 왕초)에게 사로잡혔다, 또는 마귀두목의 힘을 빌려 마귀를 쫓아낸다느니 하고 악성루머를 퍼뜨렸습니다. 나는 그들을 그대로 둘 수가 없었습니다. 나는 능동적으로 그들을 불러왔습니다. 그리고 사람들이 듣는 앞에 서 그들을 야단쳤습니다. 나의 반박논리는 매우 지당한 상식적 논리였습니다.

"이 놈들아! 한 나라가 갈라져 싸우면 그 나라는 제대로 설 수 없다는 것은 누구나 아는 사실이다. 한 가정이 갈 라져 싸우면 그 가정 또한 버티어나갈 수 없다. 사탄의 나라가 내분으로 갈라진다면 그 나라를 지탱하지 못하고 망하게 될 것이다. 어찌 사탄의 힘을 빌려 사탄을 내쫓는다 하는 말이 성립할 수 있겠는가?"(3:23~26).

그들은 나의 영혼을 모독했습니다. 나의 영험한 프뉴마의 순결성을 짓밟으려 했습니다. 나는 준엄하게 꾸짖었습니다.

"성령을 모독하는 자는 영원히 용서받지 못할 것이며, 그 죄로부터 영원히 벗어날 길이 없을 것이다."(3:29).

이때, 나의 친어머니와 친형제들이 나의 집밖에 도착했습니다. 그러나 그들은 사람에 둘러싸인 나에게 접근할 길이 없었습니다. 나의 엄마는 밖에서 사람을 들여보내 나를 불렀습니다. 사람들이 나에게 말했습니다.

"선생님! 선생님! 선생님의 어머님과 형제분들께서 밖에서 찾으십니다."

이 순간, 나의 마음이 동요되지 않을 수 없습니다. 그러나 나는 즉각적으로 냉정을 회복했습니다. 내가 나의 어머니의 부름에 응하여 나간다는 것은 나의 어머니의 인식구조 속에 내가 굴복한다는 것을 의미합니다. 어머니의 사랑을 내가 왜 모르겠습니까? 그러나 나의 엄마, 나의 가족은 오직 일신, 일가정의 안위만을 걱정하고 있습니다. 그런데 나는 전 인류의, 아니 그냥 인간의 삶 전체를 구원하려는 일에 몰두하고 있습니다. 이 갭을 어떻게 메꿀 수가 있겠습니까? 나는 어머니의 부름에 응할 수가 없었습니다. 보고싶은 어머니이지만 결코 볼 수가 없었습니다.

"누가 내 어머니고 누가 내 형제들이란 말이냐?"

나는 순간 슬픈 눈으로 나를 둘러싼, 구원을 갈망하는 사람들을 돌아보면서 이렇게 말하였습니다.

"바로 이 사람들이 내 어머니이고 내 형제들이다. 하나님의
뜻을 행하는 사람이 곧 내 형제요, 내 자매요, 내 어머니
이니라."(3:35).

나의 생애에서 다시는 나의 어머니, 나의 혈육을 만나지 못하였습니다. 요한은 내가 십자가에 못박혔을 때 나의 엄마가 와있었다고 썼습니다. 그리고 이렇게 기술하였습니다.

"여자여! 보소서, 당신의 아들이니이다."(요 19:26).

매우 눈물겨운 장면이지요. 요한은 너무 과도한 드라마를 만들었습니다. 요한의 기술은 사실과는 거리가 멉니다. 나의 어머니는 나의 예루살렘길을 동반치 않으셨습니다. 가족과의 슬픈 이별, 이것은 공생애를 살아가는 모든 사람이 꼭 가슴에 새겨두어야 할 나 예수의 삶의 한 슬픈 단면입니다. 사정私情에 끌리어

공의公義를 바라보지 못하는 것, 이것이 곧 인간의 허약입니다. 광야의 사탄의 유혹에 있었던 이야기입니다.

나는 다시 갈릴리 호숫가로 나아가 가르쳤습니다. 민중에게 가르침을 행한 세 번째의 사건이지요(4:1). 이때도 너무도 많은 민중이 몰려들었기 때문에 나는 수상 스테이지 작전을 다시 쓸 수밖에 없었습니다. 앞서 말한 것처럼 나와 군중과의 안전거리 distancing for safety라는 것이 필요했거든요. 나는 배 위에 올라 탔고 배 한가운데 앉았습니다. 나는 보통 설법을 할 때 앉아서 했습니다(4:1).

밀려드는 민중은 호숫가에 꽉 들어찼습니다. 우리는 언덕진 해안을 골랐기 때문에 사람들은 푸른 풀밭 위에 둥그렇게 둘러 앉았습니다. 그러니까 자연스럽게 원형극장 같은 것이 형성된 셈이죠. 내가 앉아있는 배가 무대가 되고 관객 사이에는 물로 격절이 되어있는 것입니다. 호수 북단이기 때문에 사람들은 남향을 했고 나는 북향을 했습니다. 사람들에게 따스한 햇빛이 비쳤습니다. 늦가을 경이었으니까 참 아름다운 광경이었지요.

혹자는 나의 삶을 평하여, "예수의 삶에서 가장 확실한 두 개의 사건은 그가 십자가에 못박혀 죽었다는 것과 그가 비유로 말하였다는 사실이다"라고 말했습니다. 십자가에 못박혀 죽었기 때문에 수난과 부활의 스토리가 만들어졌고, 비유담론이 있었기에 하나님나라의 교설이 만들어졌다고 했습니다. 뭐 일리가 있는 말이지요.

그런데 마가는 또 이런 말을 했습니다: "예수는 천국의 비밀을 사람들이 함부로 쉽게 알아차릴 수 없도록 비유로 말하였다."(4:11). 마가는 훌륭한 작가이지만, 이 말만은 매우 그릇된 생각의 결과물이라고 말할 수밖에 없습니다. 나는 그 호반에 앉아있던 수천 명의 사람들이 누구든지 쉽게 알아들을 수 있도록 비유로 말한 것입니다.

제 9 장

비유는 상식적 민중의 담론이다

우선 비유가 무엇일까요? 비유는 헬라말로 "파라볼레παραβολή" 라고 하는 것인데, "파라"는 "나란히," "함께"라는 뜻이고, "볼 레"는 "던지다"라는 동사에서 파생된 말입니다. 다시 말해서 한 가지 말을 하고 있는데 또 하나의 말이 동시에 나란히 던져지고 있다는 뜻이지요. 여태까지 나는 파라볼레의 어법을 계속 활용 해왔습니다. "새 술은 새 부대에," "어찌 사탄이 사탄을 궤멸시 킬 수 있겠는가," "잔치집에 온 신랑친구들이 어찌 신랑과 함께 있는데 단식을 할 수 있으랴!"는 등등, 한 가지 말의 이면에 또 하나의 말이 있었다는 얘기지요.

"씨 뿌리는 자의 이야기"를 했는데 그 이면에 "천국의 비밀" 이 같이 얘기되고 있었다는 것이죠. 그런데 비유담론은 감추기 위한 것이 아니라 더 복합적으로 많은 의미를 드러내기 위한 것이죠.

비유는 민중의 언어입니다. 조선말에 "속담"이라는 말이 있지요. "속담"이란 "세속의 이야기"라는 뜻이죠. 즉 "민중의 이야기 방식"이라는 뜻이죠. 속담은 짧은 경구驚句라 할지라도 파라볼레가 아닌 것이 없습니다. 속담의 특징은 적재적소에 쓰이면 누구든지 쉽게 알아듣는다는 것이죠. 그것은 "카이로스(타이밍)의 예술"이지요.

그 호반에 모인 사람들은 농사를 지어보지 않은 사람이 없고, 또 씨를 뿌려보지 않은 사람이 없습니다. 나 예수 또한 평생 엄마를 도와 씨를 뿌린 사람입니다.

팔레스타인 지역에는 씨 뿌리는 방식이 땅이 척박하기 때문에 이랑법을 쓰지 않습니다. 이랑을 만들어 씨를 뿌리는 방식이 반드시 높은 소출을 보장하지 않습니다. 그래서 씨를 대충 골고루 뿌린 후에 쇠스랑으로 뒤집으며 씨를 덮습니다. 동방의 사람들에게는 좀 이해되기 힘든 경법耕法이지만 그런 방식이 팔레스타인의 농사법입니다. 그러니까 씨는 다양한 데 떨어지게 됩니다. 딱딱한 길바닥에 떨어지기도 하고, 흙이 많지 않은 돌밭에 떨어지기도 하고, 가시덤불에 떨어지기도 하고, 좋은 땅에 떨어지기도 하는 것이죠.

이 씨 뿌리는 자의 비유를 알레고리로 이해하는 방식은 모두 잘못된 것입니다. 그렇게 개념적으로 대비해서 도식적으로 이해하는 것은 옳지 못합니다. 그것은 초대교회 사람들이 자기들의 필요에 따라 내 말을 이념적으로 왜곡시킨 것입니다. 씨앗은 별것 아니죠. 그냥 천국이에요! 그게 뭐 어렵습니까? 뭔 비밀이 있습니까? 내가 천국을 말한다고 하는 것은 천국의 씨앗이 이미 사람들의 마음에 떨어지고 있는 것입니다. 그 마음이 완악하면 소출이 안 생기겠지요. 그 마음이 푸근하고 개방되어 있고 기름지면 천국은 풍성하게 자라나겠지요. 천국은 결국 사람의 문제입니다. 사람의 마음의 문제입니다. 메타노이아의 문제입니다. 그런데 천국은 씨 뿌리기만 하면 어떠한 조건에서든지 수확을 거둡니다.

천국이라는 씨는 계속 자랍니다. 영원한 현재, 영원한 과정입니다. 여러분들은 이미 나에게서 천국의 이야기를 들었고 천국은 여러분들의 마음속에서 자라나고 있습니다. 그리고 씨는 계속 가꾸어 나가야 합니다. 토양의 문제를 떠나 우리는 계속해서 끊임없이 씨를 뿌려야 하는 것입니다. 씨 뿌리는 자! 그가 누구이든 그가 바로 위대한 하나님의 아들입니다.

나는 예수입니다

나는 또 일상에서 쓰는 등불을 비유로 들어 말했습니다. 우리가 등불을 켠다는 것은 어두운 방을 밝히기 위한 것입니다. 그렇다면 등불은 될 수 있는 대로 방안을 골고루 비출 수 있는 곳에 놓기 마련입니다. 보통 그러한 자리에 기름호롱불을 놓는 등경燈檠이 자리잡고 있게 마련입니다. 등불은 방안을 골고루 비추는 등경 위에 놓는 것이 당연한 일입니다. 그 누가 등불을 됫박 속에 넣어 두겠습니까? 그러면 됫박 속에서 꺼지고 말 것입니다. 등불을 침대 밑에 넣으면 침대 밑구석만 밝힐 뿐 딴 곳을 밝게 할 수가 없겠지요.

이 등불의 비유는 무엇으로 해석해도 좋습니다. 등불이 나 예수를 비유했을 수도 있고, 천국을 비유했을 수도 있고, 비유적 설법 그 자체를 비유했을 수도 있습니다. 무엇이 되었든지간에 그것이 노리는 바는 진리나 깨달음, 혹은 우리가 바라는 새로운 세상의 질서, 이 모든 것이 결국 은폐적이거나 비밀스러운 것이 아닌 개방성과 공개성을 원칙으로 한다는 것을 말한 것입니다.

자라나는 씨의 비유, 겨자씨의 비유 또한 천국이라는 것이 결국 인간의 역사 속에서 같이 교섭하면서 자라나는 과정의 존재라는 것을 말한 것입니다. 겨자씨의 비유는 씨 뿌리는 자의 비유의 낙관적 측면을 다시 한 번 강조한 것입니다. 미미한 시작과 상상할 수 없을 정도의 무성하고 풍요로운 결과를 대비시킴

9장_비유는 상식적 민중의 담론이다

으로써 미미하고 초라한 시작만을 보고 있는 민중들에게 천국 도래에 관한 확신을 던져주고 있는 것입니다.

나는 비유의 설법을 마친 후 군중들을 호반에 남겨둔 채, 타고 있던 그 배를 타고 호수 남단의 동남쪽 지역인 거라사를 향해 항해를 했습니다. 이 거라사라는 곳은 호수 정중앙 깊은 바다를 가로질러 내려가야 하는 이방의 도시이며, 상당히 위험한 항로를 거쳐 도달할 수 있는 곳입니다. 바람이 거세기로 유명합니다. 거라사라는 곳은 갈릴리바다와 맞닿아 있기는 하지만 그 지역은 이미 갈릴리 지방에 속하질 않습니다. 그곳은 데카폴리스Decapolis에 속하는 지역이며 아주 헬라화 된 곳으로 주민들은 유대인이 아니었습니다.

나는 그러한 이방인의 영역에도 호기심이 많았습니다. 나는 나의 복음을 가급적이면 다양한 지역의 사람들에게 전하고 싶었습니다. 그곳의 주민들은 헤롯대왕이 죽고 난 후로는(BC 4년) 로마의 직접통치를 받았으며 준자치구적인 지위를 획득했습니다. 그러나 민중이 로마의 폭정에 시달리는 상황은 변함이 없었습니다.

내가 타고 있는 배가 떠나자 몇 척의 배에 분승한 제자들도 같이 따라나섰습니다. 내가 가버나움 호반에서 천국비유설교를 행한 것은 오후였습니다. 우리 배가 떠난 것은 해가 석양에 뉘엿뉘엿할 때였습니다. 그러니까 우리는 밤새 항해를 한 것입니다. 갈릴리바다는 밤바다가 폭풍이 심합니다. 그리고 우리가 택한 항로는 광풍이 자주 부는 곳이었습니다. 어둠 속에 항해를 계속하는 우리 배에는 거센 바람이 일고 물결이 배 안으로 들이치자, 배에 거의 물이 가득 차게 되었습니다. 물론 제자들은 물을 계속 밖으로 퍼냈지만 역부족이었습니다.

그 소란 와중에도 나는 뱃고물에서 베개를 베고 곤하게 잠자고 있었습니다. 이날 나는 대중을 향해 비유설교를 행하였을 뿐 아니라 가족과의 이별의 여파 등등으로 심신이 몹시 지쳐있었습니다. 내가 순수하게 신체적 피곤으로 곯아떨어져 잠자는 사례는 기실 전 복음서를 통하여 이 장면이 유일합니다. 제자들은 나를 흔들어 깨우며 부르짖었습니다.

"선생님! 저희가 죽게 되었는데 돌보시지 않으시렵니까?"

참으로 지더린 제자들의 모습이었습니다. 나는 일어나 바람을 꾸짖었습니다. 바다를 향해 외칩니다.

"고요하라! 잠잠해져라!
Peace! Be still!"

나는 제자들을 향해 책망하였습니다.

"어찌하여 그렇게들 겁이 많으냐? 아직도 믿음이 없느냐?"

나의 기적에는 세 가지 종류가 있습니다. 첫째가 귀신축출 유형입니다. 둘째가 신체힐링의 유형입니다. 이 두 가지 유형의 기적은 실상 기적이라 말할 수가 없습니다. 그것은 비정상 상태를 정상적 상태로 돌리는 것이며 천국의 도래를 방증하는 사례입니다. 그런데 사람들에게 가장 큰 고민거리를 안겨주는 것은 세 번째 종류입니다. 이것은 "자연기적Nature Miracles"이라고 부르는 것들입니다. 자연의 인과관계를 벗어나는 것, 자연의 프로세스에 인간이 임의로 개입하는 것 등등에 관한 것입니다. 이 자연기적은 결코 내가 행한 기적의 의미의 핵심적 부분을 차지하지 않습니다. 그리고 자연기적은 대체로 초대교회에서 나에 관한 이야기를 수집하는 과정에서 주관적인 환상이나 목격자들의 메모리나 부풀려진 증언에 의한 것들이 많습니다.

그러나 그것이 복음의 의미를 강화하기 위한 드라마적 장치로 쓰일 때는 그 의미만을 취해서 해석해야 할 것입니다. 이 잔잔해진 풍랑의 경우에도 마가는 내가 바람을 꾸짖었다고 말했습니다. 더러운 귀신을 꾸짖는 것과 같은 명령의 형식으로 말한 것입니다. 이 자연기적사화의 핵심은 나에 관한 이야기가 부풀려져 가는 과정의 원점을 이루고 있습니다. 바람을 꾸짖는 것으로부터 수면을 걷는 것으로 발전하게 되고, 또 그것은 5천 명을 먹이는 것으로 전개되어 갑니다.

그러나 이 이야기의 핵심은 어디까지나 제자들의 "믿음없음"에 있습니다. 제자들의 불신앙은 결국 나의 아이덴티티에 관한 무지로 이어집니다. 이것은 비단 제자들의 문제일 뿐 아니라 모든 팔로우어들의 문제입니다.

"도대체 저가 뉘기에 바람과 바다까지도 순종하는고?"

그들은 내가 누구인지를 모릅니다. 나는 예수입니다. 내가 어떠한 확신을 가지고 있든지간에 나는 예수입니다. 나는 하나님 나라를 이 땅에 선포하고 있는 예수입니다.

제10장

—•—

로마군단이여! 돼지 속으로 들어가라!

　나의 일행은 드디어 거라사 지방에 도착했습니다. 밤새 갈릴
리바다를 항해하여 여기에 도착한 것은 아침이었습니다. 갈릴
리바다의 항로로 보자면 가장 먼 길을 남북으로 비스듬히 질러
온 것이죠. 사실 가버나움이나 나자렛 사람에게 이 거라사 지방
은 매우 낯선 곳이죠. 그리고 이 지역에는 대단한 폴리스가 형
성되어 있었고 사람들도 비교적 풍족하게 살고 있었습니다. 폴
리스 주변에는 반드시 네크로폴리스가 있게 마련이죠. 네크로
폴리스는 공동묘지를 일컫는데 조선의 묘지와는 달리 모두 석
축으로 견고하게 만들어졌습니다. 어떤 무덤은 돌방 속이 꼭 작
은 아파트 모양으로, 여러 시체가 놓여있는 구조로 되어 있습니
다. 이런 곳에서는 시체를 치우면 사람이 살 수도 있습니다. 율
법상으로 격리되는 운명에 놓인 사람들이 갈 곳 없기 때문에 네

크로폴리스에서 사는 경우가 허다했습니다.

배에서 내리자마자 네크로폴리스가 있었습니다. 그곳을 지나는데 더러운 귀신 들린 사람(안드로포스 엔 프뉴마티 아카다르토 ἄνθρωπος ἐν πνεύματι ἀκαθάρτῳ)이 나에게 달려들었습니다. 이 사람은 정신병 중에서도 조증躁症의 극단적 케이스입니다. 어찌나 힘이 센지 쇠고랑을 채우고 쇠사슬로 묶어도 다 부수어버리고 뛰어다니기 때문에 아무도 그를 휘어잡지 못했습니다. 밤낮으로 항상 묘지와 산을 돌아다니며 소리를 지르고 돌로 자기 몸을 짓찧곤 하였습니다. 이 사람과 내가 만나는 장면은 갈릴리사역을 시작하였을 때 맨처음 가버나움회당에서 "더러운 프뉴마에 잡힌 사람"과 만나는 상황과 그 기본 스트럭쳐가 같습니다. 귀신이 먼저 나의 아이덴티티를 인지하는 것, 나의 축출 방식, 주변사람들의 경악, 나의 소문과 영향력의 확대 등등이 동일한 패턴으로 기술되는 것이죠. 그는 나를 보자마자 이렇게 외쳤습니다.

"지극히 높으신 하나님의 아들 예수여!"

귀신들이 나를 "하나님의 아들"이라고 부르는 것은 일반적인 것인데, 이 귀신은 인간 나의 이름, "예수"까지 정확히 알고 있었습니다. 참 특이한 일이지요. 이 이방인의 지역에 나의 이름이 알려질 정도로 유명해졌나 보죠? 하여튼 이 귀신은 나의 신성과 인성을 다 장악하고 덤벼들고 있는 것입니다. 센 귀신임에 틀림이 없죠.

"원컨대 하나님 앞에 맹서하오니, 나를 괴롭게 마옵소서."

"네 이름이 무엇이냐?"

"내 이름은 레기온($\Lambda\epsilon\gamma\iota\grave{\omega}\nu$로마군단)입니다. 이 사람 속에 살고있는 우리 귀신의 숫자가 많기 때문이오이다."

레기온이라는 것은 로마의 군단을 일컫는 것인데 약 4천 명에서 6천 명 사이의 군인들로 구성되어 있습니다(보통 5,400명).

이 귀신은 내가 자기들을 내쫓으리라는 것을 충분히 감지하고 있었습니다. 그러나 이 귀신(집단)은 이곳 거라사를 떠나기를 싫어했습니다. 그때 마침 2천 마리나 되는 돼지떼가 산기슭에서 우글거리고 있었습니다. 유대인들은 율법의 규정에 따라 돼지를 불결한 짐승으로 간주하기 때문에 돼지고기를 먹지 않습니다. 돼지를 방목하고 있다는 것은 헬라화 된 이방의 지역에서나 가능한 일입니다.

"우리를 저 돼지들에게라도 들어가게 해주십시오."

"그리하라!"

　더러운 프뉴마는 그 사람에게서 나와 돼지들 속으로 들어갔습니다. 그러자 돼지들은 크게 동요하여 우루루루 굉음을 내며 바다를 향해 비탈길을 내리달렸습니다. 2천 마리나 되는 돼지떼가 순식간에 물에 빠져 죽고 말았습니다. 사실 한 읍촌에서 2천 마리의 돼지가 상실된다는 것은 경제적으로 엄청난 손실을 끼친 사건입니다. 그러나 마을사람들은 귀신들렸던 사람이 온전한 정신으로 옷맵시를 단정히 하고 공손히 앉아있는 것을 보자 그만 겁이 났습니다. 나에게 경제적 손실을 물어내라고 따질 생각도 다 달아나버린 것입니다. 그리고 나에게 엎드려 빌었습니다.

"제발 우리 마을에서 떠나기만 해주십시오. 제발!"

　더러운 프뉴마에 들렸던 사람이 나의 팔로우어가 되게 해달라고 애원하였습니다. 나는 그에게 말했습니다.

"네 집으로 가라!"

　여기 "집"은 "오이코스"인데 삶의 터전, 경제기반(오늘날의 "에

코노미"라는 말이 이 "오이코스"에서 온 것이다)을 의미합니다. 나를 따라오지 말고 너의 삶의 자리로 되돌아가라. 이 사람은 자기 집에 돌아가 자기에게 일어난 일을 자세히 보고하고 두루 알렸습니다. 이 사람은 원래 교양이 높은 사람이었습니다. 더 이상 나는 낯선 고장인 이 데카폴리스 지방에서 사역ministry의 필요를 느끼지 않았습니다. 이 거라사 지방의 사건으로 인하여 나의 사역의 의미가 데카폴리스 지역에 두루 퍼졌기 때문입니다. 이렇게 나의 운동은 국제화 되어가고 있었습니다.

이 사건에서 주목해야 할 일이 하나 있습니다. 레기온이란 로마 군단인데 이 지역에 바로 그 유명한 제10군단(Legio X Fretensis, Tenth legion of the Strait)이 주둔하고 있었습니다. 이 카이사르의 제10군단은 여러 군단 중에서도 가장 강력했으며 AD 70년의 예루살렘 함락에도 결정적인 역할을 했으며, 또 AD 73년 말에 마사다요새에서 결사항전한 시카리 열성당원을 궤멸시킴으로써 유대인전쟁을 종결짓습니다. 마가가 복음서를 쓸 때에 이 10군단에 대한 범이스라엘민족의 혐오감은 상당한 것이었습니다. 그런데 이 제10군단의 깃발 심볼이 바로 "멧돼지"입니다. 더러운 프뉴마가 멧돼지 속으로 들어가 우루루 떼죽음을 당하는 모습은 나의 귀신축출행위를 인지하는 민중의 소망이 상징적으로 표현되어 있습니다.

나는 더 이상 거라사 지방에 머물 수도 없었고 더더욱 데카
폴리스의 내륙 지방으로 침투한다는 것은 너무 위험부담이 컸
습니다. 나는 곧바로 배를 타고 다시 나의 터전인 가버나움으로
되돌아갈 수밖에 없었습니다. 나는 가버나움 지역에 돌아가 해
변에 머물고 있었는데, 사람들이 또다시 나를 에워싸기 시작했
습니다. 이제 어디를 가든 고독을 찾기가 어려웠습니다.

제11장

야이로의 딸, 애잔한 혈루병 여인

그런데 매우 지체가 높게 보이는 점잖은 사람이 나에게 다가
와 내 발 앞에 엎드렸습니다. 내 발 아래 숙여 엎드린다는 것은
신적인 권위를 가진 사람에게 경외감을 표현하는 제식적 제스츄
어입니다. 그는 이름을 야이로Jairus라 했는데, 회당장 중의 한
사람이라 했습니다. 회당장 즉 아르키쉬나고고스ἀρχισυνάγωγος
는 "시나고그의 장長"이라는 뜻으로 시나고그를 유지하는 민간

세력의 우두머리를 의미합니다. 시나고그는 매우 개방적인 조직이기 때문에 민간에서 그 조직을 운영하고, 건물을 관리·보수하고, 온갖 예배와 제식을 관장하는 사람을 필요로 합니다.

회당장은 그 동네의 가장 신망받는 직위의 사람이며, 그 자체로 돈을 쓰는 사람이지 버는 사람이 아니기 때문에(월급이 없는 명예직) 그 지역에서 가장 부유한 사람이 추대됩니다. 하나의 시나고그에 회당장이 한 명 있을 때도 있지만 보통 두세 명이 있었습니다. 가버나움의 실제적인 행정적 리더라 말할 수 있습니다. 복음서 속에서 나에게 도움을 요청한 사람 중에서는 가장 신분이 높은 사람이라 말할 수 있겠습니다.

생각해보십시오! 몇 달 전만 해도 나는 삼십여 세의 동네 목수에 불과했습니다. 그런데 그 목수의 발아래 회당장이 엎드려 절하며 말한다는 것, 생각만 해도 어색한 그림입니다. 그 광경을 바라보는 많은 민중들에게는 이미 세상이 바뀌었다는 생각을 갖게 될 것입니다.

"제 어린 딸이 다 죽게 되었나이다. 오셔서 그 아이 위에
   손을 얹으사 구원을 얻어 살게 하소서."

"갑시다!"

내가 나서자 큰 무리들이 나를 둘러싸고 밀쳐대며 따라나섰습니다. 나는 군중에 떠밀려가듯 걸어가면서도 주위의 광경은 내 눈에 들어오게 마련입니다. 어떤 여인의 눈빛도, 그것이 간곡하고 애틋한 심정이 담긴 시선일 때 나에게는 짙은 인상을 남길 수밖에 없지요. 나는 젊습니다. 나는 인간을 사랑했습니다. 아름다운 여인에게도 끌리는 열정이 있습니다.

나를 밀치며 에워싸는 군중 저 멀리서 나의 구원의 손길을 갈망하는 한 여인이 있었습니다. 이 여인은 혈루병血漏病으로 12년이나 고생을 해온 사람입니다. 혈루증세라는 것은 시도 때도 없이 자궁에서 피가 나오는 하혈현상입니다. 이 혈루병도 심해지면 율법에 의해 격리의 대상이 되고 생활권에서 추방되기까지 합니다. 그러나 이 여인은 그런 정황은 아니었고 집에 있으면서 용하다는 의사는 다 찾아다닌 것 같습니다. 하혈은 겉으로 드러나지는 않으니까요. 하혈환자는 결혼생활도 제대로 못합니다. 남편에게 소박맞기 일쑤니까요. 12년 동안 의사 찾아다니느라고 고생만 하고 가산을 탕진했다고 하는데, "가산을 탕진했다"는 표현으로 보아도 이 여인은 매우 부유한 집안의 노블한 품격이 있는 그러한 여인이었습니다. 그러나 효험은 없었고 오히려 병은 점점 더 악화되어만 갔습니다. 의원들이 병을 더 키운 것이죠.

이러던 차에 이 여인은 나의 소문을 들었습니다. 이 여인은 나와 나이 차이가 거의 없는 30세 전후의 여인입니다. 이 여인은 나의 두루마기 옷자락에 손을 대기만 해도 자기의 병이 나으리라는 믿음을 가지고 있었습니다. 그러나 비슷한 나이의 남자의 옷깃을 잡기 위해 그에게 다가간다는 것은 매우 부끄럽고 두려운 일입니다. 그러나 이 여인은 나를 둘러싼 군중을 헤집고 필사적으로 다가갔습니다. 옷깃을 스치기만 해도 12년 묵은 자기 병이 나으리라는 기대가 있었던 것이죠.

그녀는 드디어 내 두루마기 옷깃을 잡았습니다. 그 순간 그녀는 출혈이 그치고 하초로부터 뭔가 맑은 기운이 도는 것을 느낄 수 있었습니다. 이 순간 나는 나의 영적인 프뉴마(기적의 힘, 뒤나미스δύναμις)가 나의 몸으로부터 빠져나가는 것을 느낄 수 있었습니다. 나는 되돌아보면서 군중을 향해 외쳤습니다.

"누구냐! 내 옷깃에 손을 댄 것이!"

제자들은 반문하였습니다.

"누가 손을 대다니요. 보시다시피 이렇게 군중이 사방에서 밀치고 있는 난리통인데 누가 손을 대긴요?"

그들은 이런 상황에서 손을 댄 사람을 찾는다는 것이 어리석다는 것이었어요. 그냥 지나치어도 될 일을 왜 까다롭게 찾느냐는 투정이었지요. 그러나 나의 시선은 이미 그 여인에게 닿고 있었습니다. 그 여인은 자기 몸에 일어난 일을 알고 있었기 때문에 두려워 떨면서 내 앞에 엎드려 모든 것을 이실직고하였습니다.

이때, 나는 편안한 얼굴로 그녀에게 말했습니다.

> "딸아! 네 믿음이 너를 구원하였으니 평안히 가라. 네 병에서 놓여 건강할지어다."(5:34).

여기 쓰여진 "딸"(뒤가테르θυγάτηρ)이라는 표현은, 야이로가 자기의 어린 딸을 가리킬 때 썼던 표현(뒤가트리온θυγάτριον)과 같은 계열의 단어입니다. 내가 나와 비슷한 연령대의 여인에게(네다섯 어리다) "딸아"라는 표현을 쓴 것은 아버지가 딸을 품어주는 듯한 극도의 친근한 사랑의 마음을 표현한 것입니다. 이 여인이 나의 두루마기 자락만 붙잡아도 병이 나을 수 있다고 믿은 것, 그것은 미신입니다. 두루마기 자락을 붙잡는다고 병이 낫지는 않습니다. 나의 제자들은 내가 그 여인을 찾는 이유를 모르고 있었습니다. 그래서 내가 나의 기를 빼앗아간 사람을 질책하려 한다고만 생각했습니다. 그러나 나의 궁극적 의도는 질책에 있지 않았습니다. 그녀가 쾌유함을 얻은 것은 옷깃을 만짐에 있는 것이 아니라, 바로 그녀 자신의 굳은 신념, 그 믿음에 있다는 것을 민중에게 선포하려는 것이었습니다.

"네 믿음이 너를 구원하였다." 이 만고의 명언을 민중에게 선포하고자 했던 것입니다. 그녀는 내 앞에 엎드려 구원을 얻은 사실을 자발적으로 간증함으로써 나의 선포를 더욱 의미 있게 하였습니다. 그녀의 치유는 오직 그녀와 나와의 프뉴마의 교감이 있기에 가능한 것이었습니다. 나는 군중에 떠밀려가면서도 그녀의 간절한 눈빛을 보았고 그녀의 터치를 느꼈습니다.

여기 나의 메시지에는 믿음(피스티스)이라는 주제 외로도, 평화(에이레네εἰρήνη)라는 주제가 들어있습니다. 에이레네는 히브리어의 "샬롬"과도 같은 뜻입니다. 평화는 병에서 놓여남으로써 획득되는 것입니다. 나의 치유는 모든 사람에게 평화를 가져오는 행위이며, 그것이 곧 하늘나라의 도래를 의미하는 것입니다.

"평화 속에 가라!"

사랑하는 사람에게는 집착하면 아니 되겠지요. 네 믿음이 너를 구원하였으니 평화 속에서 너의 길을 가라! 너는 이제 병에서 풀려났으니 건강할지어다. 건강, 평화, 믿음, 치유, 교감, 사랑이 모든 주제들이 이 단막극 속에 다 담겨있었습니다.

그런데 이 사건은 야이로의 딸을 고치러 가는 도중에 일어난 일입니다. 야이로의 사람들은 그 여인으로 인한 지체를 달가워 하지 않았습니다. 그러나 나로서 볼 때에는 내가 고용되어 돈을 받고 하는 짓도 아니고, 인간 모두를 위한 것인데, 생명의 프라 이오리티가 정해져 있는 것은 아닙니다. 그 당장, 그 당장에서 천국을 선포하는 것입니다. 이때 회당장의 집에서 사람이 와서 회당장에게 슬픈 소식을 전했습니다.

"따님(뒤가테르)이 죽었습니다."

회당장의 사람은 나의 지체로 인해, 내가 딴청을 부렸기 때문에, 회당장의 딸이 숨을 거두었다고 생각하고 화를 내는 것이었 습니다.

"그러니 저따위 자식한테 더 신세질 일 있겠습니까?"

그러나 회당장 야이로는 매우 신중한 사람이었습니다. 내 발 앞에 엎드려 애원할 정도로 나에 대한 믿음이 있었습니다. 나는 회당장의 하인들이 뭐라 말하든 들은 체도 하지 않았습니다. 그 들은 삶과 죽음을 분간할 줄도 모릅니다. 나는 회당장에게 말했습니다.

"아무 걱정 말고 믿기만 하시오."(5:36).

인간실존의 최후의 한계상황에서도 우리가 버리지 말아야 할 것은 "믿음"입니다. 나는 베드로와 야고보와 야고보의 동생 요한 3인 이외에는 아무도 따라오지 못하게 했습니다. 최소한의 목격자만을 허용한 것입니다.

내가 회당장의 집에 당도했을 때, 이미 회당장의 집에는 많은 사람들이 문간에 모여 곡을 하고 있었습니다. 회당장은 그 동네의 최고 유지이니만큼 사람들이 몰려들어 형식적인 곡을 하는 것은 당연했습니다. 나는 그들에게 외쳤습니다.

"왜 떠들며 울고 법석대고 있느냐? 이 아이는 죽은 것이 아니라 잠을 자고 있는 것이다."(5:39).

그들은 코웃음쳤습니다. 나는 부모 외에 모든 사람을 내보냈습니다. 엄숙한 교감이 이루어지는 그 심각한 자리에 잡상 같은 자들이 있어서는 아니 되겠지요. 나는 오직 부모 둘과 나의 제자 셋만 데리고 아이가 누워있는 방에 들어갔습니다(전부 6명만 있었다). 그 긴장된 순간에 나의 행동은 간결했습니다. 나는 그

나는 예수입니다

아이의 손을 잡고 이렇게 아람어로 외쳤습니다.

　"탈리다쿰!"

　이것은 "소녀야 내가 네게 말하노니 일어나라"는 뜻입니다. 그러자 소녀는 곧(유튀스) 일어나서 걸어다녔습니다. 나는 이 일을 아무에게도 알리지 말라고 엄하게 일렀습니다. 나는 이 사건이 부풀려 확대되는 것을 원치 않았습니다. 나에게 이 소녀는 잠에서 깨어난 것뿐입니다. 여기서도 궁극적인 주제는 믿음입니다. 혈루병 여인의 사건에서 다루어진 믿음이라는 테마가 확대된 것입니다. "잠"이라는 것은 모든 것의 끝인 동시에 모든 것의 시작이기도 합니다. 잠에서 깨어난 이 소녀는 12살이었다는 것을 마가는 이 스토리의 마지막에 써놓고 있습니다. 치유사건은 소생사건으로 확대되고 소생사건은 부활사건으로 발전되어 간다는 것을 마가의 이야기는 암시하고 있습니다. 나의 마지막 이야기는 다음과 같습니다.

　"이 소녀에게 먹을 것을 주어라."(5:43).

　결국 이 이야기의 종말은 생명의 일상적 요구에 대한 관심입니다. 소생 그 자체가 종국적인 것이 아니라 먹고 활동하는 생명의 과정이 더 종국적인 것입니다.

나의 치유활동도 점점 이적의 심도를 더해가고 천국운동도 점점 확고한 대중적 기반을 획득함에 따라, 나는 제자들을 민중 속으로 파송하여 보다 대중과 밀착된 생활을 하게 하면서 그들로부터 배우고 또 귀신축출이나 필요한 힐링의 서비스를 행하게 하는 공동체규율을 만들게 되었습니다. 나는 교회를 세우지는 않았지만, 천국운동을 위한 소규모의 공동체 같은 것은 자연스럽게 형성되었습니다. 그래서 초기승가와도 같은 조직과 규율이 생겨났습니다.

제12장

· ━ ·

갈릴리 후기사역의 전개, 초기공동체 생활윤리

제자들의 파송을 계기로 나의 갈릴리사역은 후기로 넘어가고 후기에는 모든 것도 대형화되고, 대형화된 만큼 충돌의 요소도 커졌습니다. 나는 제자들을 파송하기 전에 마지막으로 나의 고향을 방문하였습니다. 그러나 그들은 나의 현존의 모습을 파악치 아니하고 과거의 모습에 집착하여 깔보려 들었습니다. 나는 결국 나자렛 고향사람들과 정당한 교감을 하지 못했습니다. 그리고 식구들도 만나지 않았습니다. 그리고 이와 같은 말만 한 구절 남겼습니다.

"선지자는 어디서나 존경을 받지만 자기 고향과 자기 친척과 자기 집에서는 존경을 받지 못한다."

이것은 일반화 되어야 할 명제는 아닙니다. 많은 위대한 사람들이 고향에서 존경을 받습니다. 그러나 나의 경우, 나의 고향에서의 모습과 나의 공생애의 사회적 삶, 사이에는 하늘과 땅 차이보다 더 큰 차이가 있었기 때문에 그 인식의 갭이 메워질 수 없었던 것 같습니다. 나의 천국운동이 점점 확대되면 될수록 인간으로서의 나의 실존은 하나님 앞에 선 단독자의 모습으로 고독하게 되어갔습니다. 혈연이나 지연 같은 것이 단절된 고독한 인간이 되어간 것이죠.

나는 제자들을 파송할 때, 그들에게 더러운 귀신(프뉴마)을 제어하는 능력을 부여하였고, 둘씩 짝지어 다니도록 하였습니다. 팔레스타인의 길들은 황톳길이 아니고 자갈길입니다. 또 갈릴리 지역에는 뱀이 많습니다. 그래서 맨발로 다니기는 거의 불가능합니다. 가죽밑창이 있는 샌달을 반드시 착용해야 하고 지팡이를 꼭 하나 들고 다녀야 합니다. 지팡이가 있어야 뱀을 제어하기 쉬우니까요. 그런데 마태(+누가)는 지팡이를 가지고 다니지도 말고 샌달을 신지도 말라고 내가 가르쳤다고 했는데 그것은 과장된 표현입니다. 나는 "지팡이도 없는 맨발의 예수"는 아닙니다.

나는 제자들에게 지팡이 이외에는 아무것도 지니지 말라고 당부하였습니다. 나의 제자들의 행동지침이랄까 생활지침이랄까 그 원칙은 치열한 무소유입니다. 나를 포함한 우리 제자들의 삶의 자세는 불교의 초기승단의 계율이나 이후 스님들의 무소유보다 훨씬 더 가혹한 측면이 있습니다. 우리 제자들은 앉아서 명상한 사람들이 아니라, 끊임없이 다니면서 걸식하고 도움을 주고 병을 고치고, 그러니까 좌선 아닌 행선을 한 사람들이었기에 무소유는 실천하기가 더욱 어려운 것이었죠. 계율을 요약해보면 다음과 같습니다(6:7~13).

1. 여행을 위하여 지팡이만은 허용한다.

2. 양식을 가지고 다니지 말라. 먹을 것을 비축할 수 없다는 뜻이죠. 홀로 되면 그냥 죽을 수도 있는 계율이죠. 삶의 절박함을 느끼게 하는 계율입니다.

3. 배낭(자루)을 걸머 매고 다니지 말라. 무엇이든지 집어넣을 수 있는 배낭이 있으면 안된다는 것입니다. 배낭은 소유의 상징이지요.

나는 예수입니다

4. **전대(조네(ζώνη)를 지니지 말라.** 당시의 전대는 가죽지갑이 아니고 동전을 띠 속에 넣어 허리에 차는 것입니다. 일체 돈을 몸에 지니지 못하게 했습니다. 병자를 고치게 되면 사람들은 반드시 돈을 제공합니다. 그런 것을 받아먹고 다니다가는 천국운동은 사라지고 장사꾼이 되어가는 것이죠.

5. **가죽샌달은 허용한다.** 그러나 신고 있는 것이 닳아빠질 때까지 그냥 신는다. 동네에서 감사의 표시로 새 신발 준다고 새것으로 갈아 신으면, 또 멋쟁이가 되고 장사꾼이 됩니다.

6. **길거리 지나다니면서 아무에게도 문안하지 마라.** 무차별의 마음상태를 유지하는 것이죠. 말없이 고개 숙이고 걸어가는 것이 천국운동자의 기본자세입니다. 지나치는 사람들과 수다떠는 수행자는 역시 장사꾼이죠.

7. **옷도 두 벌씩 껴입지 말라.** 사실 팔레스타인은 낮과 밤의 기온차가 심하기 때문에 옷을 두 벌씩 껴입고, 한 벌을 벗었다 다시 입었다 하면서 기온차에 대비하는 것이 상례입니다. 그리고 겉옷인 히마티온(두루마기) 같은 것도 두 벌을 가지고 다니며 한 벌은 잘 때 이불로 쓰는 것이 상례입니다. 나는 제자들에게 오직 한 벌만의 옷을 입게 했습니다. 이것도 수행인의 도력을 높이기 위한 중요한 훈련이지요.

8. **어느 동네에 들어가든지 일단 거처를 정했으면 그것이 어느 집이 되었든지간에 그 동네를 떠날 때까지 그 거처를 옮기지 말 것이다.** 대개 처음 자리잡는 집은 동네 어귀의 초라한 집이거든요. 병 고쳐주고 하면 반드시 부잣집에서 좋은 방을 대접하려고 할 것입니다. 이때 방을 옮기면 처음 제공자의 입장이 난처해집니다. 거처를 옮기는 것은 하나님나라 운동가의 자세가 아닙니다.

나의 천국운동이 이제 공동체적 기반을 가지고 움직이고 있다는 것을 느끼실 수 있으실 것입니다. 당연히 우리 공동체의 건강성을 보고 헌금을 하는 사람들도 있게 마련이지요. 사회적으로 대접을 받지 못하는 상당히 많은 부유한 집안의 부인들이 음으로 양으로 나의 운동을 도왔습니다. 가룟 유다는 그 출납을 맡고 있었습니다.

제자들이 갈릴리 지역을 다니면서 행한 치유방법 중에 귀신을 내쫓는 방법 외로도 기름을 발라 혈을 마사지를 하면서 병을 고치는 방법도 있었습니다. 이 기름치료는 현재 인도의 아유르베다의학에 보존되어 있습니다.

내가 제자들을 파송하고 있을 즈음, 나에게는 결국 닥치고야 말 운명적인 슬픈 이야기가 전해져왔습니다. 세례 요한의 죽음에 관해서는 아무도 그 실상을 잘 알지 못합니다. 저도 세례 요한이 어디서 어떻게 죽었는지에 관해서 제가 그 현장에 있지 않았기 때문에 정확히 그 실상을 알 길이 없습니다. 마가는 세례 요한이 헤롯 안티파스가 그의 동생의 아내인 헤로디아스를 취한 것이 율법에 어긋날 뿐 아니라 도덕적으로도 부당하다고 생각하여 누차 간하였기 때문에, 표독한 헤로디아스가 안티파스의 생일날 자기 딸을 시켜 요염한 춤을 추게 하고, 그 요염한 춤의 대가로 세례 요한의 목을 요구하였다고 적고 있습니다. 그러나

나는 예수입니다

세례 요한이 단지 안티파스의 부도덕한 결혼에 대한 항의 때문에
목숨을 잃었다고 보는 것은 매우 협애한 견해입니다.

요한은 그러한 사적인 도덕성에 매달려 목숨을 잃을 만큼 시
야가 좁은 사람이 아닙니다. 세례 요한은 그러한 문제보다는 훨
씬 더 고차원적이고 광범위한 정치적 문제로 안티파스와 대결
했고, 그러한 과정에서 안티파스는 세례 요한의 세례운동의 하
중을 견뎌내지 못하고 요한을 처단한 것 같습니다. 안티파스는
요한의 죽음에 대하여, 자신이 처형했음에도 불구하고, 모종의
트라우마를 깊게 간직하고 있었습니다. 요한의 정의로움은 모든
사람의 가슴속에 생생하게 각인되어 있었습니다.

나의 제자파송시기에 세례 요한의 죽음의 소식을 들은 것은
각별한 의미가 있었습니다. 제 이름이 널리 알려져 마침내 안티
파스(=헤롯왕)의 귀에 들어가게 되었습니다. 그러자 안티파스는
다음과 같이 소리쳤습니다.

"예수? 바로 요한이다! 내가 목을 벤 요한이 다시 살아난
것이다."(6:16).

여기 벌써, 세례 요한의 죽음과 관련하여 "부활"이라는 주제
가 등장하고 있습니다. 다시 말해서 세례 요한의 죽음은 이미

나의 죽음을 예고하고 있는 것입니다. 당대 지배권력에 저항한 무수한 사람들이 있었습니다. 그 사람들 중에서 가장 영적인 리더 중의 한 사람이 세례 요한이었습니다. 그런데 그러한 영적인 리더는 죽음을 맞이할 수밖에 없는 운명에 놓이게 됩니다. 그 이유는 그가 타협을 모르고, 또 정의롭기 때문입니다. 요한은 정의로운 사람이었고, 타협을 모르는 사람이고, 매우 금욕적이며 도덕적인 사람이었습니다.

마가에 의하면 요한은 터무니없는 여인의 질시와 음모 속에 억울한 죽음을 당하였습니다. 이것은 당대 요한과 같은 길을 걸어가는 모든 사람들의 운명이었습니다. 요한은 나와 동년배의 친구였으며, 천국운동의 선배였으며, 나는 그를 따르고 존경하였습니다. 요한의 죽음은 정확히 나의 운명을 예언하고 있었습니다. 나 또한 터무니없는 세력의 질시와 음모 속에 억울한 죽음을 당할 것입니다. 결국 자기 권력을 유지하고 싶어하는 자들에 의하여 처형되는 것입니다.

이 억울한 죽음이 가져오는 가장 큰 임팩트 중의 하나가 "부활"입니다. 우리 문명권에는 "윤회"라는 관념이 강하지 않습니다. 헤롯이 나를 두고 세례 요한이 "다시 살아났다"고 외친 그 멘탈리티의 확대가 곧 나의 "부활"을 형성할 것임에 틀림이 없습니다. 마가는 세례 요한의 이야기를 이렇게 마무리짓고 있습니다.

> "그 소식을 들은 요한의 제자들이 와서 그 시체를 거두어
> 다가 장사를 지냈다."(6:29).

나의 제자파송사건과 오버랩되는 이 메시지는 묘한 여운을
남깁니다. 요한의 제자들은 나의 제자들보다 훨씬 더 용감했습
니다. 요한의 잘린 목과 몸을 찾아 거두어 정중하게 제사를 지
냈습니다. 나의 제자들은 나의 시신을 제사 지내지도 않고 뿔뿔
이 도망가버렸습니다.

이 세례 요한의 이야기는 나의 제자파송사건 중간에 삽입된
것입니다. 야이로의 딸 회생사건 중간에 고결한 혈루병여인의
이야기가 삽입된 것처럼! 마가는 이렇게 그 단락을 끝냈습니다.

> "사도들(=제자들, "파송된 사람들"의 의미)이 돌아와서 자기들
> 이 한 일과 가르친 것을 예수께 낱낱이 보고하였다."(6:30).

나는 너무 피곤했습니다. 군중들에 둘러싸여 힐링을 행하고
말씀을 전하고, 내가 존경하는 선배, 친구이자 스승인 요한의
죽음을 접하고, 이 모든 일이 나에게는 매우 버거운 일이었습니
다. 이러한 나의 사정을 사람들은 이해하지 못합니다. 나는 좀

쉬고 싶었습니다. 나는 제자들에게 말했습니다.

"따로 한적한 곳으로 가서 함께 좀 쉬자!"(6:31).

그러나 사람들은 떼로 몰려들었습니다. 너무도 많이 몰려들었기 때문에 우리는 간단한 요기를 할 수 있는 여가조차 얻을 수가 없었습니다. 여기 "한적한 곳"이라는 표현은 이스라엘 전통에 있어서는 "광야"(에레모스ἔρημος)를 상징합니다. 그 광야의 궁극적 의미는 모세가 헤매던 곳, 그리고 이스라엘민족이 모세와 함께 헤매던 곳, 그런 의미가 배제될 길이 없겠지요. 그곳은 광야, 텅 빈 곳, 아무것도 없는 곳, 고요한 곳인 동시에, 쉬는 곳, 영감을 얻는 곳, 하나님의 음성을 듣는 곳, 그리고 또 배고픈 곳인 동시에 만나manna를 먹을 수 있는 곳이기도 하지요. 다음에 전개가 되는 가장 유명하고 또 많은 신비감을 던져주는 공동식사이야기는 바로 이런 배경 속에서 이루어진 이적이야기입니다.

"쉬다"(아나파우오ἀναπαύω)라는 것도 "어떤 일을 멈추는 것"이라는 의미 외로도 "새로운 에너지를 공급받는다," "회복하다," "원기를 돋우다"는 의미를 동시에 지닙니다.

나는 예수입니다

제13장

·———·

오천 명에서 사천 명까지

우리 일행은 가버나움 동네에서 호숫가로 밀려오는 군중들을 피해 배를 타고 "한적한 곳"을 찾아 떠났습니다. 가버나움에서 호수 북단을 따라 동쪽으로 가면 평평한 들판이 있었습니다. 북요단강이 갈릴리 호수로 흘러들어오는 하구를 지나 조금만 동쪽으로 가면 텅 빈 광야와 같은 곳이 있는 것입니다. 그러나 우리가 배로 움직이는데 우리의 움직임이 빤히 호반에서 보이는 것입니다. 몰려드는 민중들(오클로스)은 나를 놓칠 생각이 없었습니다. 그들은 내 배가 향하고 있는 곳을 먼저 알았습니다. 그들은 우리가 향하고 있던 벳새다Bethsaida 들판 북부에 먼저 가 있었습니다. 우리 일행은 수로로 갔고, 그들은 육로로 간 셈이지요. 그런데 그들의 육로에는 북요단강이 가로지르고 있어 강을 건너야 했습니다. 그런데 어떻게 다 건널 수 있었는지 잘 이해가 되질 않는군요.

독자들은 내가 당면한 문제의 현실적 정황을 이해하기가 어려울 것입니다. 여기 "무리"라고 표현된 이 군중이 도대체 몇 명이나 되는 줄 아십니까? 유대인들은 사람수를 셀 때, 여자나 어린아이는 세질 않습니다. 여기 장정 5천 명(6:44)이라고 표현된 무리는 실제로 가족과 딸린 어린아이들을 합치면 2만 명 가까이 됩니다. 생각해보세요. 2만 명이 나를 따라 우루루루 몰려 다닌다고 할 때, 현실적으로 엄청난 문제가 많이 개입됩니다. 이들은 어디까지나 자발적으로 몰려드는 개방된 민중입니다. 그속에 어떤 성향의 사람들이 끼어들어 있는지 다 콘트롤할 길이 없습니다.

갈릴리에는 열성당원들도 많습니다. 그들은 민중의 봉기를 촉구하고자 노립니다. 이런 대중집회에는 꼭 끼어들게 마련이지요. 내가 그들의 명분을 이해 못한다거나 싫어한다는 뜻이 아닙니다. 그들의 방법으로 대중봉기를 획책해본들 결국 소기의 성과를 못 이룰 뿐 아니라, 대중의 희생이 크다는 것이죠. 대중의 희생이 어쩔 수 없는 것이라고 한다면, 그만큼의 사회변화가 이룩되어야 할 것 아닙니까?

대중만 희생되고 대중을 착취했던 지배계급의 횡포는 더욱

나는 예수입니다

심해지고 더구나 인간의 심령을 본질적으로 갉아먹는 종교적 계율이나 조직이나 권세는 더욱 강화된다고 한다면 열성당원의 피눈물 나는 의거도 아무런 의미를 찾을 수 없게 된다는 뜻이죠. 그래서 나는 평화를 말하고, 사랑을 실천하고, 억눌린 자에게 해방을, 포로 된 자에게 해방을, 눈먼 자에게 다시 보게 함을 선포하려 하는 것입니다.

때는 이미 해가 뉘엿뉘엿 석양에 가까워 왔고 그곳 호반에 내리자 그 엄청난 무리들이 나를 에워쌌고, 그들은 나의 얼굴만 쳐다보고 있었습니다. 그들은 모두가 지쳤고 배가 고팠습니다. 그들은 "목자 없는 양"(6:34)과 같이 보였습니다. 나에게 일어나는 것은 측은지심밖에 없었습니다.

이때 제자들이 나에게 와서 이런 의견을 제시했습니다.

"여기는 외딴곳이고 시간도 이미 늦었습니다. 그러니 군중을 헤쳐 제각기 음식을 사 먹도록 농가나 근처 마을로 보내는 것이 좋겠습니다."(6:35~36).

그러나 이게 실제로 말이나 되는 얘기입니까? 이들을 과연 헤쳐 보낼 수 있겠습니까? 이 많은 사람이 이 저녁시간에 어디로 가서 밥을 얻어 먹을 수 있단 말입니까? 주변은 다 가난한 농가 아니면 어부의 집인데, 그리고 인구 또한 많지 않은 곳인데, 그들이 어디서 끼니를 때울 수 있단 말입니까?

어떤 제자는 200데나리온(현재 시가로 500만 원 정도?)만 있으면 빵을 사다 먹일 수도 있겠다고 말했습니다. 그러나 갑자기 200데나리온을 어디서 마련할 것이며, 설사 그 돈이 있다 한들 이 빈들 깡촌에서 그만큼의 호떡을 어디서 구해온단 말입니까?

자아! 이제부터 얘기되어야 할 "오병이어五餠二魚"의 설화는 제 입으로 할 얘기는 아닐 것 같습니다. 혹자는 이 설화가 초대교회에서 날조된 이야기라고 말합니다. 그러나 실제로 갈릴리에서 내가 행한 사역을 살펴보신다면 이러한 유사한 상황이 얼마든지 있을 수 있다는 것은 쉽게 유추하실 수 있을 겁니다. 이 설화에 관하여 갑론을박이 되는 가장 결정적인 이유는 논리적 전개과정이 상식적 인과를 뛰어넘는 기적적 요소를 포함하고 있다는 것입니다.

그러나 이 오병이어의 설화는 결코 "이적"이라 말할 수 있는 것이 아닙니다. 만나 항아리가 하늘에서 뚝 떨어진 것도 아니고, 홍해가 쩍 갈라진 것도 아닙니다. 없던 것이 생겨난 것이 아니라, 민중 속에 있던 것이 나누어진 것입니다. 다섯 개의 떡 덩어리와 두 마리의 물고기(아마도 큰 건어?)는 없던 것이 생겨난 것이 아니라 민중 속에 있었던 것입니다. 사람이 배고플 때 먹는 다는 것은 기적이 아니라 상식입니다.

이 이야기, 그 내용이 여하하든지간에 그 많은 배고픈 사람들이 함께 먹었다는 사실 그 자체가 이미 "기적"입니다. 그러나 그것은 동시에 기적이 아닙니다. 이 오병이어사화는 공관복음뿐 아니라 제4복음서에까지, 그러니까 4복음서에 전부 실린 유일한 기적사화입니다. 그리고 나의 갈릴리사역을 대변하는 이야기로서 사람들에게 기억되고 있습니다.

마가는 이 이야기를 어디선가 수집하였을 것입니다. 그리고 초대교회 공동체의 사람들에게 가장 널리 유포되었고, 가장 입맛 있게 회자되었던 이야기였을 것입니다. 사람의 인상 깊은 추억이나 타인에게 전하고 싶은 의미있는 이야기는 항상 부풀려지게 마련이고 사람들의 소망을 담아 점점 거대담론으로 발전하게 마련입니다. 그러나 확고한 실체는 있습니다. 그 실체라는 것은 남자 5천 명(부대식구들과 함께)이 "함께 식사를 했다"는 것입니다.

5천 명이라는 숫자는 중요하지 않습니다. 다음에 이방인 지역에서 행하는 동일한 유의 사건은 유대인 지역과 구분하기 위하여 4천 명이라는 숫자를 썼습니다(8:1~10). 그러나 5천이니

4천이니 하는 것은 양식적 표현에 불과합니다. 궁극적 사실은 많은 사람이 적은 음식을 같이 나누어 먹었다는 그 "나눔"의 사실이고, 모든 사람들이 개방된 자리에서 개방된 방식으로 공동식사를 하였다는 사실 그 자체가 나의 천국운동의 본질을 말해주는 것입니다. 나의 천국운동은 "개방된 공동식사open commensality"입니다. 개방된 공동식사 그 자체가 교회공동체의 궁극적 의미이겠지요. 나는 떡 다섯 개와 물고기 두 마리를 가져다가took, 축복하고blessed, 나누어broke, 주었습니다and gave.

그리고 이 제식을 행하기 전에, 나는 군중에게 앉을 것을 명했습니다.

"앉아라! sit down!"

앉는다는 것은 "평화"를 의미합니다. 흥분을 가라앉혀라! 모든 폭력적 마음을 버려라! "일어서라!"는 항상 "나가자!" "싸우자!"로 연결됩니다. "앉아라!" "그리고 먹자!" 그들은 평화 속에 먹었습니다.

나는 제자들을 재촉하여 배를 태워 벳새다 남부 쪽으로 먼저 가게 하였습니다. 많은 사람들이 내가 이렇게 한 이유를 알지 못합니다. 마가는 그 다음에 이런 구절을 첨가해놓고 있습니다.

나는 예수입니다

"그 동안에 혼자서 군중을 돌려보내셨다."(6:45).

왜 제자들을 먼저 보냈어야만 했을까요? 그들은 이토록 거대한 행사를 치르고도 그 의미를 깨닫지 못했습니다. 사람이 모이면 모이는 것으로 끝나지 않습니다. 반드시 질서 있게 흩어져야만 합니다. 그래야 뒷탈이 없습니다. 더구나 이적이 개입된 이런 사태에서는 억압받던 민중은 더욱 분노가 치밀어 오릅니다. 정치적 성향의 그룹들은 나의 카리스마를 활용하여 무엇인가를 꾸며낼 수도 있습니다. 나는 5천 명을 먹인 것에 대해서도 뒷마무리를 해야만 했습니다. 그것은 그들을 다독거리고 감동을 주어 질서정연하게 해산하도록 만드는 것입니다. 그런데 이런 일은 오히려 나 혼자 감당하는 것이 편합니다. 나에 대한 충분한 이해가 없는 제자들은 이러한 일을 감당할 능력이 부족합니다. 그래서 그들을 해산시키는 것도 나의 작업이었고, 나의 부담이었습니다.

나는 그들을 다 돌려보내고 너무도 힘들었기 때문에 또다시 휴식이 필요했습니다. 휴식이 아니라 기도할 시간이 필요했습니다. 단순한 재충전의 시간이 필요한 것이 아니라 하나님과 영적 소통을 함으로써 나의 신념을 반성하고 확고하게 만드는 간절한 교감을 필요로 했습니다. 성령은 교감입니다. 나는 이적을 행한 후에는 기도를 했습니다(1:35). 오병이어의 사건 이후에도 나는 홀로 산에서 기도를 해야만 했습니다(6:46).

밤이 깊어가자 제자들은 배를 타고 바다 한가운데 떠있었고 나는 혼자 육지에 있었습니다. 제자들이 항해한 지역도 지형과 기온차이로 인하여 바람이 쎄기로 유명한 지역이었습니다. 원래 그곳은 북풍 내지는 북동풍이 부는 곳인데 때마침 남쪽에서 몰아붙이는 역풍이 불고 있었습니다. 제자들은 이 때아닌 역풍 때문에 결사적으로 노를 저어 남쪽으로 배를 대려고 안간힘을 쓰고 있었습니다. 그때 나는 호수 수면 위로 걸어갔습니다. 때는 새벽 4시경이었습니다. 마가는 이 돌발사태에 관하여 이런 묘사를 하고 있습니다.

"바다 위로 걸어서 저희에게 오사 지나가려고 하시매 ……"

만약 내가 그들이 위험에 처한 것을 보고 그들을 구하기 위해 달려간 것이라고 한다면 "지나가려고 하시매"라는 표현은 있을 수가 없습니다. 그 원의를 자세히 풀어 쓰면 "그들을 지나치는 것을 의도하고 있는 것으로 보였다.He was desirous to pass by them" 객관적인 제삼자의 기술인 것처럼 묘사되고 있습니다. 다시 말해서 나의 의도가 그들을 구하려는 데 있었던 것이 아니라는 뜻이지요.

복음서에 나타난 나의 이적행위 중에서 자연이적으로서 가장 중요하게 드러난 것이 5천 명을 먹인 이적과 이 수면 위를 걸은 이적 이 두 종류의 사건밖에 없습니다(예루살렘 부근 베다니에서 행한 무화과나무의 이적은 이적으로 간주할 수 없는 단순한 심볼리즘이다). 이 두 사건은 서로 연접되어 있고, 또 그 이적이 기본적으로 나와 제자 사이에서 일어난 것입니다. 5천 명에게 나누어 준 것도 내가 직접 나누어 준 것이 아니라, 제자들이 나누어 준 것입니다. 음식이 불어난 것은 실제로 나와 제자들 사이에서 일어난 사건이었습니다.

그러니까 나의 자연이적도 남에게 과시하기 위하여 드러낸 괴이한 이변이 아니라 오직 제자들의 "믿음"과 관계있었던 사건입니다. 제자들은 물위로 걸어오는 나를 나로서 믿을 수가 없었습니다. 그리고 이렇게 비명소리를 질렀습니다.

"앗! 유령(판타스마Φάντασμα)이다!"

리얼하지 않은 헛것이라는 뜻이지요.

"나다. 두려워 말고 안심하여라."

여기 "나다(에고 에이미)"라는 표현은 묘한 뉘앙스를 풍깁니다.

"나는 나다," "나는 나일 뿐이다." "나는 예수일 뿐이다." "나는 유령이 아니다." 나의 이적에 겁내는 사람들은 실제로 나를 유령으로 만들고 있는 것입니다.

그들이 나를 유령처럼 바라보았다는 것은 내가 5천 명의 굶주린 자들을 배불리 먹였다는 사실의 실제적 의미를 깨닫지 못했을 뿐 아니라, 가장 중요한 것은 나의 아이덴티티를 전혀 파악하지 못하고 있었다는 뜻이죠. 마가는 이러한 제자들의 마음상태를 이와같이 표현하고 있습니다.

"그 마음이 둔하여졌기 때문이라."

여기 둔하다는 뜻으로 쓰인 "페포로메네πεπωρωμένη"는 돌처럼 굳었다는 뜻인데 앞에서(3:5) 말한 "마음의 완악함"(포로오 πωρόω)과 같은 뜻입니다. 나를 가장 괴롭힌 것은 나를 죽이려는 자들의 권세가 아니라, 돌덩이처럼 굳어만 가는 내 주변 팔로우어들의 마음상태, 그 마음의 완악함이었습니다. 천국은 마음이 말랑말랑하고 부드럽고 열려있는 사람에게만 찾아오는 것입니다.

나는 이적행위자가 아니라 천국의 복음을 알리는 사람입니다. 나의 본질은 나의 행위에 있고, 나의 행위의 본질은 이적에 있는 것이 아니라 나의 말씀, 나의 선포 속에 있는 것입니다. 나의 제자들과 초대교회는 살아있는 나의 선포를 계승하지 못했습니다. 엉뚱하게 나의 이적만을 신화화 하는 케리그마를 선포했던 것입니다. 그것이 나의 비극이었고 나의 고독이었지만, 이러한 나의 비극 때문에 나는 오히려 진실한 팔로우어들을 시공을 초월하여 획득할 수 있었습니다.

나는 또다시 항해를 계속했습니다. 벳새다 남쪽 지방에서 갈릴리호수의 서북 호반, 겐네사렛Gennesaret을 향해, 동서로 가장 넓은 호수의 지름을 가로질러 갔습니다. 4km에 달하는 긴 항해였습니다. 이 지역은 이방인 지역이 아니며 평평한 평원이 있고 비교적 유족한 곳입니다. 그리고 인구가 많아 촌읍이 많았습니다.

내가 배에서 내리자 사람들은 나를 곧 알아보았습니다. 나를 알아본 사람들은 근처 온 지방을 뛰어다니면서 병자들을 담요에 눕혀 나 있는 데로 데려왔습니다. 마을, 도시, 농촌 어디든지 내가 가기만 하면 사람들은 병자들을 장터에 데려다 놓고 나의 옷자락만이라도 만지게 해달라고 간청하였습니다. 야이로의 딸을 고치러 갈 때 내 옷깃에 손을 대었던 혈루병 여인의 소망이, 이제는 모든 사람의 공공의 행위로 변화한 것입니다. 마가는 이렇게 써놓고 있습니다.

"간구하며 손을 대는 자는 다 성함을 얻으니라"(6:56).

이제 나의 복음은 소승의 복음이 아닌 대승의 복음이 된 것입니다. 그만큼 나는 대중적 인물로 알려졌고, 나는 이러한 변화에 따라 사람들을 후하게 대했습니다. 나의 옷깃만 스쳐도 생로병사의 문제가 다 해결된다는 것, 그 이상의 간결한 인간해방론이 어디 있겠습니까? 그러나 나의 복음의 이러한 대승화는 나와 나의 시대의 사회·정치·종교의 모든 권력체제와의 충돌이 극대화되어갈 수밖에 없었다는 것을 암시해주고 있습니다. 내가 가는 곳마다 나를 기다리고 있는 병자들의 모습은 꼭 전쟁터를 방불케 하는 그러한 광경이었습니다.

예루살렘으로부터 바리새인들과 서기관들이 또 나를 트집잡으러 파견되어 왔습니다. 이들도 예루살렘의 산헤드린이 나를 고소하기 위한 목적으로 수사를 펼치기 위해 보낸 것입니다. 나의 본격적인 이방의 전도가 시작되기 전에 마가는 이들과의 논박을 삽입시켰습니다. 나의 사상의, 종족주의적 편협성이나 율법의 구속력을 뛰어넘는 보편주의가 잘 드러나 있기 때문입니다.

그들이 트집잡은 것은 나의 제자들이 부정한 손으로, 다시 말해서 씻지 않은 더러운 손으로 식사를 한다는 것에 관한 것이었습니다. 이들이 트집잡는 것은 그러한 나의 제자들의 행위방식이 비위생적이라는 것을 고발하려는 것이 아닙니다. 오로지 정결예식을 지키느냐 안 지키느냐 하는 형식적 율법의 준행 여부

나는 예수입니다

에 있었습니다. 그들이 말하는 "싯킴"이라는 것은 실제로 위생과는 무관한 번거로움이었습니다.

나의 제자들뿐만 아니라 당시 서민들에게 그러한 싯킴제식은 구찮은 일일 뿐이었습니다. 먹기 위해 일일이 손을 씻어야 하고 식전에 그릇들을 모두 깨끗이 씻어야 한다는 것은 굶어 죽으라는 것이나 마찬가지였습니다. 그리고 이 율법은 구전의 전통이지 성문화된 율법도 아니었습니다. 귀에 걸면 귀걸이, 코에 걸면 코걸이 식의 이러한 율법은 원래의 정신이나 융통성을 상실하고 민중들의 삶을 옥죄어 들어갔습니다.

내가 이런 문제를 제기한 사람들(바리새인들과 서기관들)을 향해 외친 "위선자"(휘포크리테스ὑποκριτής)라는 말은 고전희랍어에서는 "대답하는 사람," "해석하는 사람," "설명하는 사람"의 뜻인데 후대에 내려오면서 그것은 "배우an actor"라는 뜻을 가지게 되었습니다. 배우는 무대 위에서 상황을 설명하고 얘기하는 사람이니까요. 그런데 배우는 반드시 자기가 아닌 남의 소리나 감정을 흉내내야 하므로, 가슴에 없는 소리를 하는 위선자, 자기 뜻대로 행하지 아니하는 위선자를 의미하게 되었습니다.

"배고픈 자들에게 정결의식을 강요하는 너희들은 위선자다! 너희들은 **하나님의 계명**을 버리고 **사람의 전통만**을 고집하고 있도다. 너희는 사람의 전통을 지킨다는 구실로 오히려 하나님의 계명을 어기고 있구나!"(7:8).

그리고 또다시 말했습니다.

"더러운 것이 우리 몸으로 들어갈까 걱정하지 말라. 밖에서 몸안으로 들어가는 것은 사람을 더럽히지 못한다. 그것은 뱃속에 들어갔다가 똥으로 나가 버린다. 음식은 다 깨끗한 것이다."

그리고 또 말했습니다.

"참으로 사람을 더럽히는 것은 사람에게서 나오는 것이다. 속에서 곧 사람의 마음에서 나오는 것은 악한 생각, 곧 음란과 도적질과 살인과 간음과 탐욕과 악독과 속임과 음탕과 흘기는 눈과 훼방과 교만과 광패狂悖니 이 모든 악한 것이 다 속에서 나와서 사람을 더럽게 하느니라."(7:20~23).

제14장

● —— ●

수로보니게의 여인

   나는 더이상 그들을 상대할 생각이 없었고 겐네사렛 지역에서 지체할 일도 없었습니다. 나는 겐네사렛 지역에서 곧바로 동북방 페니키아 지역에 있는 두로(뛰레Tyre)로 올라갔습니다. 두로는 당대에 헬레니즘의 문명이 극도로 꽃을 피운 매우 개명한 고도였습니다. 그것은 지중해 연안에 위치한 아름다운 도시였으며 그레코-로만문명의 모든 여건을 갖춘 호화로운 폴리스도시였습니다. 당대 유대와는 비교될 수 없는 국제도시였습니다. 두로에 비하면 예루살렘은 작은 읍성에 불과했습니다. 갈릴리 사람들은 두로와 같은 레반트 지역과 빈번한 왕래를 했기 때문에, 가난해도 개명한 마음을 지니고 있었습니다.

   사실 내가 두로에 가서 이방인을 접촉한다는 것은 유대인 정통주의자들의 입장에서 본다면 "정결의식"에 위배되는 행위였습니다. 유대인들의 감각에는 이방인들과 접촉하고 같이 먹고 한다는 것 자체가 "더러운" 것이었습니다. 다음에 나오는 시로페니키아(수로보니게) 여인과의 만남도 그 자체로 반율법적인 성격을 지니고 있었습니다.

내가 두로에 도착했을 때 어느 집에 거처를 정하고 아무도 모르게 조용히 피정避靜하고자 했으나 이미 나의 명성은 지중해 연안의 페니키아 지역에까지 알려져 있었습니다. 사람들이 내가 있는 곳으로 또 몰려들기 시작했습니다. 물론 많은 숫자는 아니었습니다. 그 중에 더러운 프뉴마에 씌운 어린 딸을 둔 매우 고상한 여인이 나를 찾아와 내 발 앞에 엎드려, 자기 딸에게서 귀신을 내쫓아줄 것을 간청하였습니다.

그 여자는 시로페니키아 여인인데, 정확하게는 시리아 페니키아에서 태어난 헬라인a Greek, born in Syrian Phoenicia이라는 표현을 썼습니다. 그러나 이 여자의 국적이 희랍인이라는 것은 아니고, 시로페니키아 사람으로서 희랍어를 썼다는 뜻일 것입니다. 시로페니키아인이라는 말은 페니키아가 아프리카 북부에도 개척한 폴리스가 많았기 때문에, 아마도 제일 가까웠던 리비오페니키아인Libyo-Phoenician과 대비하여 쓴 말일 것입니다.

이 여인은 당대 국제공통어인 희랍어를 말하는, 두로라는 대도시에 사는 고품격의 귀부인이었습니다. 이 여자와의 대화는 나도 평상시에 쓰던 아람어로 하지 않고 희랍어로 했습니다. 나는 아버지로부터 희랍어를 배웠습니다.

나는 일단 그 여자가 이방인이라는 점을 감안하여 그 여자의 프라이드를 꺾는 선문답 같은 이야기를 던졌습니다.

"나는 나의 자녀들을 먼저 배불리 먹여야 한다. 나의 자녀들이 먹는 빵을 강아지(이방인을 경멸조로 부르는 말)들에게 던져주는 것은 마땅치 아니하다."

이러한 약간의 모독적인 언사에도 불구하고 이 고상한 여인은 자기의 모든 것을 버리고 나에 대한 믿음을 표명하였습니다.

"선생님, 상 밑에 있는 강아지도 아이들이 먹다 떨어뜨린 부스러기는 얻어먹을 수 있지 않겠나이까?"

"돌아가보아라! 귀신(다이모니온δαιμόνιον)이 네 딸에게서 떠나갔느니라."

마가는 이렇게 쓰고 있습니다.

"그 시로페니키아 여인이 집에 돌아가본즉 아이가 침상에 누워있었고, 귀신은 떠나가고 없었다."

여기 "아이가 침상에 누워있었다"는 표현은 이미 아이가 격렬한 발작을 일으켰고 정상으로 회복된 후, 피로를 복구하기 위하여 가만히 누워있었다는 것을 의미합니다. 이것은 나의 "원격치료"의 유일한 사례입니다. 마귀가 물러나고 하나님의 나라가 그 소녀에게 임재하였던 것입니다.

그 뒤 나는 두로를 떠나 지중해 연안의 또 하나의 페니키아문명의 고도 시돈Sidon으로 올라갔습니다. 그리고 시돈에서 다시 데카폴리스 지역으로 남순南巡하였습니다. 데카폴리스 지역은 열 개의 폴리스로 구성된, 매우 문화적으로 개명한 도시들이 집중되어 있는 지역입니다. 나는 이 데카폴리스를 두루 다니고 다시 갈릴리바다 동편으로 북상하였습니다. 나는 갈릴리호수 지역으로 돌아와 귀먹은 반벙어리 한 명을 고쳤습니다(7:31~37).

집에 앉아서 복음서를 읽으시는 분들은 지리적 표상에 어둡고 또 말들이 심하게 축약되어 있어 실제로 내가 얼마나 광대한 거리를 순행하였는지 알 길이 없습니다. 시돈에서 데카폴리스로 내려가는 길만 해도 가버나움에서 예루살렘 가는 것보다 두 배 이상 먼 거리입니다. 나는 엄청난 광역의 이방인 지역을 두루 두루 다녔습니다. 나의 행보로 인하여 나의 천국운동 속에 유대인과 이방인의 거리가 좁혀지고 있었던 것입니다. 이러한 천국운동 축적의 기반으로 인하여 나는 나의 최종목표인 예루살렘 입성을 감행하게 됩니다.

나는 갈릴리바다 동편의 이방인 지역에서 또다시 4천 명의 군중을 먹이는 이적을 행합니다. 사람들이 5천 명 사건과 오병이어의 사례만을 기억하는데 실제로 마가에서는 5천 명 사건과 4천 명 사건, 이 두 사건이 병기되어 있습니다. 5천 명 사건은 유대인을 대상으로 한 것이고, 4천 명 사건은 이방인을 대상으로 한 것입니다. 4천 명 사건에는 오병이어 대신에 떡 7개가 민중 속에 있었습니다. 그리고 먹고 남은 조각을 주워 모은 것이 5천 명 사건에는 12바구니였는데 4천 명 사건에는 7광주리였습니다.

5와 12라는 숫자가 유대인 사역에서 쓰였고, 4와 7이라는 숫자가 이방인 사역에서는 쓰였습니다. 나는 4천 명의 군중을 다시 흩어 보냈습니다. 그리고 갈릴리바다 정중앙을 동서로 가로질러 달마누타Dalmanutha로 갔습니다. 달마누타는 갈릴리호수 서편의 도시이며, 막달라 마리아의 고향인 막달라Magdala 도시와 연계되어 있는 또 하나의 큰 도시입니다(티베리아스 위에 있다. 달마누타라는 지명은 성서에서 여기에만 유일하게 언급되어 있다).

달마누타에서 또 천국운동을 펼치고 있는데 바리새인들이 와서 또다시 나를 힐난합니다.

"이보게 예수! 당신이 유명해진 것은 결국 많은 기적을 행하였기 때문이 아니겠소? 우리는 당신의 기적현장을 보지 못했소. 당신이 그렇게 자유자재로 기적을 행할 수 있다고 한다면 만인들이 다 같이 볼 수 있는, 하늘로부터 오는 표적을 보여주시오. 그럼 만인이 다함께 당신이 하나님의 아들이라는 것을 알 수 있을 것 아니겠소?"

여기 "표적"이라고 말한 것은 헬라말로는 "세메이온σημεῖον"을 이른 것인데, 이것은 "아주 화끈한 증표證票"를 의미합니다. 하늘로부터 오는 증표라는 것은 예를 들면 모세가 아론의 지팡이로 홍해를 가르는 것과도 같은 그러한 증표, 모든 사람이 같이 목도할 수 있고, 사람의 권능이 아닌, 하늘로부터 오는 권능임을 증명할 수 있는 백일하의 대사건을 한번 만들어보라고 나에게 요구한 것입니다. 과연 내가 이러한 요구에 대해 무엇을 말할 수 있을까요?

나는 여태까지 계속해서 나의 이적행위가 기적의 과시가 아니라는 것을 말해왔습니다. 아주 간곡히 말해왔습니다. 나의 이적은 객관적으로 과시될 수 있는 기적이 아니라, 실존적 관계,

그리고 절실한 요청, 그리고 그 요청을 가능케 하는 "믿음"을 전제로 해서만 일어날 수 있었던 인간적인 사건이었습니다. 이러한 이적을 행할 수 있는 나의 권능에 관하여 나는 "세메이온"이라는 말을 쓰지 않았고 "뒤나미스δύναμις"라는 말을 썼습니다. 뒤나미스란 어떤 초월적인 특별한 능력을 가리키는 말이 아니라, 인간 모두에게 잠재되어 있는 능력이나 역량을 가리키는 말입니다.

세메이온의 과시라는 것은 "불신앙Unbelief"을 전제로 한 것입니다. 그리고 세메이온은 인간의 실존적 고뇌에서 우러나오는 권능이 아닌, 써커스 마술사의 과시ostentation와 같은 것입니다. 세메이온은 나에게는 근원적으로 부정적인 단어입니다. 나는 나의 권능의 과시를 위해 기적을 행한 적이 없습니다. 기적이란 오직 고통받는 인간들의 믿음에 의해 일어난 것입니다.

생각해보세요! 내가 모세처럼 아론의 지팡이를 휘둘러야 할까요? 나에게는 모세도, 아론의 지팡이도, 출애굽사건도 전혀 의미가 없습니다. 그것은 오직 고립된 이스라엘 민족의 편협한 구속사적 사건일 뿐입니다. 아론의 지팡이는 홍해를 가르고 이스라엘 민족을 건너게 했을지는 모르겠으나 아무 죄도 없는 이집트의 수천수만의 군대를 몰살시켰습니다. 나의 하나님은 민족의 신, 종족의 신 야훼가 아닙니다. 아我를 구하기 위해 타他를 몰살시키는 대립과 저주와 살육의 하나님이 아닙니다. 오직 사랑의 하나님입니다. 아와 타를 함께 구원하는 평화의 하나님입니다.

이것이 곧 여태까지 내가 이적을 행하였으면서도 끊임없이 이적을 부정하는 모순된 듯이 보이는 발언을 해온 이유입니다. 나는 마술사가 아닙니다. 나는 증명을 필요로 하지 않습니다. 나는 기적을 행하지 않습니다. 나 예수의 실존 그 자체가 이미 기적입니다. 이 기적을 통해 하나님의 나라가 밝아오고 있을 뿐입니다. 나는 말했습니다.

"어찌하여 이 세대가 기적을 보여달라고 하느냐! 나는 분명히 말하노라. 이 세대에 보여줄 표적(세메이온)은 아무것도 없다!"(8:12).

나는 마가에 기록되어 있는 이 나의 말을 여러분들이 분명히 기억해주기를 바랍니다. 후대 기독교의 역사가 이 나의 한마디를 기억하지 못해 크게 잘못 흘러갔습니다.

나는 제자들과 함께 다시 배를 타고 동쪽 건너편으로 갔습니다. 이것은 나의 6번째 바다여행입니다. 배여행을 하다보니, 제자들이 떡을 가져오는 것을 잊어버려, 배 안에는 떡 한 덩어리밖에 없었습니다("떡 한 덩어리"는 비유적으로 예수였다. 도올 주註).

제자들은 떡을 안 가져온 것을 알고는 배고플 일이 걱정되었던 모양입니다.

"떡이 없습니다!"

"떡 다섯 개를 5천 명에게 나누어 먹였을 때, 남아 거두어 들인 떡조각이 몇 광주리나 되었느냐?"

"열두 광주리였습니다."

"떡 일곱 개를 4천 명에게 나누어 먹였을 때에는 남은 조 각을 몇 바구니 거두어들였느냐?"

"일곱 바구니였습니다."

"그래도 아직 깨닫지 못하느냐?"

제15장

———•———

예루살렘 여행의 시작: 카이사랴 빌립보와 변모산

나의 공생애에서 배로 여행하는 것은 여기서 끝납니다. 우리 일행은 벳새다에 다시 이르렀습니다. 여기서 소경 한 사람을 고쳤습니다. 소경이 고침을 얻었다는 것은 무엇을 의미할까요? 아주 단순한 일입니다. 사물을 보지 못하던 사람이 보게 된다는 뜻입니다. 소경은 나의 고침으로 모든 것을 똑똑히 보게 되었습니다. 그러나 나의 제자들은 나를 보지 못했습니다. 그들의 마음이 점점 더 완악해져 갈 뿐이었습니다. 이러한 고독 속에 나는 예루살렘으로 가는 여행을 시작하게 됩니다. 우리는 여행의 방향을, 곧바로 남쪽 예루살렘으로 가지를 않고, 북쪽에 있는 카이사랴 빌립보Caesarea Philippi라는 곳으로 틀었습니다.

카이사랴 빌립보는 분봉왕(4분영주 중의 한 사람) 필립이 카이

나는 예수입니다

사르(당대의 로마황제, 티베리우스)를 기리기 위해 세운 아름다운 도시인데, 무엇보다도 헤르몬산(백두산 높이) 밑에 위치하여 수량이 풍부하고 녹음이 우거진, 팔레스타인 일대에서는 보기 어려운 천혜의 아름다운 풍광을 자랑합니다.

그곳에는 최초의 황제 옥타비아누스를 기념하기 위하여 헤롯 대왕이 지은 아우구스테움Augusteum이 있었고, 농경의 신인 판Pan신을 모시는 아름다운 성황당이 있었습니다. 무엇보다도 그곳은 샘물이 솟아 넘쳐나는데 물맛이 정말 좋았습니다. 예루살렘으로 고난의 길을 떠나기 전에 나는 제자들과 카이사랴의 냇물과 녹음방초 속에서 즐거운 산보를 즐기고 있었습니다. 우리의 대화는 판신 성황당의 전면에 있는 계단 위에서 이루어진 것입니다.

"사람들이 나를 누구라고 하느냐?"

보통 유대교 전통에서는 랍비가 학생들에게 자기 정체성에 관한 질문을 던지는 것은 있을 수가 없습니다. 그러나 나는 자유로운 대화를 즐깁니다.

"세례자 요한이라고 하는 사람도 있고요, 엘리야라고 하는 사람도 있고요, 그냥 예언자 중의 한 분이라고 말하는 사람도 있지요."

"그럼 너희는 나를 누구라고 생각하느냐?"

나는 제자들을 향해 물었습니다. 이때 베드로가 나서서 이와 같이 말했습니다.

"당신은 그리스도시니이다.
You are the Christ."

마가는 여기서 간결하게 대화를 종결지었고 아무런 군더더기 설명을 가하지 않았습니다. 그런데 마태가 마구 개칠을 했습니다: "내가 네게 이르노니, 너는 베드로라. 내가 이 반석 위에 내 교회를 세우리니 음부의 권세가 이기지 못하리라. 내가 천국 열쇠를 네게 주노라 ……" 운운. 이러한 마태의 개칠은 초대교회에서 베드로정통주의를 고수하려는 계열의 논의를 반영한 것에 불과합니다.

다음에 이어지는 "사탄아 내 뒤로 물러가라" 운운하는 나의 꾸짖음과 전혀 연속성을 지니지 못합니다. 베드로가 나를 "그리스도시니이다"라고 말했을 때 그는 그리스도의 참뜻을 이해하지 못했습니다. 그것의 세속적 의미만 파악했습니다. 유대민족의 왕으로서의 메시아(=그리스도)라는 찬란한 정치적 이미지만을 지니고 있었던 것입니다. 더구나 나는 "교회" 같은 것은 꿈도 꾸지 않았습니다.

그래서 나는 처음으로 나의 고난, 내가 지금부터 걸어갈 운명의 길을 담박하게 털어놓았습니다. 이것이 나의 최초의 수난의 예고First Prediction of the Passion(8:31)였습니다. 마가에는 이것이 한 줄로 처리되어 있지만 실제로 나의 담론은 애절한 나의 운명, 내가 얼마나 극심한 고통과 박해를 받게 될 것인가를 순순諄諄하게 이야기했습니다. 마가는 내가 박해를 받고 죽었다가 사흘만에 다시 살아날 것임을 말했다고 써놓고 있지만 실제로 그것은 초대교회의 담론이 반영된 것이며 나의 담론의 핵심은 나의 수난에 있었습니다.

생각해보십시오. 지금 죽음에 당면하여 죽음을 고민하고 있는 사람이 어떻게 죽음 후의 일부터 얘기하고 있겠습니까? 설사 죽음 후에 부활이 뒤따른다 할지라도 그것은 죽는 방식과 과정과 죽음에 배어있는 가치에 따라 결정되는 문제일 뿐입니다. 어떻게 더럽고 치사하고 비겁하게 죽는 자가 부활할 수 있겠습니까? 또 부활해서 뭐 하겠습니까?

나의 수난의 예고를 들은 베드로, 나의 죽음의 과정과 이유에 관한 나의 간곡한 말을 들은 베드로는 나를 붙잡고 그래서는 아니 된다고 펄쩍펄쩍 뛰었습니다. 그의 인간적인 정분이야 충분히 이해가 갑니다. 그러나 그의 완악한 마음에 부아가 치밀어 올랐습니다. 그는 앞서 말했듯이 메시아의 현세적 영광만을 생각했고 메시아됨의 수난에는 동참해야 한다는 문제의식이 전무했습니다. 나는 기타 제자들의 얼굴을 다 둘러보았으나 그들의 얼굴에 쓰여진 것도 베드로의 감성과 하등의 차이가 없었습니다. 나는 그 순간 베드로를 향해 소리를 질렀습니다.

"이놈 사탄아! 물러가라!"

내가 살아있는 사람에게 "사탄"이라는 말을 쓴 것은 베드로를 꾸짖기 위하여 쓴 이 상황이 유일한 케이스입니다. 사탄이라는 말은 구약시대로부터 있기는 하였지만 거의 쓰이지 않았습니다. 하나님의 적대세력, 악마적 세력의 우두머리 정도의 뜻이었습니다. 그런데 바빌론유치시대 이후로 페르시아 종교의 이원론적 사유가 짙게 깔리면서 매우 잘 쓰는 유행어가 되었습니다. 하나님의 적대세력의 우두머리, 하나님의 나라를 이 땅에 임하는 것을 방해하는 마귀들의 우두머리, 세속적 악의 지배자, 마귀들의 프린스, 고소자의 의미로 계속 쓰였습니다. 나는 베드로를 아주 심하게 야단친 것입니다.

"너는 어찌하여 **하나님의 일**을 생각하지 아니하고 **사람의 일**만을 생각하느뇨? 아~ 슬프다!"(8:33).

이에 나는 나를 따라오던 군중과 제자들을 한자리에 불렀습니다. 제자들만 놓고 얘기해본들 소용이 없었기 때문에 모든 사람들이 함께 들어야 한다고 생각했습니다. 이것은 정말 저의 천국운동의 핵심을 선포하는 일이었습니다.

"모두 들어라! 나를 따르려는 사람은 누구든지 자기를 버리고, 자기 자신의 십자가를 지고 따르라!"

이때 사실 저는 십자가형을 받게 될지, 어떻게 될지는 알지 못했습니다. 그것은 재판의 과정에서 결정될 문제입니다. 단지 나는 십자가의 상징적 의미만을 취한 것입니다. 십자가형은 인간이 고안한 형벌 중에서 가장 음험하고 잔인하고 가장 끔찍한 고통을 수반하는 형벌입니다. 사지의 말초에 못을 박아 온몸의 중력이 걸리게 만드는 이 형벌은 서서히 죽어간다는 특징과 함께 말초신경의 날카로운 자극이 인간이 상상할 수 있는 고통의 극대치를 부여한다는 특징이 있습니다.

그런데 그 형틀을 죄수 자신이 걺어지고 걸어간다는 가혹한 규정이 있습니다. 자기가 받아야 할 끔찍한 고통의 상징물, 자기를 죽음으로 몰아갈 그 무거운 형틀을 나 스스로 걺어지고 가야 한다는 것입니다. 나 예수를 따르는 사람들은 모두 자기 삶의 십자가를 지녀야 합니다. 내 십자가를 지는 것이 아니라, 나를 따르는 사람들 본인의 십자가를 져야 합니다. 그런데 이 십자가를 지고 나를 따르려는 사람들은 반드시 "자기를 버려야 합니다."

    과연 "자기를 버린다"는 뜻이 무엇을 의미할까요? 여기에는 무한히 심오한 의미가 내포되어 있습니다. "버린다"라는 동사의 원형은 "아파르네오마이ἀπαρνέομαι"인데, "부정한다," "부인한다," "거절한다," "저버린다"는 등등의 뜻을 가지고 있습니다. 그러나 여기 "자기를 버린다," "자기를 부정한다"는 것은 자기라는 존재 그 전체를 부정한다는 뜻인데, 그것은 "나"란 세속적 자아의 모든 집념, 집착을 멸절시킨다는 의미를 가지고 있습니다. 결국 "아상我相을 멸절시킨다"는 것을 의미하며, 나의 십자가 앞에서 자기를 해체시키는 것을 의미합니다. 결국 쉽게 말하자면 같이 죽어야 한다는 것이죠. 내가 나의 십자가를 걺어지듯이 모두가 자기의 십자가를 걺어져야 하는 것이죠. 그 십자가는 아상의 해체, 아我의 모든 세속적 집착을 버리지 않으면 같이 걺어질 수가 없는 것입니다.

    그래서 나는 또 말했습니다.

나는 예수입니다

"누구든지 제 목숨을 구원코자 하면 잃을 것이요, 누구든지 나와 내가 전하는 하나님 나라를 위하여 제 목숨 잃으면 구원을 얻으리라."

정말 가혹한 요구입니다. 이것이 나의 수난의 최종적 의미입니다. 나는 이 최종적 의미를 나의 첫 수난예고와 함께 밝혀놓고 그 수난의 여정을 시작했던 것입니다.

엿새 후에 나는 베드로와 야고보와 요한만을 데리고 카이사랴 빌립보에서 가까운 높은 산인 헤르몬산으로 올라갔습니다. 이 세 사람은 야이로의 딸의 방에 들어갈 때 데리고 갔던 제자들이고, 또 나중에 겟세마네동산에서 기도할 때에도 데리고 갔던 세 사람입니다. 그만큼 나에게는 인간적으로 부담이 없었던 세 사람이었습니다.

헤르몬산에 올라갔을 때 갑자기 나의 옷이 이 세상의 어떠한 빨래꾼도 더 희게 할 수 없을 만큼 새하얗고 눈부시게 빛났다고 합니다. 그런데 나의 주변에 엘리야와 모세가 함께 나타나서 나와 이야기하고 있는 것처럼 보였다고 합니다. 모세는 율법을 대변하고, 엘리야는 예언자를 대변합니다. 그때 베드로가 엉겁결에 이렇게 말했습니다: "여기에 초막 셋을 지어 하나는 선생님을 모시고, 하나는 모세를, 또 하나는 엘리야를 모셨으면 합니다."

베드로는 율법전통과 예언자전통, 다시 말해서 구약의 전통을 나 예수라는 전혀 새로운 이질적인 신약의 전통과 똑같이 기념하여 이 땅위에 남기고자 했습니다. 그는 이 땅에서의 영광만을 생각하고 나의 천국운동의 새로운 성격을 파악하지 못했습니다. 많은 사람들이 이 사건을 과장하여 영광스러운 변모 Transfiguration라고 말하지만, 실제로 나의 옷이 유별나게 하얗게 빛났다는 매우 소박한 사건에 불과합니다. 모든 것은 신비스럽고 애매하게 기술되었습니다. 그러나 핵심은 역시 나의 제자들이 구약전통과 단절되는 나의 존재의 의미를 제대로 파악하지 못했다는 사실에 있었습니다.

베드로가 세 사람의 초막짓기를 운운했을 때, 그 제안은 당연히 무시되고 거부되었습니다. 바로 그때에 하늘에 구름이 일며 제자들을 휘덮었습니다. 그리고 구름 속에서 이런 소리가 들려왔습니다.

"이 사람은 나의 사랑하는 아들이다. 너희는 그의 말을 잘 들어라."

나의 수난의 과정에서 지켜져야만 하는 나의 아이덴티티는 도저히 인간의 지혜로서는 미칠 수가 없는 것이었나 봅니다. 나의 정체성에 관한 인가는 역시 사람에게서 오지 않았고, 하늘로부터 내려왔습니다. 세례 요한에게 내가 세례를 받았을 때도 하늘이 갈라지고 성령이 비둘기 모양으로 내려왔고, 그 목소리는 오직 나의 귀에만 들렸습니다. 이번 헤르몬산 꼭대기 구름 속에서 들리는 소리 역시 제자들의 귓전에만 울려퍼졌던 것입니다. 객관적인 사태가 아닙니다.

나의 공생애를 통하여 나의 정체성에 관한 인가는 세 번 기록되었습니다. 첫 번째의 인가는 세례 직후였고 나 자신에게 계시된 것입니다. 그것은 갈릴리사역의 시작이었습니다. 두 번째는 변모산의 구름 속에서 울려퍼졌고 그것은 나의 제자들에게 계시된 것입니다. 이것은 유대사역의 시작을 의미하는 것이었습니다. 세 번째는 예루살렘에서 나의 죽음의 과정 전체를 통관한 이방인 로마병사 백부장의 리얼한 인식체계를 통하여 드러났습니다(15:39). "하나님의 아들"이라는 테마가 연속되고 있지만 처음에는 나의 주관으로부터 출발하였고, 두 번째는 나의 제자들에게 계시되었고, 세 번째는 완벽한 타인의 목격과 각성을 통하여 확인된 것입니다. 이것이 바로 마가복음의 구조적 특징입니다.

나는 헤르몬산에서 내려오면서 세 명의 제자들과 다시 나의 죽음과 부활에 관해 논의했습니다. 그들에게 부활이란 "메시아의 도래"를 의미하는 것이었습니다. 그런데 그들은 메시아의 도래 이전에는 반드시 승천한 엘리야가 다시 지상으로 내려와 메시아를 맞이할 준비작업을 한다는 믿음이 있었습니다. 나는 말했습니다.

> "엘리야는 벌써 왔다. 그런데 사람들이 그를 함부로 다루었다."(9:13).

여기서 엘리야라는 것은 세례 요한을 의미합니다. 그런데 세례 요한은 터무니없는 죽음을 당하였습니다. 이 말 속에는 나의 운명 또한 세례 요한과 다를 바가 없다는 암시가 들어있습니다.

나는 헤르몬산에서 내려와 세 명의 제자들과 함께 다른 9명의 제자들이 있는 곳으로 갔습니다. 그런데 남아있던 제자들이 큰 무리에 둘러싸여 옥신각신하고 있는 것이었습니다. 큰 무리에 둘러싸인 그 한가운데서 서기관들과 말다툼을 하고 있었습니다. 무엇인가 말다툼을 할 만한 주제가 있는 것이 분명했습니다. 무리들은 나를 보더니 모두 놀라서 달려와 인사를 하였습니다(9:15). "놀라서 달려왔다"는 것은 뭔가 곤혹스러운 타이밍에, 나의 도움이 필요한 절체절명의 시각에 내가 나타났다는 뜻이겠지요.

> "도대체 뭔 소란이냐? 뭔 일로 서기관들과 다투고 있느냐?"

다툼의 주제라는 것은 어느 한 사람이 더러운 귀신이 들려 말을 제대로 못하는 아들을 데려와서 나에게 보이려고 했다는 것이었습니다. 그런데 내가 3명의 수제자와 함께 변모산에 올라가고 없었기 때문에 거기에 남아있던 제자들에게 그 아이의 치료를 부탁한 것이었습니다. 그런데 제자들은 이 아이를 치료하지 못했습니다. 그래서 이 광경을 보고있던 서기관들에게 약점이 잡혀 말다툼을 하게 된 것이었습니다.

"야~ 느그들 사꾸라 새끼들 아니냐? 이 아이에게서 귀신을 내쫓지도 못하면서 뭐 하나님의 권능 운운하면서 깡폼만 잡냐? 느그들 가짜야!"

나는 내 제자들을 향해 이렇게 말했습니다.

"아~ 이 세대가 왜 이다지도 믿음이 없을까?"(9:19).

여기 "믿음 없는 세대unbelieving generation"라는 것은 결국 나의 제자들을 가리키는 것입니다. 여기서도 문제가 되는 것은 "기적"이 아니라 "믿음"입니다. 결국 나와 측근 3명이 사라지자, 남아있던 제자들은 중심을 잃고 믿음을 상실했던 것입니다. 그나마 내가 부여했던 권능을 상실하고 과연 이 아이를 고칠 수 있을까 하고 두려움에만 사로잡혀 있었던 것입니다.

"내가 언제까지 너희와 함께 있어 이 성화를 받아야 한단 말인가! 그 아이를 나에게 데려오라!"

그런데 이 아이의 증세는 요즈음 말로 하면 간질epilepsy(뇌전 증, 과도한 전기적 신호발생)에 가까운 중증환자 증세였습니다. 이유 없이 발작을 일으키고 땅에 넘어져 입에 거품을 흘리며 뒹구는 것이죠.

나는 아버지에게 물었습니다.

"아이가 이렇게 된 지 얼마나 되었느냐?"

"어렸을 때부터입니다. 선생님께서 하실 수만 있다면 자 비를 베푸셔서 저희를 도와주십시오."

"할 수만 있다면이라는 말이 도대체 뭔 말인고! 믿는 사람 에게 안되는 일이 없다."

그리고 나는 외쳤습니다.

"더러운 귀신아! 들어라! 그 아이에게서 썩 나와 다시는 들어가지 마라."

아이는 발작을 일으키면서 죽은 것처럼 되어버렸습니다. 사람들은 모두 웅성거렸습니다.

"아이고! 아이가 죽었구나!"

그러나 내가 아이의 손을 잡아 일으키자 그 아이는 벌떡 일어났습니다.

나의 일행은 집으로 들어갔습니다. 제자들이 물었습니다.

"왜 저희는 더러운 프뉴마를 쫓아내지 못하였나이까?"

"이 녀석들아! 너희들은 기도하지 않았다. 기도하지 않고서는 더러운 귀신을 쫓아낼 수 없느니라!"(9:29).

권능이란 일시에 부여받으면 끝나는 것이 아닙니다. 끊임없이 간구하고 끊임없이 교감하는 기도가 없이 권능은 유지되지 않습니다. 인간의 구원도 일시적 구원은 없습니다. 끊임없이 노력하는 자에게만 구원은 유지됩니다. 기도는 하나님과의 교감交感입니다. 나의 제자들은 하나님께 매달리는 간절한 마음이 부족했던 것입니다. 나의 권능만을 믿고 자기의 내면을 다스리지 못했던 것입니다.

나는 이미 예루살렘으로 가는 여행을 시작했습니다. 그런데 예루살렘으로 남하하기 전에 카이사랴 빌립보와 헤르몬산 지역으로 북상했습니다. 갈릴리를 떠나기 전에 꼭 가보고 싶었던 곳이었기 때문이죠. 따라서 나는 다시 갈릴리 지역으로 내려와서 가버나움을 경유하여 예루살렘으로 남하하지 않으면 아니 되었습니다. 예루살렘 루트가 그렇게 되어있기 때문입니다. 그런데 갈릴리 사람들의 관념 속에서는 "예루살렘으로 내려간다(남하한다)"는 표현을 쓰지 않습니다. 예루살렘은 갈릴리보다 남쪽에 위치하고 있었지만 옛사람들은 동서남북에 대한 방위개념이 절대적이 아니었고, 삶의 느낌으로 결정하기 때문에 항상 "예루살렘으로 올라간다"고 말합니다.

첫째 예루살렘은 이스라엘의 수도였기에, 수도로 올라간다고 말합니다. 둘째 예루살렘은 실제로 고도상 높은 위치에 있습니다. 해발 약 750m의 고지대에 있기 때문에 갈릴리에서는 완만한 경사를 올라가야 합니다. 셋째 예루살렘에는 다윗 시대로부터 헤롯 시대에 이르기까지 성전이 있는 곳이었습니다. 지고한 성소가 있는 곳이기에 우러러보게 되는 곳이지요.

나는 예수입니다

제16장

·————·

계속되는 수난예고: 첫째가 되려면 꼴찌가 되어라

나는 다시 갈릴리 지방을 경유하면서 사람들의 눈에 띄는 것을 원치 않았습니다. 나는 대중과의 접촉을 피하고 예루살렘으로 가는 대장정을 맞이하는 제자들의 마음자세를 교육해야할 필요성을 느꼈습니다. 내가 하나님의 나라의 임하심을 위하여 얼마나 거대한 사업을 꾀하고 있는지를 이해시키고 싶었던 것입니다. 카이사랴 빌립보에서도 헤르몬산에서도 나는 나의 제자교육에 실패했습니다. 나는 갈릴리 지방에 도착하여 은밀하게 제자들과 회합을 가졌고 그 과정에서 나는 두 번째로 나의 수난을 예고Second Prediction of the Passion합니다.

"인자人子(=나 예수)가 잡혀 사람들의 손에 넘기워지면, 그들은 나를 죽일 것이다(아포크테누신ἀποκτενοῦσιν). 그러나 나는 사흘 만에 다시 살아날 것이다(아나스테세타이ἀναστήσεται)."(9:31).

그러나 나의 제자들은 이 말을 깨닫지 못했습니다. 그냥 두려워하기만 했습니다. 그리고 묻기조차 꺼려했습니다. 도무지 그들의 인식의 장벽에는 열릴 수 있는 문이 없었습니다. 나의 고독과 절망감은 깊어만 갔습니다. 그리고 나의 제자들의 두려움 fear은 그들의 의식저변에 깔린 채 내가 죽어 무덤 속으로 들어갈 때까지 계속됩니다(9:32).

우리 일행은 드디어 우리의 본거지라고 말할 수 있는 가버나움에 다시 왔습니다. 가버나움에는 내가 기거하던 집이 있습니다. 물론 가버나움에 오게 된 것도, 가버나움을 오기 위해서 온 것이 아니라 예루살렘 가는 길에 불가피하게 경유하게 된 것입니다. 가버나움으로 오는 길 내내 나의 제자들은 말싸움을 했습니다. 나의 제자들은 이 가버나움 동네의 어부출신이 대부분이니까 그리 지적인 사람들이 아닙니다. 그러니까 시골 청년들이 모이면 노상 싸우는 테마가 있지요: "우리 중 누가 제일 쎄냐?" "누가 제일 높으냐?" 하고 싸우는 것이지요(9:34).

더구나 이 싸움은 그들에게 있어서는 세속적인 영예, 이익과 관련이 있었습니다. 다시 말해서 그들의 나에 대한 인식이 교정되지 않은 채 남아있습니다. 내가 그렇게 간곡히 말했건만 나의 메시아됨이 그들에게 부귀, 즉 세속적 영화를 가져다주리라는 기대가 있었던 것입니다.

나는 예수입니다

나는 내 집에 들어가자마자 의자에 앉아, 지들끼리 싸우느라고 정신없던 제자들을 내 곁으로 불렀습니다. 그리고 훈계했습니다.

"너희 중에 누구든지 첫째가 되고자 한다면 반드시 뭇사람의 꼴찌가 되어야 한다. 꼴찌가 되어 모든 사람을 섬기는 자가 되어야 한다."

이와같이 말한 다음, 나는 어린이 하나를 데려다가 제자들 앞에 세우고 그 어린이를 가슴에 품으며 이와같이 말하였습니다.

"누구든지 내 이름으로 이런 어린아이 하나를 영접하면 곧 나를 영접하는 것이다. 누구든지 나를 영접하면 나를 영접함이 아니요, 나를 보내신 하나님을 영접하는 것이다."(9:37).

고대사회에서는 여자와 어린이는 전쟁수행능력이 없었기 때문에 인간으로서 존립하는 자격을 갖지 못했습니다. 기성세대들은 근원적인 멸시감 속에서 그들을 바라보았습니다. 로마시민들이 양자를 선택할 때에도 성숙한 청년을 택했지 어린이를 택하지 않았습니다. 그들은 존재의 커튼에 가린 비가시적 존재였습니다.

16장_첫째가 되려면 꼴찌가 되어라

내가 어린이를 품에 안았다는 것 자체가 하나의 혁명입니다. 하나님의 나라는 전혀 새로운 질서(바실레이아, a new order)를 의미합니다. 새로운 질서라는 것은 현세를 지배하는 "가치관의 전도"를 요구합니다. 이 전도의 상징이 나에게는 어린이였습니다. 순결한 어린이를 영접하는 마음의 상태가 되어야 비로소 나를 영접할 수 있습니다. 나를 영접하는 것은 곧 나를 이 땅에 보내신 하나님을 영접하는 것입니다.

어린이는 곧 하나님입니다. 생명의 가장 순결한 가치입니다. 어린이를 가슴에 품는다는 것, 그것은 내가 말하는 "꼴찌"를 가슴에 품는 것입니다. 섬김을 받으려 말고 섬길 줄 아는 자가 되어라! 영원히 섬기는 자가 되어라! 나는 이렇게 나의 제자들을 가르쳤습니다.

며칠 후, 제베대의 아들 요한이 나에게 다가와 이렇게 말했습니다.

"선생님, 어떤 사람이 선생님의 이름으로 귀신을 쫓아내는 것을 보았는데 그는 우리 제자들과 함께 다니는 사람이 아니었습니다. 그래서 그런 일을 못하도록 막았습니다."(9:38).

나의 제자라는 것은 나를 이해하고 따르는 사람들이지, 어떤 특수한 권능집단을 가리키는 것이 아닙니다. 권능집단이라 할지라도 그것은 절대로 폐쇄적인 고립태일 수가 없습니다. 나의 제자들은 "제자됨"의 의미를 파악 못하고 있었습니다. 내 이름을 빌려서라도 결과적으로 좋은 일을 한다면, 다시 말해서 사람에게 유익한 일을 한다면 얼마든지 그것은 용납될 수 있고, 용납되어야만 하는 것입니다. 궁극적인 목표는 민중의 아픔을 덜어주는 것입니다.

내 이름은 누구든지 빌릴 수 있는 것입니다. 그가 내 이름을 빌어 어떠한 행위를 하느냐, 오직 그것만이 문제가 될 뿐입니다. 그래서 나는 나의 제자들에게 이렇게 말했습니다.

> "아서라! 막지 말라! 내 이름에 의탁하여 기적을 행하는 사람이라면 그는 결코 나를 비방하지 않는다."(9:39).

나는 또 이렇게 말했습니다.

> "우리를 대놓고 반대하지 않는 자는 모두 우리 편에 서있다.
> 우리를 위하고 우리와 함께한다.
> ὃς γὰρ οὐκ ἔστιν καθ' ἡμῶν, ὑπὲρ ἡμῶν ἐστιν.
> Whoever is not against us is for us."

하나님의 나라는 그 진정한 모습이 민중 속에 파고들수록 좋은 것입니다. 그 과정에서 시비가 개입될 수도 있지만 그 시비를 가리는 가장 좋은 방법은 개방성을 유지하는 것입니다. 하나님의 나라는 누구에게도 독점될 수 없는 것입니다. 복음을 널리 펼치기 위해서는 편협된 생각을 버려야 합니다. 나만 잘났고, 나만 옳고, 나만 권능이 있다고 생각하는 오만과 독선과 배타를 버려야 합니다. 복음은 소승이 아니라 대승입니다. 모든 사람이 같이 타는 큰 수레입니다. 침묵하는 자들이 결국 우리 편이라는 믿음과 확신을 가질 때 천국운동은 확산될 수 있는 것입니다. 나는 최후로 이렇게 말했습니다.

"나는 분명히 말한다. 너희를 그리스도에 속한 자라고 인정하여, 물 한 잔이라도 대접하는 사람은 결단코 하나님의 상을 잃지 않으리라."(9:41).

나는 나의 제자들을 이렇게 가르쳤습니다. 독선과 오만에서 벗어나도록! 나는 또 죄의 유혹에 관하여 단호한 삶의 자세를 가질 것을 제자들에게 요구했습니다.

"손이 죄를 짓게 하거든 그 손을 찍어버려라! 두 손을 가지고 꺼지지 않는 지옥의 불 속에 들어가는 것보다는 불구의 몸이 되더라도 영원한 생명에 들어가는 편이 나을 것이다."

발이 죄를 짓게 하거든 그 발을 찍어버려라! 또 눈이 죄를 짓게 하거든 그 눈을 빼어버려라! 이러한 나의 가르침을 놓고 많은 사람이 이러한 표현은 인간의 정신적 자세에 대한 아주 극적인 반성을 요구한 것이라고 말하는데, 나의 말은 문자 그대로 시행되어야 할 단호함입니다. 인간의 죄악은 궁극적으로 정신이 저지르는 것이 아니라 "몸"이 저지르는 것입니다. 모든 실족의 행위가 마음의 탓이 아니라 몸의 탓입니다. "요번만," "한 번만 더," "마지막으로,"라고 말하는 몸의 요구가 인간을 무릎꿇게 만드는 것입니다. 몸의 관성을 단절시키지 않는 한 나의 죄악은 사라지지 않습니다.

나는 또 이렇게 말했습니다.

"나의 제자가 되려고 하는 사람은 누구나 다 불소금에 절여져야 할 것이다."(9:49).

여기 "불소금에 절여진다"는 말은 실상 "소금에 절여진다"와 "불에 절여진다"라는 두 명제가 합하여진 것입니다. 소금은 인간의 모든 문화권에서 일차적으로 두 가지 기능이 있습니다. 하나는 맛을 내는 것이고, 하나는 부패를 막는 것입니다. 중동 지역과 같이 더운 지역에서는 소금의 부패방지 기능은 매우 절실한 것입니다.

"불"은 "성령"의 다른 표현입니다. 우리의 마음이 소금에 절여진다는 것은 부패가 없는 마음, 죄를 짓지 않는 마음이 된다는 뜻이고, 그것은 곧 우리의 마음이 성령으로, 곧 깨끗한 프뉴마에 의하여 절여진다는 것을 의미합니다. 나의 제자가 된다는 것은 세상에서 소금의 역할을 하는 것입니다. 세상을 맛있게 만들고, 세상을 부패하지 않도록 만드는 역할을 하는 것입니다. 무리 지어서 특권의식을 가지고 사교모임을 갖자는 것이 아닙니다. 소금의 역할을 하지 못하는 모든 회중은 해체되어야 합니다.

"소금은 좋은 것이다. 그러나 소금이 짠맛을 잃으면(팔레스타인 지역의 소금은 불순물이 많아 소금 자체가 짠맛을 잃을 때가 많다) 무엇으로 다시 그 소금을 짜게 하겠느냐? 너희는 마음에 소금을 간직하고 서로 화목하게 지내라."(9:50).

제17장

●───●

여자와 어린이, 그리고 영원한 생명

나는 드디어 가버나움 지역을 떠나 예루살렘으로 향하는 본격적인 여행을 시작했습니다. 이제 나의 여정은 구속사적 드라마의 마지막 단계로 접어들고 있는 것입니다. 가버나움을 떠나 요단강을 따라 내려갔습니다. 이 여행에는 적지 않은 갈릴리 사람들이 저를 동행했다는 사실도 빼놓을 수가 없습니다. 그 과정에서 나는 사마리아 지역과 베레아 지역을 왔다갔다 했습니다만 그 복잡한 여행루트는 다 기록하지를 못했습니다. 나는 드디어 유대 지경과 요단강 건너편에 이르렀습니다. 이곳은 내가 갈릴리 사역을 시작하기 전에 세례 요한을 만났던 곳이기도 합니다. 세례 요한은 이미 죽었고 세상은 더 각박해졌습니다. 만감이 교차했지요.

내가 이곳에 이르자 또다시 많은 사람들이 모여들었습니다. 나는 늘상 하던 대로 사람들이 모이기만 하면 나의 복음을 전했습니다. 그러나 될 수 있는 대로 이적을 행하는 일은 하지 않았습니다. 갈릴리는 나에게 친숙한 곳이고, 갈릴리 민중의 소망은 나에게 절실하게 피부에 와닿았습니다. 그들의 나에 대한 믿음이 나에게 이적의 능력을 불러일으킨 것입니다. 그러나 그러한 이적을 낯선 지역에서 함부로 행한다는 것은 어리석은 일일 뿐 아니라 경솔한 것입니다. 나는 지금 수난의 길을 가고 있는 것입니다.

이때에 또 바리새인들이 와서 나를 시험하기 시작했습니다. 그런데 요번에는 난데없이 나에게 "결혼과 이혼"에 관한 질문을 던졌습니다. 이들의 속셈이 무엇일까요?

"요단강 건너"라는 표현은 곧 내가 베레아Perea 지역에 있다는 것을 의미합니다. 그런데 이 베레아 지역은 공식적으로 헤롯 안티파스의 통치지역입니다. 세례 요한이 처형당한 마캐루스 성채도 이 베레아에 속한 곳입니다. 그런데 세례 요한이 처형당한 공식적인 이유가 헤롯왕이 본처를 버리고(이혼하고) 자기 동생의 부인과 재혼한 것이 부당하다고 하는 것을 지적하고 항의한 사실로부터 성립한 것입니다.

그러니까 나를 죽이고 싶어하는 바리새인들은 이곳 베레아에서 내가 "결혼과 이혼"의 문제에 관하여 잘못 발언을 하면 곧바로 헤롯 안티파스의 심기를 건드려 죽음에 이르게 하는 구실을 만들 수 있지 않을까 하는 그런 꿍꿍이가 있었을 것입니다. 그러나 나는 그런 꿍꿍이 수작에 개의치 않고 나의 소신을 이야기할 뿐이었고, 또 그 과정에서 나의 제자들을 교육시키고자 했습니다.

"남편이 아내를 버려도 좋습니까?"(10:2).

유대교 전통에서는 여자는 결혼이라는 행위를 주체적으로 선택할 수 없었습니다. 결혼하는 것은 여자가 아니라 남자일 뿐입니다. 남자의 결혼이라는 제식 속에 필요불가결하게 주어지는 물건이 여자였습니다. 남자의 결혼의 최대의 목적은 대가족의 번영과 지속을 위한 것이고, 그것은 후사를 잇는 것이었습니다. 그러니까 결혼문제에 이르게 되면 여자는 주체적 발언권이 거의 없습니다. 남편은 아내를 버릴 수 있어도 아내는 남편을 버릴 수가 없는 것이죠.

"모세는 어떻게 하라고 일렀느냐?"

"이혼장을 써주고 아내를 버리는 것을 허락했습니다."

17장_여자와 어린이, 그리고 영원한 생명

"그것은 원칙의 문제가 아니라, 하나님이 정해주신 원칙을 이해하지 못하는 완악한 자들을 위하여 방편적으로 정한 계율일 뿐이다."

나는 결혼에 관한 나의 원칙적 사유를 서술했습니다.

"천지창조 때부터 하나님은 사람을 남자와 여자로 만드셨다. 그러므로 한 남자는 그 부모를 떠나 자기 아내와 합하여 둘이 한 몸이 되는 것이다. 따라서 그들은 이제 둘이 아니라 한 몸이다. 그러므로 하나님께서 짝지어 주신 것을 사람이 임의로 갈라놓아서는 아니 된다."

나의 제자들은 이 말을 충분히 알아듣지 못했습니다. 거처로 돌아왔을 때 제자들이 다시 그 뜻을 물었습니다.

"누구든지 자기 아내를 버리고 다른 여자와 결혼하면 그 본처에 대하여 간음을 행하는 것이며, 또 아내가 자기 남편을 버리고 다른 남자와 결혼해도 자기 남편에게 간음을 행하는 것이다."

유대인의 전통에서는 남자가 아내를 두고 남편이 있는 다른 여자와 정을 통하면 그 다른 여자의 남편에게 간음을 행하는 것이 인정이 되어도, 자기 아내에게 간음을 행한다는 것은 있을 수 없었습니다. 상기의 언급에서 가장 주목해야 할 것은 "자기 아내를 버리고 다른 여자와 결혼하면"이라는 말과 "자기 남편을 버리고 다른 남자와 결혼하면"이라는 말이 동등한 짝으로 병치되었다는 사실입니다. 남자와 여자를 완벽히 평등하게 취급한 것입니다.

여기서 중요한 원칙은 두 몸이 합쳐져 한 몸이 된다는 것이고, 남자와 여자는 동등하다는 것, 즉 나는 일부일처제의 평등한 원리를 천명하고 있는 것이었습니다. 이러한 인간관은 당시로서는 혁명이었습니다.

또 내가 어린아이들을 사랑하는 줄 알고 많은 사람들이 어린이들을 데리고 와서 손을 얹어 축복해줄 것을 청하였습니다. 그러자 제자들이 그들이 나를 구찮게 한다고 심히 나무라는 것이었습니다. 나는 또다시 제자들의 마음의 완악함에 분노가 치밀었고 심하게 화를 내었습니다.

"어린이들이 나에게 오는 것을 막지 말고 그대로 두어라. 하나님의 나라는 바로 이런 어린이와 같은 사람들의 것이다."(10:14).

여기 천국이라는 테마가 분명하게 언급되고 있습니다. 천국은 곧바로 어린이와 같은 사람들의 마음으로 연결되어 있다는 뜻이지요.

> "내가 진실로 너희에게 이르노니, 누구든지 어린이와 같이 순진한 마음으로 하나님의 나라를 받아들이지 않으면 결단코 그 나라에 들어가지 못할 것이다."(10:15).

여기 "받아들인다"(덱세타이δέξηται)라는 것은 수동적으로 응하는 것이 아니라 능동적으로 수용하는 자세를 의미합니다. 어린이는 그 마음이 순수하고 허慮하기 때문에 편견 없이 받아들입니다. 하나님은 항상 언제고 당신의 나라를 우리에게 선물하고 계십니다. 문제는 인간이 그 초대에 불응하고 받아들이지 않는다는 데에 있습니다. 하나님의 나라는 어린아이처럼 겸손하고 빈 마음자세를 가질 때 찾아오는 것입니다. 여기 어린이의 빈(虛) 마음과 다음에 나오는 부자 청년의 가득찬(滿) 마음이 대비되고 있습니다. 나는 어린이들을 꼭 껴안으며 머리 위에 손을 얹어 쓰다듬고 간곡한 마음으로 축복해주었습니다.

나는 베레아 지역을 떠나 다시 여리고 쪽으로 길을 떠났습니다(10:10의 "집에 돌아왔다"와 10:17의 "길을 떠났다"가 대비된다). 그때 어떤 청년이 나에게 달려왔습니다("청년"은 마태의 표현. 마가는

"한 사람"이라고만 했다). 제 앞에 무릎을 꿇고 이렇게 말하는 것이었습니다.

> "선하신 선생님이시여! 제가 무엇을 행하여야 영원한 생명을 얻겠습니까?"

얼핏 보기에, 이 청년은 매우 진실하고 성실하게 보입니다. 부자인 그가 내 앞에 무릎을 꿇고 말하는 자세를 보면 그는 내가 보통의 랍비와는 달리 초자연적인 이적을 행하며, 또 탁월한 교훈을 베풀고 있다는 것을 소문으로 들어 알고 있는 듯합니다. 그래서 무엇인가 더 많은 것을 얻기 위하여 나에게 달려온 듯합니다. 그런데 이 청년이 제기한 문제는 성실한 것 같지만 너무도 거창한 주제를 내걸었습니다. "영원한 생명eternal life"(조엔 아이오니온ζωὴν αἰώνιον)이란 그렇게 쉽게 이 청년의 입으로 논의될 그러한 성격의 문제가 아니었습니다.

많은 사람들이 나와 이 부자 청년과의 대화를 맥락 없이 오해를 합니다. 그리고 마치 내가 인간세의 부富를 부정한 듯이 오해를 합니다. 돈 버는 데 가치관이 고정되어 있는 사람이 돈 버는 데 집착하는 것은 별로 이상한 일이 아닙니다. 아주 흔해빠진 일이지요. 그런데 이 청년은 처음부터 "영원한 생명"을 운운했습니다. 다시 말해서 영원한 생명을 돈을 벌듯이 얻고자 하는 욕심에 마음이 가득차 있었던 것입니다. 그러던 차에 나의 명망을 들었고, 무엇인가 나로부터 충고를 들으면 영원한 생명을 획득할 수 있겠다고 생각한 것입니다.

그는 자신의 삶의 자세에 관하여 어려서부터(율법상으로 13세 때부터) 그 모든 율법을 잘 지켜왔다고 말했습니다. "살인하지 마라," "간음하지 마라," "도둑질하지 마라," "거짓 증언하지 마라," "남을 속이지 마라," "부모를 공경하여라" 따위의 계명을 어김없이 다 지켜왔다고 말했습니다. 기억하십니까? 내가 한 말을? 사람이 율법을 위하여 있는 것이 아니라, 율법이 사람을 위하여 있는 것이다라고 한 말을 기억하시나요? 나 예수는 안식일의 주인입니다. 율법의 주인입니다. 그런데 내 앞에서 그 따위 계율적 타부를 지킨 것을 가지고 영원한 생명을 얻겠다는 것이 말이나 되는 얘기입니까? 그래서 나는 정확히 말해주었습니다.

"돌아가라! 네가 가진 것을 다 팔아 가난한 자들에게 나누어주어라!"(10:21).

이것은 언뜻 말이 안되는 것처럼 보입니다. 과연 부자가 가진 것을 몽땅 다 팔아 가난한 사람들에게 나누어준다는 것이 그리 쉽게 이루어질 수 있는 일인가? 여러분들은 내가 이런 말을 하게 된 맥락을 정확히 파악해야 합니다. 이 부자 청년의 애초의 요청이 "영원한 생명"이었습니다. 영원한 생명을 얻는다는 것은 전폭적으로 하나님의 나라를 받아들이는 것을 의미합니다. 그것은 모든 현세적 집착이나 이상을 버리는 것을 의미합니다.

이 청년은 버릴 생각을 하지 않고 얻을 생각만 했습니다. 저의 요구가 매우 가혹한 듯이 보이지만, 그 청년이 가지고 있는 부는 타인에게 나누어줄수록 좋은 것이었습니다. 이 청년은 그 부를 대부분 유업으로 받은 것입니다. 또 상당히 높은 관직에 있는 것이 분명했습니다. 그리고 당시 부라는 것은 순환되는 자금이라기보다는, 부동산이 그 대부분이었습니다. 이런 부는 나누어줄수록 좋은 것입니다. 자기가 구태여 소유하여 낑낑댈 필요가 없는 문제입니다. 나는 말했습니다: "자기를 버리고 자기의 십자가를 지고 나를 따르라!"

그 청년이 버려야 할 것은 그 청년이 소유하고 있는 부였습니다. 그때 비로소 이 청년에게 천국의 실마리가 보이기 시작할 것입니다. 현세적 집착의 고리를 끊을 때 비로소 새 생명, 영원한 생명의 가능성이 열리는 것입니다. 이 청년은 현세적 집착이 너무도 강했습니다. 메타노이아의 가능성에서 너무도 멀리 있는 사람이었습니다. 그는 나의 말을 듣고 울상이 되어 근심하며 떠나갔습니다(10:22). 나는 말했습니다.

"부자가 하나님의 나라에 들어가는 것은 낙타가 바늘귀로
빠져나가는 것보다 더 어려울 것이다."

이것은 모든 부자를 두고 하는 말이 아닙니다. 부자로서 영원
한 생명을 얻고자 한다면 부를 획득함과 동시에 부를 버릴 줄을
알아야 한다는 것입니다. 자기의 부를 타인과 더불어 나눌 줄을
모르는 사람은 현세적 가치에 매몰되고 말 저주받은 인간일 뿐
입니다. 하나님의 나라를 영원히 볼 수가 없습니다. 그리고 우
리는 그러한 부자들을 부러운 눈으로 바라볼 필요도 없겠지요.

나는 예수입니다

제18장

마지막 수난예고: 섬기는 자가 되라! 예루살렘 입성

우리 일행은 드디어 예루살렘으로 뻗친 대로에 오르게 되었습니다. 예루살렘으로 올라가는 이 길, 얼마나 내가 기다려왔던 그 길입니까? 나는 막 힘이 솟구쳤습니다. 그래서 마구 빨리 걸어갔습니다. 그래서 내 일행들은(일행들 속에는 갈릴리부터 예수를 소리 없이 따라온 민중이 많았다) 뒤처졌습니다. 나만 혼자서 저 멀리 앞서가고 있었으니까요.

이때 그들의 마음속에는 말할 수 없는 공포가 엄습했습니다. 무언가 표현할 수 없었지만 나의 먼저 걸어가는 모습에 드리운 죽음의 그림자, 그 고난의 역정을 그들은 감지하고 있었을지 모릅니다. 나는 뒤돌아보면서 열두 제자들만 따로 불렀습니다. 나는 이들에게 내가 예루살렘에 올라가 당할 일을 마지막으로 소상히 말해주었습니다. 이것이 나의 수난에 대한 세 번째 예고이며 마지막 예고였습니다. 이제는 예고가 아니라 수난의 길에 나는 들어서게 되는 것입니다.

"우리는 지금 예루살렘으로 올라가는 길이다. 나 사람의 아들 예수는 제사장들과 서기관들의 손에 넘어가 사형선고를 받고 다시 이방인의 손에 넘어갈 것이다. 그러면 그들은 이 나 사람의 아들 예수를 능욕하고 침 뱉고 채찍질하고 마침내 죽일 것이다. 그러나 나 이 사람은 사흘 만에 다시 살아날 것이다."

이 나의 예고는 여태까지의 예고에 비해 매우 자세한 것이고 다음의 여섯 가지 항목으로 구성되어 있습니다.

1) 나는 배신당한다.
2) 나는 유대인들에게 사형선고를 받는다.
3) 그리고 로마관원들에게 넘겨질 것이다.
4) 관원들은 나를 능욕하고, 침을 뱉고, 채찍질할 것이다.
5) 처형한다(죽인다. 십자가형은 언급되어 있지 않다).
6) 그러나 나는 3일 만에 다시 살아난다.

과연 내가 이렇게 디테일하게 얘기했는지 어떤지는 잘 기억

나는 예수입니다

이 나질 않습니다. 그러나 나는 나의 운명을 정확하게 감지하고 또 대면할 생각이었습니다.

이렇게 심각한 얘기가 오가고 있는 와중에 제베대의 두 아들 야고보와 요한이 나에게 슬그머니 다가왔습니다. 그리고 따로 좀 얘기를 하자는 것이었습니다.

"선생님, 소원이 있습니다. 꼭 들어주십시오."

"나에게 바라는 것이 무엇이냐?
                    What do you want me to do for you?"

"선생님께서 영광의 자리에 앉으실 때 저희를 하나는 선 생님의 오른편에, 하나는 왼편에 앉게 해주십시오."

외면적으로 볼 때, 그들이 진정 무엇을 원했든지간에, 그 의 도는 명백했습니다. 나의 가슴은 답답하기 그지없었습니다. 억 장이 무너지는 듯했습니다. 그토록 간곡히 말했건만 그들은 내 가 말하는 수난의 의미를 전적으로 왜곡하고 있었던 것입니다. 내가 그래서 그리스도 즉 메시아라는 말을 쓰기 싫어하는 이유 입니다.

그들은 메시아(=그리스도)를 다윗왕과 같은 세속적 영예를 다 가진 왕이 되는 것으로만 이해하는 것입니다. 예루살렘에 다 왔다. 이제 곧 우리 선생님은 메시아가 되실 것이다. 곧 유대의 왕이 되실 것이다. 내가 메시아가 되었다면 이미 갈릴리에서 되었을 것입니다. 왜 하필 타락과 율법과 권위의 도시 예루살렘에서 된단 말입니까? 그들은 내가 갈릴리에서 행한 이적(=권능)을 두 눈으로 목도하였습니다. 그러한 권능의 소유자라면 예루살렘에서 충분히 왕이 되고도 남는다고 생각한 것입니다. 베들레헴의 어린 소년 목동도 메시아왕이 되었는데 우리 선생님쯤이야, 하고 제멋대로 상상의 날개를 펴는 것입니다. 그 맹맹한 두 놈이 나에게 소원 운운한 것은 그러한 다급함을 깔고 있었습니다.

"선생님은 곧 왕이 되실 것 아닙니까? 그럼 영의정(수상),
좌의정(부수상) 자리는 제일 가까운 우리 두 형제에게 먼저
안배해주십시오."

그런데 더 괘씸한 것은 이 두 제자가, 이 기나긴 여행을 같이 해놓고도, 다른 제자들을 따돌리고 나에게 얘기했다는 것이죠. 너무 의리가 없는 것 아닙니까? 이 두 명을 빼놓은 나머지 열 명(베드로를 포함)은 이 두 놈이 나에게 꿍꿍이 수작을 하는 듯이 보이니깐 정말 화가 난 것입니다. 나는 우선 이 두 놈들에게 잘라 말했습니다.

나는 예수입니다

"너희들이 뭔 말을 하고 있는지나 알고 있는지 모르겠다. 그런 자리는 내가 주는 것이 아니다. 그것은 하나님께서 정하실 일이다."

그리고 12제자를 다 불러놓고 간곡히 말했습니다.

"통치자로 자처하는 사람들은 백성을 강제로 지배하고, 또 높은 사람들은 백성을 권력으로 내리누른다. 그러나 너희는 그래서는 아니 된다. 너희 중에 누구든지 높은 사람이 되고자 하는 사람은 남을 섬기는 사람이 되어야 하고, 으뜸이 되고자 하는 사람은 모든 사람의 종이 되어야 한다."

예루살렘 입성을 놓고 그 직전에 벌어진 이 일화는 진실로 천국운동이 얼마나 어려운 것인가 하는 것을 보여주는 좋은 실례입니다. 아무리 말하고 타일러도 인간들은 현세적 삶의 트랙을 벗어나지 못하는 것이죠. 메타노이아는 진실로 어려운 것입니다. 나는 최종적으로 이렇게 단언했습니다.

"나 사람의 아들 예수는 섬김을 받으러 온 것이 아니라 섬기러 왔고, 또 많은 사람들을 위하여 나의 목숨을 바쳐 그들을 대속하려 함이라."(10:45).

여기서 여러분들이 꼭 기억해야 할 단어는 "섬김" 즉 "디아코니아διακονία"입니다. 신앙의 본질은 섬김입니다.

우리는 그 길을 따라 걷다가 일단 여리고에 들렀습니다. 요단강 건너로부터 예루살렘을 가려면 반드시 여리고를 경유하게 되지요. 여리고에서 잠시 머물렀다가 떠나가려는데 그때는 이미 많은 사람들이 나를 따라오고 있었습니다. 갈릴리로부터 따라온 사람도 있고 베레아·유대 지역에서 따라붙은 사람도 있었습니다.

그때 앞 못 보는 거지가 길거리에 앉아있다가 "나자렛 예수"라는 소리를 듣고 외쳤습니다. 그 거지의 이름은 티매오의 아들 바르티매오Bartimaeus였습니다(복음서에서 치료받은 자의 이름이 밝혀진 것은 이 경우가 유일하다).

"다윗의 자손 예수여! 나를 불쌍히 여기소서."

당시 "예수"라는 이름은 어디서나 흔했기 때문에, 특별한 치유능력이 있는 예수는 갈릴리 나자렛의 예수라는 말이 이미 유대 지방에까지 전파되었다는 것을 알 수 있습니다. 그리고 그들의 관념은 피상적인 메시아 관념, 즉 "다윗의 자손"이라는 현실적 왕통王統의 정치적 맥락에서 나를 파악하고 있었습니다. 그것은 어차피 일반 민중의 통념이지요. 그러니까 내가 예루살렘에서 죽을 때에도 결국 "유대인의 왕"으로서 죽을 운명이라는 것을 암시하는 것이지요.

여러 사람이 바르티매오(이름 자체가 티매오의 아들이라는 뜻)에게 조용히 하라고 꾸짖었으나 그는 더욱더 큰소리로 자비를 베풀어달라고 외쳤습니다.

앞서 말했지만 나는 유대 지방 특히 예루살렘 지역에서는 이적을 행하는 것을 삼가기로 마음먹었습니다. 그런데 그의 외침은 무엇인가 절절한 호소가 있었습니다.

나는 걸음을 멈추고 그를 불러오라고 제자들에게 말했습니다. 바르티매오는 걸친 히마티온(겉옷. 두루마기자락)을 확 벗어버리고 벌떡 일어나 나에게로 뛰어왔습니다. 히마티온을 걸치면 빨리 뛰어오기가 어렵습니다. 발목을 휘감을 염려가 있습니다. 그리고 그가 나에게 홀쩍 달려왔다는 것은 그가 완전 소경이 아니었다는 것이 입증됩니다. 백내장에 휘덮여 뿌옇게 보이는 정도였을 수도 있습니다. 그러니까 대개 힐링의 대상이 치유 가능상태에 있는 사람들이었다는 것이지요.

그가 나에게 다가왔을 때 내가 한 말은 바로 이와 같습니다.

"나에게 바라는 것이 무엇이냐?

What do you want me to do for you?"

여러분들! 기억 안 나십니까? 내가 똑같은 말을 여기 오는 길에 나의 제자 야고보와 요한에게 했다는 사실을? 그런데 이 소경은 이와같이 대답했습니다.

"선생님이시여! 보기를 원하나이다.

Rabbuni! I want to see."

한번 비교해보십시오. 같은 질문에 그토록 가깝게 지냈던 제자는 "장관자리"를 하나 달라 하고, 전혀 알지 못했던 민중 한 명은 너무도 절실한 삶의 고백을 합니다: "저는 이 세상을 똑바로 보고 싶습니다. 저는 보기를 원합니다." 그것이 전부입니다.

예수의 질문	대 답
나에게 바라는 것이 무엇이냐?	**제자**: 장관자리 두개만 확보해주세요.
나에게 바라는 것이 무엇이냐?	**소경**: 세상을 보게 해주세요

여러분들은 예루살렘에 입성하기 이전에 "이적"의 의미가 무엇인지 확고하게 깨달으실 수가 있을 것입니다. 기실 이것이 내가

행한 마지막 이적입니다.

"가라! 네 믿음이 너를 살렸다." 이적은 오직 믿음이 있는 자의 것입니다. 그것은 매우 소박한 민중의 소망 속에 항상 내재하는 것입니다. 나의 말이 떨어지자마자 그는 세상을 바로 보게 되었습니다. 그리고 나를 따라오고 싶다고 말해서 나는 최초로 고침을 받은 자가 나를 따라오는 것을 허락했습니다. 이제 나에게 남은 것은 예루살렘이라는 파멸과 죽음과 단절뿐이었습니다.

여리고 지역에서 예루살렘으로 가게 되면 반드시 예루살렘 동편에 있는 올리브산을 빙 돌아 성전의 동편에 나있는 문으로 들어가게 됩니다. 올리브산 서쪽으로 예루살렘이 있고, 올리브산 동편 기슭에 베다니Bethany라는 아담한 마을이 있습니다. 나 예수는 이 베다니라는 동네와 인연이 있습니다. 예루살렘 지역에 올 때에는 베다니에 나의 거처를 정했습니다.

이날은 일요일이었는데 베다니에 여장을 풀지를 않고 오후 느지막하게 서둘러 예루살렘성전으로 갈 생각을 했습니다(기실 예수가 예루살렘에 머문 것은 6개월 정도는 되는 기간으로 본다. 그러나 마가는 그것을 7일로 압축시켰다. 마가를 기준으로 압축적으로 기술한다. 도올 주註). 베다니를 지나 올리브산 북쪽으로 돌아가는 길목에 벳파게Bethphage라는 동네가 있습니다(실제로 이 동네의 위치는 잘 모른다. 벳파게를 베다니보다 더 예루살렘에서 먼 곳으로 보는 학자들도 있으나 예루살렘에 더 가까운 곳으로 보는 견해가 더 타당하다. 도올 주註). 나는 벳파게에서 자그마한 나귀 새끼 한 마리를 빌렸습니다. 병사들이 쓰는 큰 말은 구할 수가 없었습니다.

제자들은 나귀 새끼를 끌고와서 자기들의 겉옷을 그 위에 얹어 안장을 만들고 나 보고 올라 앉으라고 했습니다. 나에게는 실로 다 부질없는 짓이었으나 제자들은 내가 메시아로서 입성하는 것이라고 생각했기에 최소한의 세리모니가 필요하다고 판단했겠죠. 나는 그런 세리모니도 민중의 소망의 한 표현이라고 생각했기 때문에 구태여 거부하느라고 소란피울 것까지는 없었지요. 내가 새끼 나귀 위에 올라타자 수많은 사람들이 자기들의 겉옷(히마티온)을 벗어 길 위에 펼쳐놓았습니다. 레드 카페트를 까는 것과 같은 효과이겠지요.

또 어떤 사람들은 들에서 나뭇가지를 꺾어다가 길에 깔았습니다. 앞서가는 사람들과 뒤에 따라오는 사람들이 모두 환호성을 올렸습니다. 앞에 가는 사람이 "호산나" 하고 선창하면 뒤에 따라오는 사람들이 "찬미 받으소서, 주의 이름으로 오시는 이여!" 하고 후창합니다. 또 "찬미 받으소서, 오고 있는 우리 조상 다윗의 나라여!" 하고 선창하면, "가장 높은 곳에서도 호산나!" 하고 후창합니다. 참 듣기 좋고 민중의 바램이 섞인 아름다운 음색의 합창이지요.

"호산나Hosanna"는 희랍어에서 유래되어 아람어 어휘로도 쓰인 챈팅 어구인데, 문자 그대로는 "지금 구하소서Save now," "부디 도와주소서," "기도하나이다" 등의 의미를 갖습니다. 성전에 참배하러 오는 순례자들을 향해 외치는 일종의 제식적 챈팅입니다. 이 나의 예루살렘 입성장면은 여러분이 생각하듯이 대단히 시끌쩌끌한 행렬은 아니었지만 사람들이 꽤 많이 모였고 또 삼십대 초반의 내가 초라한 새끼 당나귀 등 위에 앉아 끄덕끄덕 마찻길을 지나가면 호산나의 합창이 울려퍼지는 그 석양의 모습은 뭔가 페이소스가 깔리는 아름다운 장면이기도 합니다. 그러나 실제로 나는 그런 낭만에 사로잡힐 여가가 없었습니다. 날은 저물었고 사람들은 곧 흩어졌습니다. 나는 곧바로 제자들과 함께 예루살렘성전에 들어갔습니다. 마가는 이렇게 썼습니다.

"거기서 이것저것 모두 둘러보고 나니 날이 이미 저물었다."

다시 말해서 나는 시간을 아껴야 했기 때문에, 해지기 전에 그 다음날 일어날 거대한 사건의 사전답사를 해야만 했던 것입니다. 다음날 하루야말로 나의 운명을 결정한 거대한 사건이 나를 기다리고 있었습니다. 마가는 간결하게 썼습니다.

"그는 열두 제자와 함께 베다니로 갔다."

나는 그 길로 부지런히 베다니로 가서 여장을 풀어야만 했던 것입니다. 내가 베다니에 도착했을 때는 이미 밤이었습니다.

제19장

———•———

무화과나무와 성전전복

예루살렘에서의 첫 밤을 우리는 베다니에서 묵었습니다. 그런데 제대로 먹지를 못했습니다. 다음날 아침 일찍 우리는 베다니를 떠나 예루살렘으로 가야만 했습니다. 베다니에서 예루살렘까지는 십 리 정도의 거리가 있습니다(3.2km). 우리는 아침에 배가 고팠습니다. 그런데 베다니의 집을 나와 길옆에 저멀리 무성하게 푸른 잎사귀로 덮인 무화과나무를 보게 되었습니다. 순간 나는 무화과라도 따먹자 하는 생각이 스쳤습니다. 무화과는 배고플 때 먹으면 꽤 요기가 되는 과일입니다. 열매에 살이 많고 또 즙이 많고 소화도 잘됩니다. 그래서 무화과열매가 열렸거니 하고 그 나무로 가까이 다가갔습니다.

그런데 내가 예루살렘에 온 것이 3월 말, 4월 초경이었습니다. 무화과나무는 3·4월에 꽃이 피어(무화과無花果도 꽃이 핀다. 눈에 잘 띄지 않을 뿐이다) 6월이 되어야 열매를 맺습니다. 그러니 열매가 열리지 않은 것은 너무도 당연한 일이었습니다. 그러나 나는 그 순간 그 무화과나무(무화과나무 일반이 아니고 그 한 나무를 지칭)를 향해 저주를 퍼부었습니다.

"이제부터 너는 영원히 열매를 맺지 못하여 아무도 너에게서 열매를 따먹지 못할 것이다."

제자들도 뒷켠에서 나의 이 말을 또렷이 들었습니다. 사람들은 이것이 내가 행한 유일한 파괴기적사화라고 말하기도 하고, 자연물을 상대로 한 유일한 이적행위라고 말하기도 하고, 그 의도를 알 수 없는 이상한 이적행위라고 말하는데, 이것은 결코 자연기적에 속하는 행위가 아닙니다. 이것은 나의 내면의 심정을 노출시킨 상징적 담론symbolic discourse에 불과합니다.

나는 배가 고팠습니다. 그런데 그 순간 나의 배고픔을 해결해 줄 수 있는 듯이 보이는 나무가 나타났습니다. 그 나무는 너무도 무성하고 탐스럽고 아름답고 때깔좋고 풍성하게 보였습니다. 그러나 그 나무는, 비록 계절이 아니었다 하더라도, 그 나무는 나에게 배고픔을 해결할 수 있는 아무런 열매를 제공할 수 없었습니다. 지금 나의 배고픔을 해결해줄 수 없다고 한다면 이 무화과나무야! 영원히 열매를 맺지 말아라! 뿌리부터 썩어 말라 버려라!

내가 왜 이런 말을 했겠습니까? 이것이 저주일까요? 아닙니다! 나는 그 당시 예루살렘성전 입전入殿의 대업을 앞두고 있었습니다. 여러 가지 착잡한 심정에 사로잡혀 있었습니다. 그리고 나의 어제 석양에 이미 성전에 들어가 사전답사를 하고 치밀한 계획을 세우고 있었습니다. 나는 실로 그 웅장하고 거대하고 찬란한 헤롯성전의 위용을 이미 목도한 뒤였습니다. 그러나 그 거대한 위용은 나에게는 부정되어야 할 민중의 적이었습니다.

지금 "배고픈 나"는 "배고픈 민중"을 상징합니다. 이 배고픈 나에게 열매 하나도 제공할 수 없는 무화과나무는 이스라엘의 전승 그 자체를 상징합니다. 겉으로는 그렇게 무성하고 아름다운 녹음방초를 자랑하지만 배고픈 민중의 고뇌를 철저히 외면하고 있습니다. 무화과나무는 곧 구약을 상징하며, 율법을 상징하며, 율법의 권위의 정점에 있는 솔로몬·헤롯성전을 상징하며, 로마제정과 결탁한 유대교의 타락을 상징합니다. 그것은 저

주되어야 할 대상이며, 뒤엎어야 할 대상입니다. 그래서 나는
그 무화과나무에게 저주의 언사를 발한 것입니다. 나의 무화과
나무 저주는 이날 내가 예루살렘성전에서 행하여야 할 모든 행
위의 상징태입니다. 그것은 이적이 아니라 상징적 담론이었습
니다. 나의 내면적 독백을 제자들이 들은 것에 불과했습니다.

베다니 방면에서 예루살렘에 오게 되면 올리브산을 끼고
돌아 예루살렘성전의 동편에 도달하게 됩니다. 동편에는 "아름
다운 문Beautiful Gate, Shushan Gate"이 하나 나있습니다. 성전의
문은 전부 8개가 있는 데 북쪽으로 1개, 남쪽으로 2개, 서쪽으로
4개, 동쪽으로 1개 있습니다. 아 참, 복음서를 읽으시는 여러분
들은 복음서에 성전 자체에 관한 기술이 거의 없기 때문에, 과
연 나의 성전사건이 어떠한 스케일의 장소에서 얼마나 많은 군
중을 상대로 한 것인지에 관해 감이 없으실 것 같군요. 예루살
렘성전은 크게 3차에 걸쳐서 파괴되고 증축되었습니다.

제1차 성전First Temple이 그 유명한 솔로몬의 성전입니다. 솔
로몬왕은 다윗왕의 치세의 정신을 이어받아 다윗의 도시City of
David를 확장하여 최초의 본격적인 성전을 지었습니다. 그것은
향후의 성전건축의 아키타입이 되었지만, 실제로 그 규모가 크
지는 않았습니다. 그런데 바빌로니아군대가 예루살렘을 침략
하면서 그 성전을 파괴해버렸고 유대민족은 바빌론유치시대를

체험하게 됩니다.

그러나 유치가 풀리고 다시 예루살렘에 돌아왔을 때 페르시아제국의 도움으로 스룹바벨 총독의 관장 하에 성전을 솔로몬 성전과 같은 자리에 재건하게 됩니다(BC 520~515). 이것이 2차 성전Second Temple, 즉 스룹바벨성전입니다. 그러나 스룹바벨 성전도 희랍인들의 침략(BC 325)과 로마인의 침략(BC 63)에 의하여 다시 더럽혀지고 파괴되었습니다.

그리고나서 이두매 사람 헤롯대왕이 로마의 인가 하에 이 지역의 권력을 장악하면서 유대인들의 종교적 심성을 장악하기 위하여 미증유 대규모의 성전건축을 시도하게 됩니다. 그것이 바로 헤롯성전이라고 불리는 제3의 성전Third Temple(스룹바벨성전과 헤롯성전은 연속적인 일체로 보아 그냥 제2의 성전이라고 부르기도 한다)입니다. 이 성전은 BC 20년경에 짓기 시작하여 그 기본적 구조는 10년 안에 대부분 완성되었으나 그 디테일은 계속 보완되어 AD 64년에 대강 마무리되었습니다. 그러나 AD 66년에 이르러 최종적으로 완성을 고합니다. 이 성전은 86년의 공력을 쏟아부어 완성된 걸작품인데, 완성되자마자 4년 후에 완전히 파멸되는 비운을 맞이하였습니다.

이 성전은 장방형인데 남벽의 길이가 280m에 이르고, 북벽의 길이가 310m에 이릅니다. 그러니까 동서의 폭이 북쪽으로 좀 벌어진 장방형이죠. 그리고 남과 북의 길이가 450m에 이르니 그 규모가 얼마나 장대한 것인지 쉽게 상상하기가 어렵습니다. 그 거대한 축대 위(동남 코너의 축대 높이는 48m나 된다) 마당 한 가운데 성전 자체의 직사각형 건물이 놓여있는데 그 위치는 북쪽 마당으로 치우쳐져 있고 정문은 동쪽을 향해 있습니다. 성전의 아래쪽에는 사람들이 제일 많이 가는 거대한 이방인의 코트the Court of the Gentiles라는 것이 있습니다. 뚜껑이 없는 4각의 콰드랭글인데 그 전체면적이 35에이커에 이르며, 3면이 모두 회랑으로 둘러쳐져 있습니다. 남쪽의 스토아는 로얄 스토아Royal Stoa라고 부르는데, 자그마치 4줄의 돌기둥으로 기다랗게 형성된 회랑입니다. 그 돌기둥 하나의 둘레가 장정 3명이 아름으로 둘러야 맞닿는데 그 높이가 9m에 이릅니다. 그러한 돌기둥의 4줄이 280m나 뻗쳐있다고 생각하면 그 규모의 방대함을 상상이나 해볼 수 있을런지요!

혜롯대왕은 원래 건축·토건의 미치광이였습니다. 엄청나게 많은 공사를 강행하며 인민을 착취하기도 했지만 유대인들에게 부를 가져다주기도 했습니다. 이방인 코트의 동서벽은 2줄의 돌기둥으로 이루어져 있는데 동쪽의 회랑은 특별히 솔로몬의 포치Solomon's Porch라고 합니다. 이방인의 코트는 유대인만이 아닌 전 세계에 흩어져 있는 다이애스포라의 교민들, 그리고 외국

인들이 찾아옵니다.

내가 당도했을 때가 바로 유월절 직전이었기 때문에 전 세계에서 사람들이 예루살렘으로 몰려드는 시기였습니다. 사실 나는 예루살렘성전 거사의 날도 이러한 카이로스를 고려하지 않을 수 없었습니다. 유월절은 이스라엘민족이 새 역사를 만들기 위해 노예생활을 청산하고 무교병을 가지고 떠나는 날이기도 하고, 또 니산 14일이라는 이 절기는 유대교 달력으로는 새해의 출발을 의미하기도 합니다. 즉 신년 설날인 셈이죠. 천국의 도래를 선포하는 나의 운동의 절기로서는 최적의 타이밍이라고 말할 수 있겠죠.

내가 성전에 들어가자마자 사람들은 엄청 많았고 그들이 번제를 올리느라 고기 타는 냄새가 콧구멍을 찔렀고, 환전상들이 호객하면서 떠드는 소리가 왁자지껄했습니다.

먼저 성전에 오는 사람들은 제사를 지내야 했습니다. 그런데 제사를 지낸다고 하는 것은 정결한 코셔기준the kosher requirements에 맞는 동물을 희생으로 써야 합니다. 그런데 희생동물은 순례자가 아무리 깨끗이 길러서 가지고 와도 코셔검사를 통과할 수가 없습니다. 그러니까 결국 성전회랑에서 파는 동물을 살 수밖에 없습니다. 이것이 바로 부패구조 때문이죠.

사실 성실한 본인이 잘 키운 것이 제일 깨끗할 텐데 그러면 성전에는 우수리가 안 떨어집니다. 성전회랑에서 파는 동물은 자기가 기른 것이나 시중에서 파는 것의 보통 몇 배를 호가합니다. 터무니없이 비싸지만 그 가격을 안 낼 수가 없습니다. 제사를 지낼 수가 없기 때문입니다. 제사를 못 지내면 야훼의 축복을 못 받는다고 생각하는 것이죠. 일년 동안 집안운수가 꽝이 된다고 생각하니 안 낼 수도 없죠. 10원에 해결될 것을 100원을 내야만 하는 곳이 바로 예루살렘성전입니다. 90원을 착복한 상인의 이문의 대부분은 다시 제사장들, 사두개인, 서기관, 그리고 궁극적으로 산헤드린의 주머니 속으로 빨려 들어갑니다.

환전상이라 하는 것도 마찬가지입니다. 성전에서 쓰는 돈은 세속적인 로마화폐를 쓸 수가 없습니다. 모두 튀리안화폐the Tyrian currency로 바꾸어야 합니다. 이 튀리안화폐가 있어야 성전세를 낼 수 있고 또 성전에서 행하는 여러가지 활동을 할 수가 있습니다. 이 환전하는 데도 상식적인 환율의 몇 배가 되는 환율이 적용되는 것이죠.

한번 생각해보십시오! 헤롯성전이 AD 66년에 완성되었을 때, 그해 유월절에만 자그마치 25만 5천 6백 마리의 양이 희생되었다고 합니다. 예루살렘성전의 제식규모를 알 수 있을 것입니다. 그리고 그 과정에서 이루어지는 환전과 희생동물매매의 수익은 천문학적 숫자에 달합니다. 나는 이 부패의 연결고리를 방관할 수가 없었습니다. 갈릴리 민중의 고초의 근본원인이 이러한 종교조직과 율법과 그릇된 신관에 그 뿌리가 있다는 것을 깨달았기 때문이었습니다.

내가 예루살렘을 향한 것은 바로 이러한 종교혁명, 정치혁명, 사회혁명의 한 고리라도 내 힘으로 달성해야겠다는 신념, 그 신념을 고취시키는 하나님의 소리가 있었기 때문이었습니다. 그 어느 누구도 이 나의 갈망을 이해하지 못했습니다. 세례 요한처럼 맥없이 죽을 수는 없었습니다. 민중의 마음에 확고한 씨를 뿌리지 않으면 내가 말하는 천국은 도래할 길이 없었습니다. 그 첩경이 갈릴리 촌구석에서 행하는 이적에 있는 것이 아니라, 예루살렘의 성전을 뒤엎는 사회적 행위, 상식적 행위, 사람들의 마음을 경이롭게 만드는 의로운 거사에 있다는 것을 나는 깨닫고 있었습니다. 힐링이 기적이 아니라 힐링을 가능케 하는 민중의 마음이 기적이라고 나는 말했습니다. 그 믿음의 궁극적 형태는 율법의 전승 그 자체를 단절시키는 것이었습니다.

모든 종교적 하이어라키를 전복시켜야 평등한 세상이 오고 심령이 가난한 자, 애통하는 자가 복을 받습니다. 나는 갈릴리 촌놈에 불과합니다. 나는 서른댓 살의 청년에 불과합니다. 나를 마술사로 그리고, 나를 수염이 덥수룩하게 난 노인처럼 그리는

데 정말 나에 대한 그릇된 이미지만을 세상은 만들고 있습니다. 나는 피 끓는 청년이고, 근원적인 사회변화를 꾀하는 운동가입니다.

나는 그 거대한 헤롯성전에 들어서자마자 닥치는 대로 사고팔고 하는 모든 사람들을 내쫓으며 환전상들의 탁자를 다 엎어버리고, 비둘기장수들, 희생양을 파는 사람들의 의자를 둘러 엎었습니다(11:15). 그리고 제사기구들을 나르느라고 성전뜰을 왔다갔다 하는 것도 금지시켰습니다. 이것은 성전제사 자체를 금지시키는 반유대교적 행동이었습니다.

생각해보십시오! 나는 갈릴리 촌놈입니다. 아무리 메시아 운운한다 할지라도 로마병정의 칼자루에 간단히 목이 날아갈 그런 연약한 존재입니다. 어떻게 갈릴리 촌놈인, 서른댓 살의, 아무 조직배경도 없는 청년이 이 무시무시한 대성전에서 이러한 난동을 부릴 수 있단 말입니까? 어떻게 이러한 행위가 용인될 수 있었고 가능할 수 있었겠습니까? 나는 채찍까지 휘둘렀습니다. 폭력적인 힘까지 휘둘렀습니다. 그리고 이렇게 크게 소리쳤습니다.

"성서에 하나님께서 '내 집은 만민이 기도하는 조용한 집이 되어야 하느니라'라고 말씀하시지 아니하였느냐? 그런데 너희는 이 집을 강도의 소굴a den of robbers로 만들었구나!"

나는 이 거대한 예루살렘성전을 "강도의 소굴"이라 규정하였습니다. 어떻게 이러한 나의 언행이 용납될 수 있었을까요?

만약 이 예루살렘성전이 로마군대가 직접 관장하는 곳이었다고 한다면 나는 초반에 바로 살해당하였을 것입니다. 그런데 로마는 다신론적 문화를 가지고 있었기 때문에 식민지 지역의 종교생활에 관해 매우 관용적 태도를 취했습니다.

그리고 로마는 헤롯왕가를 통한 간접통치방식을 취했습니다. 팔레스타인 지역은 반자치구역이었습니다. 그러므로 내가 제기한 반종교적 행위는 로마권력자들의 입장에서는 강 건너 불이었습니다. 자기들이 직접 다룰 문제가 아니었습니다. 그러나 당연히 유대교 당국의 입장에서 보면 나의 행위는 반역이었습니다. 마가는 이렇게 적고 있습니다.

"제사장들과 서기관들은 예수의 언행을 듣고 어떻게 해서라도 예수를 죽여야 한다고 모의하였다."

그런데 왜 못 죽였을까요? 여기에 복음서가 기록하지 않은 중요한 사실들이 있습니다. 나는 처음부터 군중에게 둘러싸여 있었습니다. 종교적 당국은 내가 민중의 마음을 얻고 있다는 것을 잘 알고 있었습니다. 마가는 이렇게 썼습니다.

"민중이 예수의 가르침에 감탄하였다"(11:18).

다시 말해서 나의 성전전복행위는 나 홀로 한 일이 아니었습니다. 민중이 마음으로 성원했고 나와 같이 행동했습니다. 생각해보세요. 내가 환전상들의 탁자를 뒤엎어 동전이 여기저기 흩어질 때 그들의 마음이 얼마나 통쾌했겠습니까? 마가는 이렇게 썼습니다.

"저녁때가 되어 석양이 뉘엿뉘엿할 때야 예수와 제자들은 성밖으로 나갔다."

다시 말해서 나의 전복행위는 하루종일 계속된 것입니다. 그 35에이커 면적을 커버하는 회랑을 뒤엎는 작업은 하루종일 진행된 민중항쟁의 대사건이었습니다. 나는 성공했습니다. 나는 이제 진정한 패션Passion의 길을 걸을 수 있게 되었습니다. 이제 나는 죽을 수밖에 없는 운명의 사나이가 되었습니다. 그러나 나는 두렵지 않았습니다. 이 땅에 태어난 사명을 다한 것입니다. 천국이라는 새로운 약속의 임재를 위하여 구약을 말소시키는 깨끗한 청소를 단행한 것입니다. 이것이 나의 예루살렘 이틀째의 하룻일이었습니다. 나는 이날 밤도 베다니에서 잤습니다.

제20장

예루살렘 셋째날: 성전에서의 공개변론

다음날 이른 아침, 그러니까 예루살렘 3일째의 이른 아침, 우리 일행은 또다시 어제 지나쳤던 무화과나무 곁을 지나가게 되었습니다. 그런데 어제 아침의 저주대로 그 나무가 뿌리째 말라 있었습니다. 베드로가 그 나무를 보고 문득 생각이 났습니다.

"선생님, 저것 좀 보십시오! 선생님께서 저주하신 무화과나무가 진짜로 말라버렸네요!"

나는 말했습니다.

"하나님을 굳게 믿어라! 내가 진실로 너희에게 이르노니 누구든지 마음에 의심을 품지 않고 자기가 말한 대로 되리라고 믿기만 하면 이 산더러 '번쩍 들려서 저 바다에 빠져라' 하더라도 그대로 될 것이니라."

무화과나무에 대한 저주는 성전에 대한 저주였습니다. 그런데 무화과나무가 뿌리째로 말라버렸다는 것은 진실로 이스라엘의 종교전통이 그 뿌리로부터 생명력을 상실했다는 것을 의미합니다. 그러한 상징체계에 대한 나의 반응은 믿음이었습니다. 성전의 복원이 아니라 성전의 근원적 해체, 그것은 진실로 산이라도 움직이게 할 수 있는 믿음이 아니면 안됩니다. 지금 이 시점에서 나와 나의 제자들이 가져야 할 것은 산을 움직일 수 있는 믿음, 성전이 없어도 하나님은 항상 나와 같이하고 계시다는 믿음, 성전이 사라지고 새로운 세계가 도래한다는 믿음입니다.

나는 계속해서 "기도"와 "용서"를 말했습니다. 믿음, 기도, 용서! 이런 것들은 내가 지향하는 천국공동체의 새로운 윤리입니다. "무화과나무에 대한 저주—성전의 뒤엎음—무화과나무의 죽음"이라는 테마는 성전의 죽음을 말해주고 있으며 나의 신념의 승리를 확신케 하고 있습니다. 우리에게 필요한 것은 오직 믿음과 기도와 용서입니다. 하나님은 결코 성전에 계시지 않습니다.

우리 일행은 또다시 성전의 뜨락을 거닐고 있었습니다. 보통 사람들 같으면, 어제와 같은 "뒤엎음"의 격한 행동을 하고 다시 그 자리에 나타나는 짓을 하지 않았을 것입니다. 하루의 행동으로 만족하고 멀리 자취를 감추어버릴 수도 있을 것입니다. 그러나 나는 나 자신의 안위를 생각하기보다는 나의 성전 뒤엎음의 행위에 대한 정당한 평가와 토론과 변론을 통하여 끝까지 나의 생각과 행동을 관철시키고 료해시키고자 했습니다. 다시 말해서 나 스스로 나의 행위에 대한 법정을 성전의 뜰에서 만인이 보는 앞에서 공개토론의 형식으로 여는 것입니다. 그러한 과정을 통해 나는 하나님의 나라가 이 땅에 오고 있다는 것을 민중에게 보여주려고 했습니다.

내가 거닐고 있으니 곧 제사장들과 서기관들과 장로들이 다가오더군요. 나에게 물었습니다.

"예수여! 당신은 도대체 무슨 권한으로 이런 일들을 합니까? 누가 권한을 주어서 이런 일들을 합니까?"

"그럼 나도 한 가지 물어보겠습니다. 당신들이 대답하면 나도 내가 무슨 권한으로 이런 일들을 하는지 말하겠습니다."

그리고 나는 계속해서 말했습니다.

"세례 요한이 세례를 베푼 것은 하늘에서 권한을 받은 것
입니까? 사람에게 받은 것입니까?"

만약 세례 요한이 세례의 권한을 하나님에게서 받은 것이라
고 인정하게 되면 그들은 세례 요한의 정체성 중에 신성을 정확
히 인정하는 것이 되며, 똑같은 논리로 예수의 사역의 신적 권
위를 인정하지 않을 수 없게 되며, 또한 예수가 성전을 뒤엎은
것도 하나님의 사역으로 정당화될 가능성이 생깁니다.

만약 세례 요한의 세례권한이 사람에게서 온 것이라고 주장
하여 그 신적인 권위를 제거해버리면, 그들은 민중으로부터 소
외당하는 포지션에 처하게 됩니다. 민중은 세례 요한을 진정한
선지자로 믿고 있기 때문입니다. 요한의 세례는 단순히 사람의
권능으로 돌릴 수가 없는 것입니다. 이 말을 해도 저 말을 해도
군중 앞에서 다 책잡히고 똥이 되게 되었습니다. 이들은 산헤드
린을 구성하는 멤버들입니다. 산헤드린은 유대인의 대법원입
니다. 나의 성전전복사건을 접한 이들은 곧바로 나를 체포하러
온 것입니다. 그러나 나는 민중과 함께하고 있었습니다. 나의
공개토론재판계획은 멋지게 성공하고 있었습니다. 그들은 말했
습니다.

"모르겠소."

나 또한 답하였습니다.

"나도 무슨 권한으로 이런 일을 하는지
　　　　　　말하지 않겠소."(11:33).

나는 나를 정죄하고 싶어하는 산헤드린의 사람들이 떠나기 전에 곧바로 사악한 포도원 소작인들의 비유the Parable of the Wicked Tenants(12:1~12)를 설파했습니다. 최후에 포도원의 주인이 그의 사랑하는 아들을 보냈는데 소작인들은 그 아들마저 쳐죽입니다. 이렇게 사악한 소작인들의 모습에 분노를 아니 느낄 사람은 없습니다. 이 비유는 나를 잡으러 온 사람들과 민중이 함께 들은 것입니다.

"저 아들은 진정한 상속자이다! 자아! 죽여버리자! 그러면 이 포도원은 우리 차지가 될 것이다."

이 말을 들은 산헤드린의 사람들이 무엇을 생각하겠습니까? 누가 생각하더라도 성전은 하나님의 것이지 사람의 것이 아닙니다. 제사장, 서기관, 사두개인 귀족, 장로, 산헤드린 멤버 따위의 인간들은 기껏해봐야 소작인에 불과한 것입니다. 그런데 진짜 하나님의 아들, 진정한 포도원(=성전)의 상속인이 나타났을 때 이 소작인놈들은 "야~ 저놈만 죽이면 이 포도원은 우리 것이 된다. 자~ 죽이자!" 그야말로 누가 들어도 너무도 사악한 짓이 아니겠습니까? 내 말을 듣고 누가 찔렸겠습니까? 나의 권한을 물어본 바로 그 놈들이 제일 먼저 지렸겠지요. 나의 비유가 예루살렘성전의 하이어라키를 장악하고 있는 모든 권력자를 향한 담화라는 것은 그 자리에 있었던 모든 사람이 곧바로 피부로 느끼는 것입니다. 그 놈들은 모여서 곧바로 나를 죽이려 했습니다. 그러나 나를 지킨 것은 민중이었습니다. 마가는 이렇게 쓰고 있습니다.

> "이 비유를 들은 성전의 사람들은 그것이 자기들을 두고 하신 말씀인 것을 알고, 예수를 잡으려 하였으나 군중이 무서워서 예수를 그대로 두고 떠나갔다."(12:12).

나는 하나님을 믿습니다. 나는 성전의 종교를 믿지 않습니다. 이스라엘의 하나님도 본시 광야의 하나님이었습니다. 뚜껑이 없는 바람(=프뉴마) 속의 하나님이었습니다. 그런데 팔레스타인의 원주민들을 박멸하기 시작하면서부터, 대적적인 관계 속의 구심점이 되기 시작하면서부터 그 하나님은 천막에 가려지고, 지성소에 들어가 버리고, 돌더미 속에 유폐되었습니다. 나의 하나님은 갈릴리의 들판에 있었습니다. 예루살렘성전은 나에게 무화無化되어야 할, 멸절滅絶되어야 할 돌더미일 뿐이었습니다. 하나님을 돌더미에 가두어놓고 그것을 소유함으로써 현세적

복락을 누리려는 모든 인간들, 성직자들, 서기관들, 그놈들 때문에 민중은 고초를 겪습니다. 나는 최후적으로 이렇게 선포했습니다.

"집을 짓는 사람들이 버린 돌이 모퉁이의 머릿돌이 되었다. 하나님께서 하시는 일은 참으로 놀랍다!"(12:10~11).

여기 "집을 짓는 사람들(오이코도문테스οἰκοδομοῦντες)이 버린 돌"이라는 것은 무너진 성전을 의미합니다. 성전은 사라지고 그 폐허에 뒹구는 돌무더기, 그 중의 하나, 큼직한 돌벽돌이 새로 짓는 하나님의 나라의 "모퉁이의 머릿돌"이 되었습니다. "모퉁이의 머릿돌"이라는 것은 석축건물을 지을 때 두 벽을 연결하는 코너의 반석인데, 전체 건물을 지탱하는 역할을 합니다. 교회는 성전이 아닙니다. 교회는 천국운동을 위한 방편적 거점에 불과합니다. 나는 성전을 전복했습니다. 그러나 나는 새로운 하나님의 나라의 코너스톤이 되었습니다. 이 코너스톤 위에 새로운 집이 지어질 것입니다. 나의 행위는 파괴가 목적이 아니라 새로운 나라의 코너스톤(모퉁이의 머릿돌)을 정초定礎하는 작업이었습니다.

그들은 나의 말을 듣고 혼비백산하여 도망치듯 달아나 버렸습니다. 그러나 나의 변론은 계속되었습니다. 대중 앞에서 하는 공개토론은 내가 꺼릴 바가 없었습니다. 그러한 공개적 변론을 통하여 민중은 진리를 깨닫고 지혜를 얻습니다. 이방인의 코트 한가운데는 구멍이 있고 지하계단이 있는데 그것은 거대한 남쪽 성벽의 문으로 연결되어 있습니다. 이러한 지하 통로가 두 개나 있습니다. 그 남쪽 성벽문을 훌다대문Huldah Gate("쥐구멍"이라는 히브리말에서 유래)이라고 하는데 하나는 두 개의 아치로 되어있고 또 하나는 세 개의 아치로 되어있습니다. 그 훌다대문 아래로 또 엄청난 크기의 돌계단이 건축되어 있습니다. 나는 그곳으로 내려가 대화를 나누기도 했습니다. 그곳은 수천 명의 사람들이 모일 수 있는 곳이었습니다.

산헤드린은 또다시 나의 변론을 트집잡아 올가미를 씌우기 위해, 바리새인들과 친로마성향의 헤롯당원들 중에 머리가 좋고 달변인 사람들을 뽑아 파견하였습니다. 이들은 나에게 다가와 이렇게 질문하였습니다.

"선생님! 선생님은 진실한 분이시며 사람을 겉모양으로 판단하지 않으시기 때문에 아무 거리낌 없이 하나님의 진리만을 참되게 가르치시옵니다."

사람을 띄워놓고 바보 만드는 작전을 펼치고 있음에 분명했습니다. 그렇게 나를 정도를 걷고있는 사람이라고 얘기해놓고 그 전제 위에서 모순되는 듯이 보이는 날카로운 질문을 던지면 나는 한층 더 곤란하게 될 것입니다. 이들의 지상의 목표는 나를 대중들 앞에서 자가당착에 빠지게 함으로써, "결국 별것도 없는 놈이구나" 하게 만들어 민중의 정신적 서포트를 말소시켜 버리는 것입니다. 나는 그 속셈을 잘 알고 있었죠. 그들은 딴청을 부리다가 다짜고짜 나에게 캐물었습니다. "대답해보시오! 이 어려운 질문에!" 하는 듯한 폼을 잡으며!

"카이사르에게 세금을 바치는 것이 옳습니까? 옳지 않습니까? 바쳐야 합니까? 바치지 말아야 합니까?"

나는 예수입니다

제21장

•——•

켄소스, 부활, 첫째가는 계명

이것은 실로 난감한 문제였습니다. 우선 "카이사르에게 바치는 세금"이라는 말은 "켄소스κῆνσος"(라틴어에서 온 말)를 가리키는 것입니다. 켄소스는 식민지 지방세가 아니라 로마황제에게 직접 바치는 인두세poll tax를 가리키는 것입니다. 이 세금은 AD 6년에 아켈라우스가 추방되고 유대지방이 로마의 직영통치구역이 되면서 신설되었습니다. 그러니까 간접통치를 받는 갈릴리 사람들에게는 해당되지 않는 세금이었습니다.

그런데 이 세금이 신설되자마자 그 세금을 내는 것이 부당하다고 격렬한 항의를 한 것은 갈릴리 지역의 열성당원들이었습니다. 바로 그 해에 갈릴리의 유다스Judas of Galilee가 이끄는 민중항쟁이 일어났습니다. 그러나 이 항쟁은 곧바로 강력진압되었습니다. 열성당원들은 인두세의 신설은 로마통치의 합법성을 인정하는 것이라 하여 근원적으로 반대를 한 것입니다. 그 뒤로 열성당원은 음지에서 가슴에 단도를 품고 폭력적인 저항을 계속했습니다. 이 열성당원의 저항이 결국 유대 – 로마전쟁the First Jewish-Roman war(AD 66~73)을 불러일으켰고, 그 결과 예루살렘의 멸망이 초래되었고 마사다요새의 최후항전에까지 이르게 되었습니다.

그러니까 예수 당시에도 이 세금을 내기를 거부하는 사람들이 있었다는 얘기가 되는 것이죠. 그러니까 갈릴리 사람인 예수가 이 세금을 내는 것이 부당하다고 말하면 예수는 곧바로 열성당원으로 낙인찍히고 마는 것입니다. 그 좌중에는 갈릴리 사람도 많았는데 예수 입장에서 의사표명을 하기가 매우 난감한 문제였습니다. 이 켄소스 세금에 관하여 열성당원은 극렬하게 반대를 했고 헤롯당원들은 당연히 내야 한다고 찬성을 했습니다. 이에 비해 바리새인들은 내기를 싫어하는 편에 속하기는 했지만 적극적인 반대의사를 표명하지는 않았습니다. 자아! 이런 상황에서 나는 어떻게 대처를 했어야 할까요? 나는 다짜고짜 이렇게 말했습니다.

"데나리온 한 닢을 가져다가 내게 보이라!"

이 데나리온은 BC 211년경부터 로마화폐의 기준으로 사용되어온 가장 포퓰라했던 은전銀錢the standard Roman silver coin입니다. 당시 팔레스타인 지역에서도 널리 통용되었던 화폐이며, 켄소스는 반드시 이 데나리온으로 내야 합니다. 그런데 이 데나리온에는 주조 당시의 황제의 얼굴이 새겨져 있습니다(예수가 본 것은 티베리우스황제). 그리고 얼굴을 삥 둘러싸고 글씨가 쓰여져 있는데 그곳에는 황제가 "하나님의 아들"임을 말하는 신적인 권위가 부여되어 있습니다.

기실 그들이 그 돈을 주머니에 가지고 있다는 것 자체가 예루살렘성전의 신적 권위 이외에도 또 다른 신적 권위가 엄존한다는 것을 이미 받아들이고 있는 것입니다. 어떤 배타적인 권위로써 나를 골탕먹이기에는 이미 그들에게도 약점이 있는 것입니다. 그들은 황제의 신적 권위 속에서 은화가 통용되는 삶의 자리에서 이미 생활하고 있는 것입니다. 나는 그들이 데나리온 은전을 가져왔을 때 물었습니다.

"이 초상과 글자가 누구의 것이냐?"

그들은 대답했습니다.

"카이사르의 것입니다."

나는 말했습니다.

"그렇다면 카이사르의 것은 카이사르에게, 하나님의 것은
하나님에게 바치라!"

이 말은 제가 살아 생전에 한 말 중에서도 매우 많이 회자되
는 유명한 말이 되었습니다만, 사람들이 그 말의 뜻을 제대로
파악하지 못하는 것 같습니다. 우선 나의 대답은 "예스 아니면
노"의 구조를 가지고 있지 않습니다. 이렇게 사람을 궁지에 빠
뜨리는 질문은 어차피 예스가 되어도 노가 되어도 다 상처를 입
게 되어있습니다. 긍정과 부정의 단언을 피해갔기 때문에 이 말
은 당시의 짓궂은 상황을 모면하기 위한 애매모호성의 전술로
서는 매우 성공적이었다고 말할 수도 있습니다.

"카이사르의 것은 카이사르에게, 하나님의 것은 하나님에게!"
도대체 이게 뭔 말일까요? 해석의 여지가 많다는 의미에서 이
미 나는 레토릭적 수법에 있어서는 위기모면을 위한 능숙한 전
략을 구사했다고 말할 수도 있겠습니다. 그리고 많은 사람이 나
예수가 정교분리를 선언했다, 즉 정치와 종교는 별개의 차원이
다라고 말했다고 간단히 해석해 버립니다. 그러나 이스라엘 민중
의 고초가 궁극적으로 로마의 폭정과 착취에 기인하는 것이라고
볼 때 이러한 안일한 해석은 좀 무책임한 느낌이 있습니다.

나는 결코 배타적인 야훼식 유일신론자가 아닙니다. 나는 판신전에도 갔고, 그곳에 있는 아우구스테움에도 놀러갔습니다. 민중의 신앙에 대하여 배타심이 없습니다. 나는 로마황제에게 신적인 권위를 부여한다는 것에도 별로 배타심이 없습니다. 우리는 어차피 로마황제의 권위 속에서 살고 있었습니다. 나는 내가 믿는 하나님이 유일한 하나님이라고 믿고는 있지만, 그것은 내가 믿는 하나님만큼 이 우주와 인간을 사랑하는 하나님이 없기 때문일 뿐이지, 나의 유일한 하나님에게 모든 신적 권위가 복속되어야만 한다는 생각을 하지는 않습니다. 따라서 나의 하나님과 카이사르는 얼마든지 공존할 수 있습니다. 카이사르가 과연 나의 하나님과 공존할 수 있는 실체인가 하는 것은 역사 속에서 결정될 문제이지 내가 함부로 단언하고 처리해버릴 수 있는 문제는 아닙니다.

내가 베드로를 사탄이라고 야단칠 때에도 나는 "하나님의 일"과 "사람의 일"을 대비시켜 이야기했습니다. 카이사르는 궁극적으로 사람의 일이지 하나님의 일일 수가 없는 것입니다. "카이사르의 것은 카이사르에게, 하나님의 것은 하나님에게," 그것은 분명 카이사르의 세계와 하나님의 세계의 외면상의 독자성을 인정하고 그 두 세계가 공존할 수 있다는 것을 말한 것임에는 틀림이 없습니다.

그러나 이 명제의 해석에 있어서 가장 근원적으로 문제가 되는 것은 과연 무엇이 "카이사르의 것"이고, 무엇이 "하나님의 것"이냐 하는 것입니다. 카이사르의 것과 하나님의 것이 분명히 정의되어야만 이 명제는 진정한 의미를 갖습니다. 여기 카이사르가 문제가 된 것은, "동전"의 문제였습니다. 다시 말해서 돈의 문제였고, 택스 즉 세금의 문제였습니다. 어떤 의미에서 그것은 매우 하찮은 문제입니다. 황제가 달라는 것이 겨우 돈, 즉 데나리온이라고 한다면 그것은 줄 수도 있는 것이라는 말입니다. 그 돈은 돌고 돌면서 또 돈을 만들어내는 것이고, 그것에 의하여 우리 생활이 도움을 입었다고 한다면 얼마든지 세금은 낼 수 있는 것입니다. 세금을 낸다고 하는 것이 하나님의 나라의 임재를 막거나 하나님의 권위를 손상시키지는 않습니다. 데나리온은 본시 하나님의 것이 아니라 카이사르의 것입니다. 따라서 데나리온을 카이사르에게 돌리라는 것은 나에게서는 매우 사소한 의미를 지니는 것입니다.

그렇다면 "하나님의 것"은 무엇일까요? 그것은 데나리온이나 외적인 부가 아닌, 나의 프뉴마, 나의 성령, 나의 성령을 간직하고 있는 몸Mom, 그 전체, 나의 존재의 인격 전체, 이것이야말로 황제가 차지할 수 없는 하나님의 것입니다. 데나리온은 카이사르에게 줄 수 있지만 나의 인격 전체, 나의 삶, 나의 생명, 나의 꿈, 이 모든 것은 오직 하나님에게 바쳐져야만 하는 것입니다.

나는 이 공존의 메시지를 통하여 나의 생명 전체를 하나님에게 바치겠다는 수난Passion에 대한 각오를 말했던 것입니다. 테나리온은 카이사르에게 가라! 나 이 생명은 하나님께 바치리라!

마가는 이렇게 썼습니다.

"그들은 예수의 말씀을 듣고 경탄해 마지않았다."(12:17).

또 부활을 부정하는 사두개파 사람들이 나에게 부활에 관한 토론을 벌이자고 덤벼들었습니다. 그러니까 예루살렘성전을 뜯어먹고 사는 각 계파의 사람들이 골고루 나에게 오고 있는 것입니다. 제사장들·서기관들·장로들(11:27) → 바리새인들·헤롯당원들(12:13) → 사두개인들(12:18) → 서기관 한 사람(12:28) → 서기관들(12:35)로 이어지는 것을 보면 이들이 순차적으로 산헤드린에 의하여 고의적으로 파견된 인물들임에 틀림이 없습니다. 이 모든 대화가 예루살렘성전의 뜨락에서 민중들과 함께 한 자리에서 단 하루에 이루어진 것입니다. 성전전복의 행위에 못지않은 나의 말씀공세였습니다. 사두개인이 물었습니다.

"선생님! 모세가 우리에게 정해준 법에는, '형이 자녀가 없이' 아내를 두고 '죽으면 그 동생이 자기 형수와 결혼하여 자식을 낳아 형의 대를 이어야 한다' 하였습니다."

요점을 말하자면 이것은 중동사막문명권에 공통된 일종의 사회보장제도 같은 것인데 청상과부가 된 여인이 오갈데가 없으므로, 동생 되는 사람이 형수였던 사람을 자기 부인으로 삼아 대가족 정통성의 울타리를 유지시켜 나가는 그러한 제도입니다. 보통 이런 결혼을 레비레이트혼levirate marriage라고 합니다. 그런데 사두개인은 이 레비레이트혼의 극단적인 케이스를 들어 나에게 부활이라는 개념의 모순과 황당함을 드러내고자 했습니다. 허무개그 같은 얘기를 하는 것이죠. 한 여인이 일곱 형제가 있던 집에 맏며느리로 시집갔는데, 모두 결혼하자마자 남자들이 단명하는 바람에, 차례대로 일곱 형제가 다 자식 없이 죽고 말았습니다. 일곱 형제와 다 차례대로 결혼한 이 여인도 마침내 죽고 말았습니다.

> "칠 형제가 다 그 여자를 아내로 삼았으니 부활 때에 그들이 다시 살아나면 그 여자는 누구의 아내가 되겠습니까?"(12:23).

사두개인the Sadducees은 예루살렘성전의 하이어라키를 장악하고 있는 극보수세력이며, 대부분이 돈이 많은 귀족계급에 속합니다. 이들이 사두개인이라 불리는 이유는 다윗왕 시절에 대제사장을 지낸 자독Zadok(솔로몬의 왕위계승에 결정적 역할을 함. 이들의 후예가 자도키테스Zadokites이고, 이 자도키테스가 사두개로 변모

되어 갔다)과의 관련성 때문이죠. 이들은 예루살렘성전에만 의존한 보수세력이었기 때문에 대중에게 잘 알려지지 않았고, 70년 성전파멸 이후로는 존재감이 사라져버렸습니다. 이들은 체제유지의 원흉이었지만 나름대로 경건한 율법주의를 고수하기도 했습니다. 이들은 구전의 율법이나 율법의 주석 같은 것을 믿지 않았으며 오로지 성문화된 토라만을 믿었습니다. 부활을 믿지 않았으며 운명도 믿지 않았으며 천사나 악마에 대한 여하한 믿음도 거부했습니다. 그들은 내세도 믿지 않았으며 철저히 현세 속에서 토라(=율법), 즉 하나님과의 약속을 지키면서 살아갈 것을 주장했습니다. 어떤 의미에서는 냉철한 현실적 합리주의자들이기도 했습니다.

나는 그들에게 이와같이 말했습니다.

"너희는 성서도 모르고 하나님의 권능도 모르니 그런 잘못된 생각을 하게 되는 것이다. 사람이 죽었다가 다시 살아난 다음에는 장가드는 일도 없고 시집가는 일도 없어진다. 하늘에 있는 천사처럼 된다."(12:25).

여기 나의 말의 핵심을 사람들이 잘못 이해합니다. 부활이라는 것이 천당에 올라가 허령한 유리처럼 투명한 인간이 된다는 것을 말한 것이 아닙니다. 나의 말의 포인트는 죽어서 천당 가서 천사처럼 된다는 것이 아니라(그것은 사두개인들의 논리에 즉하여 말한 단순한 메타포일 뿐이다), 부활이 결코 현세적 삶의 연장이 아니라는 것을 확고하게 천명한 것입니다. 사두개인이 제기한 문제는 부활해서도 살았을 때와 똑같은 가치관을 가지고 생로병사의 수레바퀴를 굴릴 때만이 생겨나는 문제입니다. 부활해서도 이 여자가 내 마누라냐, 니 마누라냐 하고 따지고 싸워야 한다면 그 따위 부활을 왜 하겠습니까?

그리고 부활은 단순히 죽은 몸이 다시 되살아난다는 뜻이 아닙니다. 육체의 부활을 믿는다는 것은 매우 어리석은 짓입니다. 나는 그런 부활을 생각해본 적도 없고 가르친 적도 없습니다. 육체의 부활을 믿는다 하더라도 부활된 육체는 분명 현세적인 몸과는 전혀 다른 몸Mom이어야만 할 것입니다. 현세의 고락과 욕망에 찌든 몸이 다시 살아나 부활의 삶을 산다고 한다면 왜 인간이 그 따위 고집苦集의 윤회를 위하여 부활을 해야만 할까요? 이러한 나의 논리를 마가는 정확히 기록했습니다. 그런데 사람들은 초대교회의 케리그마에 가려 나의 메시지를 정확히 파악하지 못했습니다. 2천 년이 다하도록!

"사두개인들이여! 너희들 한번 생각해보아라! 모세가 시내산의 가시나무떨기에서 하나님을 만났을 때, 그 하나님이 뭐라 말씀하셨느냐? '나는 네 조상의 하나님이니

아브라함의 하나님, 이삭의 하나님, 야곱의 하나님이니라'라고 말씀하시지 않으셨더냐? 이것이야말로 너희들 믿는 토라에 쓰인 부활의 결정적인 단서가 아니고 무엇이드냐?"

　여기 나의 논박의 포인트는 모세의 시대로 말하자면 아브라함, 이삭, 야곱은 이미 옛날에 죽은 과거의 인물들입니다. 그러기 때문에 "조상patriarchs"이라고 말하는 것입니다. 상식적으로 말하면 이미 죽은 사람들입니다. 그러나 하나님은 이들을 죽은 사람들로서 말씀하신 것이 아니라, 현재 살아있는 사람들로서 말한 것입니다. 이들을 모두 현재형으로 살아있는 사람으로서 지목한 것입니다. 그러니까 부활이란 아브라함, 이삭, 야곱과 같이 민족의 조상으로서 기억되고 현재 살아있는 사람들의 마음에 살아있는 인물이 되는 것을 의미합니다. 하나님께서는 아브라함, 이삭, 야곱이나, 모세의 시대에 애굽땅에서 숨쉬고 있는 사람들이나, 똑같이 살아있는 사람들이라는 뜻입니다. 다시 말해서 하나님께서는 우리가 생각하는 시간이 존재하지 않습니다. 시간을 초월하여 존재하는 영원한 생명, 영원한 사랑일 뿐입니다.

　　"성경에 쓰여진 이 말씀은 하나님께서 죽은 이들의 하나님이 아니라, 살아있는 자들의 하나님이라는 뜻이니라. 그러니 너희의 생각은 아주 잘못된 것이다."(12:27).

부활의 최종적 의미는 현세적인 삶의 연장을 의미하는 것이 아니라 바로 영원히 살아있는 하나님과 융합되는 것입니다. 하나님의 나라와 더불어 사는 것입니다. 이 나의 소박한 부활론을 초대교회가 자신들의 종말론적 긴박감 때문에 너무 희화시키고 극화시키고 그 바른 의미를 왜곡시켰습니다.

나는 사두개인들이 존중하는 경전에 의거하여 정확히 말했고, 사두개인들도 매우 상식적인 논리를 존중하는 사람들이었기 때문에 내 말에 별다른 이의를 달지않고 사라졌습니다. 그들이 사라지고 나자 이번에는 서기관 한 명이 나타났습니다. 서기관은 율법학자라고 말하여지듯, 상당히 율법에 관하여 정확한 지식을 가지고 있습니다. 이 서기관은 군중 속에서 나의 말을 계속 듣고 있었습니다. 그리고 내가 던져지는 질문에 대답을 잘하고 있다고 생각했습니다(12:28). 그리고 나에게 매우 결정적인 질문을 던졌습니다. 그의 질문은 나를 진퇴양난에 빠뜨리기 위하여 조작된 질문이 아니었습니다. 그는 소박하게 물었습니다.

"계명이 너무도 많습니다. 그 많은 계명 중에서 첫째가는
계명을 꼽으라고 한다면 무엇을 꼽으시겠습니까?"

여태까지 던져진 질문에 비하면 상당히 좋은 질문입니다. 여기 "첫째가는 계명"이라는 뜻은 그것 하나의 원칙으로부터

모든 나머지 계명이 연역될 수 있는 대전제적인 맥심maxim(원리)을 제시해달라는 요청입니다. 그런데 나는 하나를 말하지 않고 둘을 말했습니다.

> "네 마음을 다하고, 목숨을 다하고, 생각을 다하고, 힘을 다하여 주 너의 하나님을 사랑하라! 이것이 첫째요, 둘째는 이것이니 네 이웃을 네 몸과 같이 사랑하라! 이에서 더 큰 계명은 없느니라."

많은 사람들이 이 나의 말을 곡해하여 왔습니다. 어디까지나 첫째 계명이 주이고 먼저이고 대전제이고 둘째 계명이 종속이고 나중이고 소전제인 것처럼 나의 대답을 곡해하여 왔습니다. 여기 "계명commandment"이라는 말은 "엔톨레ἐντολή"라는 것인데, 그것은 율법이나 계율과 같은 일반적 개념과는 조금 다른 개념이며, 그것은 십계명Ten Commandments으로 대변되는 "하나님의 명령"입니다. 그것은 야훼와 이스라엘민족간에 계약으로서 성립한 명령조항입니다. 그런데 이 계약은 강자와 약자간의 계약이며, 베푸는 자와 베풂을 받는 자간의 계약입니다. 야훼는 강자이고 베푸는 자였습니다. 노예생활하던 이스라엘민족을 권능으로 출애굽시킨 강자였습니다.

따라서 이 명령은 일방적으로 지켜져야만 하는, 따라야만 하는 명령입니다. 이 명령을 따르지 않을 때는 처벌을 면치 못합니다. 야훼는 저주와 질투의 하나님입니다. 따라서 유대인의 모든 계약명령은 야훼와 유대민족이라는 특수집단과의 관계에서만 유효한 것입니다. 따라서 "주님이신 하나님을 사랑하라"라는 뜻도 그 배면에는 죽도록 목숨을 다하여 나 야훼에게만 충성하라, 그렇지 않으면 너희를 다 계약위반으로 죽여버리겠다는 협박이 들어있습니다.

"네 이웃을 네 몸과 같이 사랑하라"는 것도 구약의 계명으로서는 오직 이스라엘민족간에만 해당되는 명제입니다. 야훼를 믿고 섬기는 이스라엘민족간에는 무조건 관용을 베풀고, 이방인에게는 다른 잣대로 대하라는 뜻이 내포되어 있습니다.

마가의 기술방식에도 약간의 문제가 있기는 했지만 나의 언어는 오직 나만의 언어이며 이전의 구약에는 없었던 언어입니다. 그런데 나의 이 중요한 핵심사상 말씀을 구약에서 인용한 진부한 쉐마the Shema처럼 해석하는 것은 나로서는 용납할 수 없는, 참을 수 없는 위선입니다. 나는 갈릴리 사람입니다. 나는 유대인들의 진부한 쉐마(유대교 유일신관을 표명한 핵심적 어구. 실제로 이것은 바빌론유치시대 이후에 생겨난 컬트에서 온 것이다)에 전혀 관심이 없습니다.

나는 예수입니다

나의 하나님은 유대인의 질투와 저주와 엄벌의 하나님이 아닙니다. 나의 하나님은 사랑의 하나님이며 새로운 계약, 개방된 사랑의 계약의 하나님입니다. 십계명 등 서기관들이 말하는 계명은 어디까지나 질투하는 야훼와 유대민족간의 사이에서만 유효한 의무조항 같은 것이지만 내가 말하는 계명은 사랑의 하나님과 전 인류 사이에서 성립하는 계명, 즉 인간이라면 누구든지 받아들이지 않을 수 없는 공개적 진리를 말하는 것입니다.

모든 계명이 도출될 수 있는 대전제의 계명은 바로 이것입니다.

"네 이웃을 네 몸과 같이 사랑하라!"

나는 이것을 둘째라고 말했지만 진실로 나의 첫째가는 계명은 네 이웃을 네 몸과 같이 사랑하라라는 이 계명입니다. 서기관이 나에게 "첫째가는 계명"을 물었을 때, 나는 첫째 그 하나만을 대답하면 되었습니다. 그럼에도 불구하고 내가 두 개를 같이 언급한 것은 바로 그 두 개가 분리될 수 없는 하나를 이루고 있었기 때문이었습니다. 다시 말해서 나는 두 개를 말한 것이 아니라 하나를 말한 것입니다. 첫째 둘째를 말한 것이 아니라 첫째 그 하나만을 말한 것입니다. 이 말은 무엇을 의미할까요?

우선 "네 이웃"은 이스라엘민족을 가리키는 것이 아닙니다.

계율에 쩔은 선민의식의 이스라엘민족이 그 대상이 아닙니다. 여러분들은 나의 갈릴리 사역이 단지 갈릴리 사람들을 대상으로 한 것이 아니라 수없이 다양한 이방인들, 심지어 다른 신을 섬기는 사람들을 대상으로 했다는 것, 5천 명을 먹였는가 하면 이방인 4천 명을 먹였다는 것을 기억하실 것입니다. 내가 말하는 "이웃"은 전 인류를 말하는 것입니다. 인종과 신념과 문화적 차이, 계급적 차등을 초월한 전 인류, 다시 말해서 "인간" 그 자체를 말하는 것입니다. 어린이든, 여자든, 병든 사람이든, 창녀든, 세리든 모든 인간을 율법의 벽이 없이 사랑하라고 나는 가르쳐 왔습니다. 그런데 여기 문제가 있습니다.

"전 인류를 내 몸과 같이 사랑한다"는 것이 과연 가능할까요? 과연 쉽게 달성될 수 있는 일인가요? "내 몸과 같이 사랑한다"는 것은 개념이나 지식이나 가치관의 개입이 이루어질 여지가 거의 없습니다. 내 몸이 아플 때 나는 즉각적으로 그 몸의 아픔을 개선하려고 노력합니다. "내 몸과 같이"라는 것은 우리의 느낌 구조에 있어서 거의 절대적인 명령과도 같은 것입니다. 그것은 즉각적인 행동입니다.

내 이웃을 내 몸과 같이 사랑한다는 것은 인간으로서 지고의 명제이며, 이 명제를 달성하기 위하여서는 우리는 하나님을 사랑하지 않으면 아니 됩니다. 하나님은 실로 우리의 좁은 소견에

나는 예수입니다

서 생겨나는 사랑의 감정의 대상일 수가 없습니다. 우리는 일상생활 속에서 사랑을 한다는 것은 특정한 개체에 대한 감정의 노출을 의미합니다. 그러나 그러한 감정의 노출은 때로는 집착이나 증오나 배신이나 반목으로 귀결되기도 합니다. 하나님은 그러한 감정노출의 대상이 아닙니다. 하나님은 무한한 사랑 그 자체이며 인간의 시비를 뛰어넘습니다. 그것은 절대적 타자이며 우리의 모든 보편적 사유의 근원입니다. 따라서 우리는 하나님을 사랑할 수 있을 때만이 진정 우리의 이웃을 사랑할 수 있게 됩니다. 내가 한 여인을 사랑한다고 할 때에도 그 여인에 대한 감정의 노출로서만은 사랑은 완성될 길은 없습니다. 진실로 그 여인을 사랑한다고 하는 것은 그 여인의 배후의 모습에 하나님이 계실 때만이 그 여인을 사랑한다고 말할 수 있는 것입니다. 어린 아이 하나를 사랑하는 것이 곧 하나님을 사랑하는 것이다, 나는 이렇게 가르쳤습니다.

천국운동의 핵심은 "이웃사랑"입니다. 그러나 이웃사랑이야말로 곧 하나님사랑입니다. 이웃사랑의 절대적 근거가 하나님사랑입니다. 하나님사랑에서 이웃사랑이 저절로 도출되는 것이 아닙니다. 그것은 오히려 무서운 연역적 폭력이 될 수도 있습니다. 하나님사랑은 구체적인 인간사랑으로부터 출발하는 것입니다. 하나님나라운동의 핵심은 "네 이웃을 네 몸과 같이 사랑하라" 그 한 명제밖에 없습니다. 내가 내 이웃을 내 몸과 같이 사랑할

21장_켄소스, 부활, 첫째가는 계명

때 하나님 나라는 곧 나에게 내 이웃에게 임재하는 것입니다. 이보다 더 위대한(메이존μείζων) 계명은 없습니다.

내 말을 주의깊게 들은 그 서기관은 이렇게 말했습니다.

"그렇습니다. 하나님을 사랑하는 것과 이웃을 제 몸같이 사랑하는 것이 이 모든 번제물과 희생제물을 예루살렘성전에 바치는 것보다 훨씬 더 낫습니다."

그는 순결한 지식인이었고 타인의 말을 경청할 줄 아는 사람이었습니다. 또 성전에서 하루종일 변론한 나의 말씀의 성과가 서서히 나를 대적하는 사람들의 마음까지도 움직이고 있다는 예증이기도 합니다. 그만큼 나에게 위험은 더 절실하게 다가오고 있었습니다. 나는 그가 슬기롭게 대답하는 것을 보고 나는 이렇게 말했습니다.

"그대는 정녕코 하나님 나라에 가까이 와 있다."(12:34).

이 대답이 벌어진 후에는 감히 아무도 나에게 질문하는 사람이 없었습니다(12:34).

생각해 보십시오. 나는 첫날(일요일) 예루살렘에 도착하여 석양에 성전을 구석구석 돌아봤습니다. 사전정탐을 한 셈이죠. 그리고 둘쨋날(월요일) 실제로 성전을 뒤엎었습니다. 하루종일 민중과 더불어 폭력도 불사하는 전복을 과시했습니다. 그리고 다음날(화요일) 나는 하루종일 내가 전복한 성전 한가운데 서서 대중에게 나의 사상을 설파했습니다. 다양한 주제에 걸쳐 소상히 나의 천국운동의 실상을 밝혔습니다. 사랑의 계명까지를 다 이야기했습니다. 진실로 나는 유감이 없습니다. 일개 갈릴리의 촌놈으로서 이 거대한 이스라엘의 수도, 예루살렘의 성전에 와서 유감없이 나의 소신을 펼친 것입니다. 나는 행복합니다. 나는 하나님께 감사할 뿐입니다. 나에게 모든 기회를 허락하셨습니다. 내가 무엇을 더 바랄 수 있겠습니까?

제22장

•———•

나는 다윗의 로드이다

　나의 셋째날 행보는 아직 끝나지 않았습니다. 나는 훌다대문을 통과하여 다시 이방인의 코트로 올라갔습니다. 나는 이렇게 소리쳤습니다. 나에게 질문하는 사람이 없었기 때문에 나는 스스로 기선을 제압하고 이와같이 말했습니다.

> "서기관들은 그리스도(=메시아)를 다윗의 자손이라고 주장하는데 과연 그것은 정당한가?"(12:35).

　예루살렘은 본시 "다윗의 도시City of David"입니다. 내가 이 예루살렘도시에 입성할 때에도 군중들은 호산나를 외치며 "다윗의 나라가 온다"고 함성을 질렀습니다. 나의 제자들도 끊임없이 나를 다윗의 후손으로 만들고 싶어했습니다. "나는 과연 다윗의 후손인가?" "나는 과연 다윗의 정체성 속에서 나의 메시아됨을 규정해야 하는가?" 이것을 나는 다시 명료하게 천명할 필요를 느꼈습니다. 왜 메시아가, 이 세상을 구원하는 자가 하필 다윗의 자손이 되어야만 하는가? 나는 시편에 있는 다윗의 노래를 인용하면서 말했습니다.

> "시편의 노래들을 보면 다윗 자신은 그리스도를 '나의 주님my Lord'이라고 불렀다. 그런데 어떻게 그리스도가 다윗의 자손이 될 수 있겠느냐? 나 예수는 다윗의 자손이 아니라 다윗의 주님일 뿐이다!"

이것은 당시로서는 참으로 래디칼하기 그지없는 발언이었습니다. 그러나 나는 이 다윗의 주제를 반드시 건드려야만 했습니다. 나는 다윗의 자손으로서 시온산 위에 다윗의 왕국을 건설하려 오는 메시아가 아니라 지구상의 모든 나라에 "하나님의 나라"를 선포하기 위하여 온 사람이라는 것, 다윗의 혈통과는 무관한 사람이라는 것, 나는 결코 야훼의 혈통인가를 받은 사람이 아닌 갈릴리 민중의 벗이라는 것을 확실히 주장하지 않으면 안되었던 것입니다. 이 나의 포고를 들은 민중의 반응을 마가는 이렇게 적어놓고 있습니다.

> "많은 민중들(오클로스)이 이 말씀을 듣고 모두 즐겁게 받아

들이며 기뻐하였다."

다윗은 왕을 갈망하던 이스라엘민족에게 왕국을 선사하였지만, 그가 왕이 된 이후로는 보통 권력자인 왕들이 저지르는 횡포로부터 벗어나질 못했습니다. 충복 우리아 장군(힛타이트 사람)의 아내에게 흑심을 품고 그토록 자기에게 충직했던 우리아를 사지로 내몰았고, 우리아는 영문도 모르는 채 슬픈 죽음을 맞이합니다. 그 우리아의 아내 밧세바와의 음욕의 씨가 솔로몬입니다.

솔로몬은 화려한 치세를 역사에 기록했지만, 성전건축을 위하여 과도한 착취를 감행하여 북부의 분열을 초래하였습니다. 음욕의 씨앗은 더욱 만발하여 사치와 방탕 속에 이방의 여인들을 첩으로 삼는 등 이교를 이스라엘에 도입했습니다. 그는 국제적인 명성은 높았지만 이스라엘 민중의 존경을 얻지 못했습니다. 하여튼 "다윗혈통"이라는 말이 민중에게 달갑기만 한 말은 아닙니다.

내가 다윗의 권위와 혈통을 부정했을 때 민중은 기뻐했습니다. 다윗의 권위를 뿌리째 뒤엎는 나의 행동과 언어에 환호성을 질렀습니다. 민중은 항상 앞서갑니다. 민중은 순수하게 방치되었을 때 오히려 래디칼한 선택을 합니다. 그들은 진취적이었고 나의 메시지를 즐겁게 받아들였습니다(에쿠엔 아우투 헤데오

ς ἤκουεν αὐτοῦ ἡδέως). 마가는 이러한 민중의 실상을 놓치지 않고
기록하여 놓았습니다.

메시아가 다윗의 혈통에서만 나온다는 다윗메시아론은 기실
서기관들이 만들어내고 지켜오고 유포시킨 이론입니다. 서기관
들은 이런 이론의 날조를 통하여 자신들의 위상을 확보하고 종
교적 전승을 통하여 자신들의 권력과 명성을 증진시키려고 노
력합니다. 나는 내가 다윗의 자손이 아니라 다윗의 주님Lord이
라고 말함으로써 그러한 서기관이론을 분쇄시켜 버렸습니다.
그리고 나는 서기관들의 종교적 관습이나 생활태도를 맹렬히
비판했습니다.

> "서기관들을 조심하여라! 그들은 기다란 예복을 걸치고
> 나다니며, 사람들이 많은 장터에서 인사받기를 좋아하고,
> 시나고그에서는 가장 높은 자리를 찾아 앉으며, 잔칫집
> 에 가면 최고상석만 골라 앉으려 한다. 또한 과부들의 가
> 산을 등쳐먹으면서, 남에게 보이려고 기도는 될 수 있는
> 대로 길게 한다. 이런 사람들이야말로 결국 더 엄한 판결을
> 받게 될 것이다."(12:38~40).

나는 종교를 통해 먹고사는 자들의 형식주의, 위선, 권위주의
를 싫어합니다. 내면의 진실이 없는 서기관들은 종교의 권위를

빌어 심리적으로 허약하고 경제적으로 빈궁한 이들을 제도권의 종교적 컬트에 참여시킴으로써 온갖 착취와 사기질을 일삼습니다. 이미 나 예수가 살고 있던 시대에 종교의 타락은 극심했습니다. 종교적 제도권에서 먹고사는 사람들은 대부분이 사기꾼이었습니다. 오죽하면 서기관들이 "과부들의 가산을 등쳐먹고 있다"라고 얘기했겠습니까!

기나긴 하루가 계속 이어지고 있습니다. 나는 거대한 이방인의 뜰에서 이번에는 진짜 지성소(최고대제사장만 들어갈 수 있는 곳)가 있는 건물인 성전 앞으로 갔습니다. 진짜 성전naos, ναός은 크지 않은 건물로서 거대한 코트 한가운데 높게 위치하고 있습니다. 그런데 그 위치가 중앙이라기보다는 북쪽으로 치우쳐 있고(그러니까 북쪽의 코트는 남쪽의 이방인 코트만큼 크지 않다) 약간 서쪽으로 붙어있습니다. 그리고 방향도 정동을 향하고 있지 않고 약간 남동방향으로 틀어져 있습니다. 성전은 기본적으로 올리브산을 향해 있는 동향의 건물입니다.

그 성전 앞에 자그마한 쾨드랭글이 있는데 이 쾨드랭글이 바로 여성 코트the Court of the Woman입니다. 이방인의 코트에 여성은 들어갈 수 없습니다. 그러나 남성은 여성 코트에도 들어갈 수 있으며, 이스라엘 남자만이 들어갈 수 있는 이스라엘 코트도 따로 성전 울타리 안에 마련되어 있습니다. 예나 지금이나 부유

나는 예수입니다

한 부인들이 헌금을 많이 내기 때문에 여성 코트를 은밀하게 성소naos 앞에 만들어놓은 것입니다. 여성 코트에는 템플 트레저리temple treasury(성전 재무부)가 있고 또 13개의 연보궤가 놓여있습니다.

이 연보궤는 쇼파르 체스트Shofar-chest라고 불리는데 동물의 뿔모양으로 생겼습니다. 그러니까 돈 많은 여성들은 보석을 휘감은 옷을 치렁거리며 들어와서 재무담당 제사장에게 낼 돈을 등록합니다. 그러면 제사장이 이 여인이 얼마를 내었다고 크게 소리치고 모든 사람이 알게 합니다. 그러면 이 부자여인은 쇼파르 체스트 앞으로 가서 연보궤에 돈을 집어넣습니다. 돈이 철렁거리는 소리가 요란하게 들립니다. 나는 맞은 편 회랑의 의자에 앉아서 이 광경을 보고 있었습니다.

이때 한 가난한 과부가 들어왔습니다. 초라한 행색은 보면 알지만 여인의 진실한 마음은 그냥 표출됩니다. 이 여인은 아무 소리없이, 제사장들에게 보고도 하지 아니하고 직접 연보궤로 갔습니다. 이 여인은 부끄러운 듯, 숨겨둔 자기 쌈지에서 렙톤lepton 동전 2개를 꺼냈습니다. 렙톤은 당시 유통되던 최하단위의 돈이었습니다(렙톤 2개가 로마동전 콰드란스quadrans 1개에 해당된다는 것, 그 가치계산까지 마가는 밝혀놓고 있다. 12:42). 나는 렙톤 동전 2개가 챙그렁하고 떨어지는 그 초라하고 가냘픈 음색을 들었습니다. 나는 이 광경을 바라보면서 이와같이 말했습니다.

> "내가 진실로 너희에게 이르노니, 이 가난한 과부는 연보
> 궤에 넣는 모든 사람보다 많이 넣었도다. 저희는 다 그
> 풍족한 중에서 넣었거니와 이 과부는 그 구차한 중에서
> 자기 모든 소유 곧 생활비 전부를 넣었느니라."

이것이 내가 예루살렘성전에서 행한 공개된 민중사역의 마
지막 장면입니다. 그러니까 민중을 향한 나의 천국스피치의 대
단원의 막인 셈이지요. 나는 서기관들, 바리새인, 제사장들, 사
두개인, 장로들, 헤롯당원의 위선을 고발하면서 그들의 형식주
의·권위주의·허세주의를 이 소박한 여인의 행위에 대비시켰
습니다. 나는 헌금의 가치가 금액 여하의 가치에 있지 아니하고
그 금액을 낸 사람의 삶에서 차지하는 비중의 가치에 있다고 말
했습니다.

이 여인은 자기의 소유 그 전부를 바쳤습니다. 이 여인은 자
기 존재 그 자체를 소유의 굴레 그 밖으로 던진 것입니다. 나를
따르는 자들의 마음자세가 이래야 하는 것은 물론, 이 여인의
초라한 모습, 아니, 그 진실한 모습은 나자렛 촌놈인 나 예수의
모습을 상징합니다. 이제 나는 골고다로 가야 합니다. 갈 수밖
에 없습니다. 그만큼 많은 일을 했습니다. 나라는 소유 그 자체,

나의 목숨을 내가 선포하는 하늘나라에 바칠 수밖에 없는 것입니다.

나는 성전을 빠져나와 제자들과 함께 성전 맞은편에 있는 올리브산으로 올라갔습니다. 성전을 나오면서 한 이야기, 그리고 산 중턱에 앉아 성전을 바라보며, 베드로, 야고보, 요한, 안드레에게 한 이야기가 마가복음 13장 전 장에 걸쳐 기록되어 있습니다.

제23장

·——·

종말의 정체

그런데 죄송스럽게도 내가 과연 올리브산에서 그런 말을 했는지는 전혀 기억이 없습니다. 그날 올리브산에 올라간 것은 사실이지만 기나긴 하루의 일과를 무사히 끝내고 성전을 내려다보면서 시구나 음영吟詠하고 싶었던 기분이었지, 그렇게 헤비한 언어를 내뱉을 심정은 아니었습니다.

여러분들께서 아셔야 할 것은 신약성경에 써있는 말들이 대부분 나의 말이 아니라는 것입니다. 전혀 나와 무관한 것들이 대부분입니다. 사도행전도 바울을 중심으로 한 전도여행기록이고, 로마서 이후의 편지들도 대부분 바울이 자기의 교회를 만들면서 생겨난 문제들을 해결하기 위한 문제해결중심의 서한들일 뿐입니다. 실상 나와 아무 관련이 없습니다. 요한계시록과 같은 묵시문학도 초대교회에 대한 박해과정에서 생겨난, 신도들의 배교를 방지하고 새 세상에 대한 확신을 던져주기 위해서 만들어진 문학작품에 불과합니다. 그것은 나와 아무 상관 없습니다. 그러니까 신약성경의 대부분이 살아있는 나 예수와는 아무 관련이 없는 문헌입니다. 나에 관한 것이 많다고는 하나, 나에 "관한" 타인의 생각이 곧 나는 아닙니다.

마가복음 13장을 놓고 보통 종말론적 묵시문학이라고 말합니다만, 13장의 언어가 과연 묵시문학적 작품인지 어떤지는 여러분들이 그 내용을 차분히 읽어보시면 알 수가 있습니다. 나는 "종말" 즉 "엔드 타임" 즉 "시간의 종료"를 말한 적이 없습니다. 시간의 종료는 결국 시간을 알려주는, 보이는 모든 것의 끝, 다시 말해서 이 세계(우주)의 종말이라는 뜻인데, 이런 황당한 생각은 나의 천국운동과 정면으로 배치됩니다. 나의 하나님은 사랑의 하나님입니다. 사랑의 하나님은 시간의 종료가 아닌 시간의 지속을 사랑하는 하나님입니다. 이 세계를 사랑하는 하나님이며 이 세계 위에 사는 사람들을 사랑하며, 그들이 만들어가는 역사를 사랑하는 하나님입니다.

따라서 나는 "천당 간다"는 얘기는 한 번도 하지 않았습니다. 그것은 모두 바울의 언어입니다. 나는 하늘(하나님)의 나라가 이 땅에 임한다, 이 땅에 온다, 아니 와있다! 이런 얘기만 했습니다. 나의 부활도 천당에 올라가서 부활한다고 얘기한 적이 없습니다. 나의 부활은 오직 이 땅 위에서, 시간 속에서 이루어지는 부활입니다.

"종말"이라는 말이 항상 인간의 언어생활 속에서 쓰이고는 있지만, 그것은 "말세"와 비슷한 의미로 쓰이는 말입니다. "종말"은 대체로 종말인 것처럼 느껴진다는 것이지 그것이 곧 시간의 종료를 의미하지는 않습니다. 어떻게 시간이 없어질 수가 있겠습니까? 그것은 어떠한 하나님도 할 수가 없는 짓입니다. 시간이 없다면 인간도 없고 우주도 없고 하나님도 없습니다. 하나님이 어떻게 자기를 없애는 바보스러운 짓을 하겠습니까?

자아! "종말"이라는 말의 실제적 의미는 "대재변," "대재앙" 정도의 의미밖에는 없습니다. 전쟁이라든가, 국가의 멸망이라든가, 대학살이라든가, 이런 비극적 재변이 있을 때, 보통 인간들이나 문학가들은 종말, 즉 에스카토스ἔσχατος라는 말을 씁니다.

모든 것은 끝장인 것처럼 보인다는 것이죠. 그런데 이 끝장 스토리는 시간의 종료가 아니라 새로운 시간의 시작일 수 있습니다. 시간이 새롭게 출발하는 것이 아니라 새로운 시대가 열린다는 것을 의미하기도 합니다. 전쟁이 매우 비극적인 것이기는 하지만 그것은 새로운 시대를 여는 수단, 방편이 되기도 합니다.

마가는 13장에서 나의 얘기를 했다기보다는 AD 70년에 일어난 비극적인 예루살렘 멸망Siege of Jerusalem의 이야기를 하고 있습니다. 실상 그것은 묵시문학이 아니라 사실적인 역사경험의 보고報告입니다. 그것은 마가가 실제로 체험한 현실입니다. 마가는 이 자기 이야기를 내가 말한 것처럼, 다시 말해서 40년 전에 내가 예언한 것처럼 썼습니다.

유대인 문학가들의 전통에는 예언이 사전예언事前豫言이 아닌 사후예언事後豫言의 방식을 활용하는 예가 허다합니다. 일이 다 일어난 후에 그것이 앞서 예언된 것처럼 문학의 드라마를 꾸미는 것이지요. 그렇게 되면 민중은 스릴과 감동을 더 짙게 느낍니다. 마가가 자기의 체험을 마치 40년 전에 내가 올리브산에서 말한 것처럼 쓴 것은 분명한 목표가 있습니다. 마가는 이 복음서를 나의 시대의 사람들(이미 대부분 죽었겠지요)을 위하여 쓴 것이 아니라, 자기 자신의 시대의 사람들, 즉 예루살렘멸망이라는 비극을 체험한 AD 70년대의 동포들을 위하여 쓴 것입니다.

비통해하는 그들의 마음을 달래기 위하여 쓴 것입니다.

  그런데 예루살렘의 멸망이라는 사건은 결코 종말이 아니라 새로운 역사의 출발이었습니다. 나의 성전전복사건, 나의 십자가형 죽음은 묘하게도 40년 후에 일어난 예루살렘멸망사건과 항상 오버랩되어 있습니다. 과연 내가 40년 후에 일어날 사건을 정확히 예언했을까요? 엇비슷하게 그런 감感이 있었을지는 모르지만 내가 점쟁이처럼 그런 것을 예언하지는 않았습니다. 나는 오직 천국의 도래에 관한 믿음을 가지고 그 끔찍한 죽음의 형벌에 임했습니다. 이 사건에는 신적인 개입이 없습니다. 기적도 없습니다. 나는 나약한 한 인간으로서 죽었습니다. 오로지 내가 나약한 한 인간으로서 죽었기 때문에, 죽음을 진실하게 받아들였기 때문에만 나는 진정한 하나님의 아들이 될 수 있었습니다.

  13장의 마가 기술을 보면 마가 본인도 종말을 얘기하지 않습니다. 종말이 재난과 고난의 시작일 뿐이며, 이 고난에 어떻게 대처해야 할 것인가를 충언할 뿐입니다. 마가는 이러한 종말(재난)의 시기에는 반드시 거짓 예언자, 거짓 그리스도가 들끓게 되며 민중에게 사기를 치게 된다는 것입니다. 마가는 유대교의 예언자 정치의 전승을 정면으로 부정하고 있습니다. 예언자 말을 믿고 환난을 극복한다는 것은 구시대의 가치일 뿐이며, 사기꾼들의 희롱일 뿐이라는 것입니다. 환난 속에서 종말을 믿지 말고 새로운 시대의 도래를 준비하라! 환난은 오히려 우리에게 승리를 보장한다는 것이 마가의 주장입니다. 종말론은 그림자도 없습니다. 재난에 대한 경고가 있을 뿐이고, 환난의 극복이 있을 뿐입니다. 이 사상은 나의 사상과 일치합니다. 아마도 어디선가 한 나의 말을 섞었을지도 모릅니다. 마가는 이렇게 썼습니다.

> "그날과 그 시간은 아무도 모른다. 하늘에 있는 천사들도 모르고 아들도 모르고 오직 아버지만이 아신다. 그때가 언제 올는지 모르니 조심해서 항상 깨어 있어라."(13:22~23).

그리고 또 말합니다.

> "늘 깨어 있어라! 너희에게(제자 4명) 하는 이 말은 또한 모든 사람에게 하는 말이다."(13:37).

깨어 있어라! 이것은 나의 최종적인 담론이기도 합니다. 내가 이 세상사람들에게 남긴 최종적 담론은 "깨어 있으라"는 것입니다. 여기서 계속 쓰인 "시간"이나 "때"는 모두 "카이로스"를 말하는 것입니다. 그때는 이 세상의 종말을 말하는 것이 아니라 새로운 시작을 말하는 것입니다. 구약의 단절을 말하는 것이며 신약의 선포를 말하는 것입니다. 그것은 종말이 아닌 하나님 나라의 시작입니다.

제24장

·———·

진짜 대관식

유월절 이틀 전이었습니다. 그해의 유월절은 목요일 일몰부터 금요일에 걸쳐 이루어지는 명절이었으므로 "이틀 전"이라는 것은 수요일에 해당됩니다(유대인 날짜계산의 관용구적 어법에 의거함). 저의 예루살렘 사역 제4일에 일어난 일이지요. 마가는 이렇게 쓰고 있습니다.

"이틀을 지나면 유월절(=무교절)이라, 제사장들과 서기관들이 예수를 궤계로 잡아죽일 방책을 구하더라"(14:1).

유월절이 시작되면 무교병을 일주일 동안 먹기 때문에 이 두 명절은 겹치는 하나의 명절입니다. 여기 "궤계詭計로"라는 말은 "엔 돌로ἐν δόλῳ"의 번역인데, 이것은 "어떠한 비열한 방법을 써서라도," "수단과 방법을 가리지 않고"라는 뜻입니다. "돌로스 δόλος"는 흉계, 속임, 사기, 기만, 거짓말, 교활함, 변절의 뜻입니다. 성전의 하이어라키를 장악하고 있는 사람들은 나를 정의로운 명분을 내세워 죽일 수 있는 방도를 찾을 길이 없었습니다. 나의 하나님은 사랑의 하나님이고, 나는 나의 하나님 앞에서 정의롭게 살아온 당당한 인간입니다. 그들은 나를 죽이고 싶어했지만 죽일 정당한 방도가 없었습니다.

성전의 거룩한 자들이 의로운 자를 궤계로, 비열한 방책으로 죽이려 한다! 이들은 벌써 내가 갈릴리에서 사역할 초기에(3:6) 나를 죽이려 했고, 예루살렘에 당도한 후에도 3번이나 나를 죽일 모의를 했습니다(11:18, 12:12, 14:1). 성전이 과연 성전입니까? 성전이 의로운 자를 죽이려 한다. 이것이야말로 성전의 막장드라마가 아닙니까? 내가 선포하는 하나님의 나라는 성전과 무관한 것입니다. 천국은 성전에 임하지 않습니다. 이들은 궤계를 짜면서도 이렇게 말했습니다.

"민요民擾(민중반란)가 일어날 수도 있으니 민족의 대명절 기간만은 피하자!"(14:2).

유월절은 유대민족에게는 가장 큰 명절입니다. 이때는 전 세계에서 예루살렘성전으로 순례객들이 엄청 몰려듭니다. 따라서

나는 예수입니다

이때는 예루살렘 인구가 2·3배로 불어납니다. 당시 예루살렘 도시의 인구가 60만으로 추산됩니다. 유월절 기간에는 150만 정도의 인구가 됩니다. 그러니까 사방이 북적대는 것이지요. 이때에 나와 같은 죄 없는 사람을 잡아 죽인다는 것은 민중반란을 불러일으키기에 딱 십상인 것이죠. 이들은 이러한 정황을 잘 파악하고 있었습니다. 그래서 유월절 기간을 피하자고 했습니다. 매우 현명한 판단을 한 것이죠. 그러나 이러한 판단에도 불구하고 나의 죽음의 행진은 그들 간계대로 진행되었습니다. 그들의 궤계를 성취시켜준 사람은 바로 나의 동아리 내부에 있었습니다. 그가 바로 가롯 유다입니다.

가롯이라는 말은 그의 출신지를 가리키는 말이라고 하는데 잘은 모릅니다. 가롯은 남부 유대지방의 헤브론산 근처의 지명과 관련이 있습니다. 그러니까 나의 12제자 중에서 나머지 11명은 모두 갈릴리 사람이고 가롯 유다만이 정통 유대인입니다. 그런데 내가 예루살렘에 왔을 때 나의 제자가 된 사람이 아니고 갈릴리에서부터 나의 제자가 되었습니다. 그가 유대인으로서 갈릴리에서 활동하였다는 사실만 보아도 그는 매우 특별한 사회의식, 정치의식을 가진 사람이었습니다. 갈릴리는 열성당원 극좌파의 활동무대였고, 이들은 정치혁명을 꿈꾸며 극렬한 사회운동을 전개했습니다.

가룟 유다의 가룟(이스카리옷Iscariot)은 시카리우스Sicarius의 아람어 변형이라고도 합니다. 가룟 유다는 시카리우스(단검을 품은 사람들dagger-men이라는 뜻, 로마통치에 항거한 열성당원 극좌파)의 한 사람으로서 갈릴리에서 활동하다가 내 밑에 들어온 사람인 것 같습니다. 그러나 나는 제자들에 대하여 그러한 선입견이나 정치적 편견을 두지 않았습니다. 모두 인간으로서 바라보았을 뿐입니다.

가룟 유다는 나의 제자들 중에서도 사회의식이 강렬했고 매우 똘똘한 사람이었습니다. 어부 같은 충직한 사람들과는 생각하는 바가 달랐습니다. 그는 결코 배신을 때리고자 나를 따랐던 것은 아닙니다. 그는 나의 예루살렘 입성을 열렬히 지지했고, 그 이벤트를 계기로 정치혁명이 일어날 수 있으리라고 굳게 믿었습니다. 첫날 상황을 점검했고 둘째날 성전을 뒤엎었을 때 그는 무엇인가 정치혁명이 성공하리라는 확신을 가졌던 것 같습니다. 그런데 셋째날 내가 나의 천국의 가르침을 설파하는 것을 보고 그는 깊은 좌절감에 빠졌던 것입니다. 내가 지향하는 천국의 교설이 그가 생각하는 정치혁명과는 근원적으로 다른 것이라는 사실을 파악했던 것입니다.

그는 나의 "이웃사랑"의 가르침이 결코 사회적 변혁을 일으키기에 부족한 공염불이라고 생각한 것이죠. 그래서 그는 더욱

과격한 생각을 하게 된 것이죠. 나를 제사장과 서기관에게 팔아 넘김으로써 새로운 정치적인 국면이 발생하지 않을까? 그는 넷째날 이미 배반을 결심한 것 같습니다. 나는 그의 심리적 변화를 잘 파악하고 있었습니다. 그러나 그에 대하여 특별한 감정을 품을 수 없었습니다. 나의 제자들 거개가 그의 의식수준을 크게 벗어나는 것이 아니었습니다. 유다의 의식은 오히려 더 철저한 사회적 관심에서 우러나온 것이었습니다. 나는 그를 슬프게 바라볼 수밖에 없었습니다. 사람은 모두 자기의 아상我相에 갇혀 세계를 바라봅니다. 그러나 나라 하여도 그의 아상을 깨줄 수가 없었습니다.

화요일 저녁, 나는 올리브산에서 제자들과 담화를 나눈 후에 또다시 베다니로 갔습니다. 이날 나는 나병환자 시몬의 집에 머물렀습니다. "나병환자 시몬의 집"이라는 말 자체가 우리 일행이 머물기 어려운 상황이라는 것을 나타냅니다. 나병환자는 격리되어야 하기 때문입니다. 그러나 내가 그의 집에 묵었다는 뜻은 그가 언젠가 나에게 치료를 받아 병이 나았다는 것을 의미합니다. 그러기 때문에 그는 우리에게 기쁜 마음으로 숙식을 제공했던 것입니다. 그러나 나병환자의 집이라는 것이 본시 부유한 집일 수는 없습니다.

시몬의 집에서 수요일 아침, 아침식사를 하고 있었습니다. 이

때 이름 모를 한 여인이 매우 고귀한, 순전한 나르드 향유가 든 옥합을 들고 나타났습니다. 나르드 향유는 인도에서 나는 풀뿌리에서 채취하는 향유인데 극도로 고귀한 기름입니다. 그것은 옥합(알라바스트론ἀλάβαστρον: 하이얀 설화석고로 만든 목 기다란 병) 속에 들어 있어 향기가 밖으로 새는 것을 막습니다. "옥합을 깨뜨렸다"는 것은 그것은 완전밀봉되어 있어서 기다란 목의 부분을 일부 깨뜨려야 열 수가 있습니다. 그것을 깨뜨리는 순간 아름다운 향기가 온 방에 진동하지요.

그녀는 나에게 아무 말도 하지 않고 다가와서 나의 머리에 그 향유를 부었습니다. 그것은 내 생애에서 가장 고귀한 체험 중의 하나였습니다. 그녀는 나를 줄곧 보아온 여성일 것입니다. 그녀는 내가 곧 죽는다는 것을 알고 있었습니다. 죽은 시체 위에 기름을 붓는 것이 아니라 살아있는 나에게 기름을 부은 것입니다. 나는 다윗의 혈통血統을 부정했습니다. "기름을 붓는다"는 것은 "그리스도" 즉 "메시아"가 되는 것을 의미하며 그것은 다윗의 왕통王統을 잇는다는 의미입니다. 그것은 왕의 대관식입니다. 이 나르드 향유는 왕의 머리에나 붓는 고귀한 기름입니다.

그러나 나는 다윗의 왕통을 거부했습니다. 나의 세속의 왕이 될 것이라는 제자들의 기대를 철저히 거부했습니다. 왕의 대관식은 성전에서 거행되며 기름을 붓는 자는 당대에 가장 유명한 예언자나 최고위 대제사장이어야 합니다. 그러나 나는 집에서, 그것도 나병환자의 집에서 대관식을 거행하였습니다. 나에게 기름을 부은 자는 예언자가 아닌, 이름 모를 평범한 한 여인이었습니다. 그녀는 나를 왕으로 만들기 위하여 기름을 부은 것이 아니라 단지 죽을 것을 알고 기름을 부은 것입니다.

왕의 대관식은 만인이 우러러보면서 찬양하는 가운데 이루어집니다. 그것은 조정권력의 장악을 위한 대관식입니다. 그러나 나의 대관식은 옥좌를 향한 대관식이 아니라 죽음을 향한 대관식이었습니다. 그것도 일개 문둥병환자의 집에서 이루어진 대관식이었으며, 내 주변에 몇 사람 없었지만 이들 모두가 박수를 치고 기뻐하고 같이 눈물을 흘려준 것이 아니라, 그 사건을 몰이해 속에 비판하기만 했습니다. 나의 대관식은 이스라엘전승의 토탈한 부정이었습니다. 옆에 있는 제자들이 이 여인의 고귀한 행동을 비판했습니다(요한복음에는 이 비판자를 가룟 유다로 지목했는데 그의 사회의식을 평가할 때 할 만한 얘기였다. 도올 주註).

> "어찌하여 이 비싼 향유를 이렇게 낭비하는가! 이것을 팔면 삼백 데나리온도 더 받을 수 있을 것인데, 그 돈을 가난한 사람들에게 나누어주면 더 좋지 않겠는가!"

그들은 분개하며 이렇게 투덜거렸습니다. 삼백 데나리온은 오병이어의 5천 군중을 먹이고도 남을 거금입니다. 그러니 사회의식으로 말하자면 제자들의 분노는 이해가 갈 만도 합니다. 그러나 그들은 나의 대관식의 의미를 전혀 모르고 있었습니다.

"참견하지 마라! 이 여자는 나에게 아름다운 일(칼론 에르곤καλὸν ἔργον)을 하였다. 어찌하여 이 여인을 괴롭히는가? 가난한 사람들은 항상 너희 곁에 있다. 너희들이 원하는 대로 아무 때라도 도울 수 있다. 그러나 나는 언제까지나 너희와 함께 있지는 아니하리라!"

이것이 과연 내가 사랑하는 제자들에게 해야 할 말일까요? 그렇게도 완악할까요? 이 여인은 자기가 할 수 있는 일의 최대치를 나에게 한 것인데, 제자들은 이 여인을 꾸짖기만 했습니다. 이와같이 나의 대관식, 나의 죽음에로의 행진, 나의 "메시아됨"은 어둡고, 외롭고, 답답하고, 슬프고, 비극적인 분위기 속에서 진행된 사건이었습니다.

가룟 유다는 이 사건 후에 곧바로 제사장들을 찾아가 예수를 넘겨주겠다고 했습니다. "넘겨준다"는 것은 체포하도록 해주겠다는 것인데, 나의 민중의 지지가 컸기 때문에, 그들이 안전하게 나를 체포할 수 있는 시간과 장소를 알려주겠다고 약속한 것입니다. 그들은 유다에게 배신의 대가로 돈을 지불하겠다고 약속하였습니다.

하루가 또 지났습니다. 이날 일몰 때부터 유월절이 시작됩니다. 유월절에는 양을 잡습니다. 그 양고기는 일몰로부터 자정에 이르기 전에 깨끗하게 먹어치워야 합니다. 무교병, 포도주 등과 함께. 그리고 중요한 것은 이 유월절 식사는 예루살렘 성밖이 아니라, 성안에서 이루어져야 한다는 규정이 있습니다. 이 유월절 음식의 준비도 미리 이루어져야 합니다. 나는 제자들과 함께 유월절 음식을 먹을 곳을 미리 예약해두었습니다. 그곳은 예루살렘 성안의 서남 코너에 있는 집이었는데 마침 이층에 널찍한 다락방이 있어서 그곳에 음식을 차려놓았던 것입니다.

후대 기독교인들은 이날의 유월절 식사에 대하여 많은 의미를 부여하고 많은 이야기를 지어내곤 하는데, 그것은 모두 초대교회에서 만들어진 제식, 즉 성찬식의 의미가 덮어씌워진 것입니다. 나는 그냥 소박하게 제자들과 유월절 식사를 했을 뿐입니다. 나는 이스라엘전승을 거부한 사람이니만큼 유월절에 대해서도 특별한 의미를 부여하지 않았습니다. 명절에 그냥 제자들과 함께 특별한 식사를 한 것일 뿐입니다. 마가는 그 자리에서 내가 가룟 유다의 배신을 암시한 것처럼 그리고 있지만, 그것은 아마도 마가가 드라마적 긴장감을 높이기 위하여 삽입한 장치일 것입니다.

그리고 과연 내가 떡을 떼어주면서 "이것이 나의 몸이다, 먹어라," 포도주잔을 돌리며 "이것이 나의 피다, 마셔라!" 이렇게 말했을까요? 나는 그렇게 말한 기억이 없습니다. 상식적으로 좀 과도한 언어가 아니겠습니까? 그것은 대체로 초대교회의 제식의 언어가 역으로 부과된 문학적 표현일 것입니다. 만약 내가 그렇게 말했다고 한다면 그것은 이런 의미가 되겠지요.

> "나는 곧 죽을 것이다. 너희들 중에 과연 나의 죽음의 길에 동참할 자가 있겠느뇨?"

기실 유대인의 유월절은 죽음을 피하기 위한 제식입니다. 양의 피를 문설주에 바름으로써 장자의 죽음을 피할 수 있었습니다. 그런데 나의 유월절 파티는 죽음을 맞이하기 위한 파티입니다. 그런데 과연 나의 제자 중에 과연 나의 죽음의 길에 동참할 자가 있었을까요? 사실 이 최후의 만찬의 장면은 카이사랴 빌립보에서 나의 정체성을 묻는 장면과 상통합니다. 그 후 베드로는 나에게 사탄이라고 꾸짖음을 당했습니다. 하나님의 일을 생각지 아니하고 사람의 일만을 생각한다고 몹시 꾸중을 들었습니다.

최후의 만찬 직후에도 베드로와 모든 제자들은 결단코 나를 배반치 않겠다고 다짐했습니다. 이것은 마냥 같은 패턴이 반복되고 있는 것입니다.

하여튼 이 성내 다락방의 파티는 내가 이 세상의 사람들과 같이한 마지막 파티가 되었습니다. 이날 밤 나는 체포되었고 곧바로 재판을 받았기 때문입니다. 밤새 재판을 받고 나는 다음날 금요일날 아침에 처형되었습니다. 매우 속성으로 진행된 재판이었습니다. 그러니 목요일 저녁잔치야말로 이 세상에서 내가 가진 최후의 공동식사였습니다. 나는 평생 사람들과 같이 먹는 것을 즐겼습니다. 나의 천국은 공동식사였습니다. 마가는 이 나의 최후의 공동식사를 이렇게 마무리지었습니다.

"이들은 노래 부르며 올리브산으로 올라갔다."

제25장

· ——— ·

너희보다 먼저 갈릴리로 가리라, 겟세마네 동산의 기도

나는 올리브산으로 올라가는 길에 제자들에게 이렇게 말했습니다.

> "너희는 모두 나를 버릴 것이다. 그러나 나는 다시 살아나서
> 너희보다 먼저 갈릴리로 가리라!"

여기 "다시 살아나서"라는 말은 "잠에서 깨어난다," "일어난다"는 뜻입니다. "일어난다"는 것은 새로운 행동을 의미합니다. 없던 것이 새롭게 생겨나는 "사건"을 의미합니다. "먼저 갈릴리로 가리라!" 이미 이 한마디 속에 나의 부활의 의미가 정확히 예시豫示되고 있습니다. 나는 일어날 것입니다. 어떠한 경우에도 일어날 것입니다.

그러나 나는 예루살렘에서는 일어날 수가 없습니다. 그것은 죽음의 도시이며 내가 부정한 다윗의 도시이며 단절되어야만 할 전승의 도시이며, 천국의 도래를 막는 성전의 도시이며, 온갖 부패와 타락과 위선과 형식과 착취와 저주의 도시입니다. 나는 예루살렘에서 일어날 수가 없습니다.

내가 다시 일어날 곳은 갈릴리의 지평입니다. 사랑과 용서와 애통과 갈구, 서로 품어주고 서로 북돋아주는 민중 오클로스의 생명의 품, 나는 오직 그 품에서 부활할 수 있는 것입니다. 나의 제자들의 관심은 모두 예루살렘에 있었습니다. 내가 죽은 후에도 그들은 예루살렘에 교회를 세웠습니다. 그러나 나는 갈릴리로 갔습니다. 그들을 남겨둔 채 다시 갈릴리의 품으로 돌아갔습니다.

"나는 다시 살아나서 너희보다 먼저 갈릴리로 갈 것이다."

이것은 내가 최후로 전한 복음입니다. 베드로가 말했습니다.

"비록 모든 사람이 주님을 버릴지라도 저는 주님을 버리지 않겠습니다."

나는 베드로에게 힘주어 말했습니다.

"내가 진실로 네게 이르노니, 오늘 바로 이 밤 닭이 두 번 울기 전에 네가 세 번이나 나를 알지 못한다고 시치미를 뗄 것이다."

베드로는 더욱 힘주어 장담하였습니다.

"뭔 말씀이시오니이까? 주님과 함께 죽는 한이 있더라도 결코 주님을 모른다고는 하지 않겠나이다."

다른 제자들도 베드로를 흉내내서 똑같은 말을 하였습니다. 참으로 부질없습니다! 인간의 언어여!

우리는 겟세마네라는 올리브산 중턱(성전과 올리브산 정상과의 중간에 위치)에 이르렀습니다. 나는 제자들에게 말했습니다.

"내가 기도하는 동안 여기 앉아있어라!"

그리고는 제자 중에서 내가 아주 허물없이 느끼는 가버나움 동네의 제자 3인, 베드로, 야고보, 요한만을 따로 데리고 더 높은 곳으로 올라갔습니다. 나는 나에게 죽음의 그림자가 다가오고 있는 것을 절실하게 느끼기 시작했습니다. 나는 공포와 번민에 싸여 그 3인을 남겨두고 가면 이렇게 말했습니다.

나는 예수입니다

"내 마음이 괴로워 죽을 지경이니 너희 세 사람은 여기 남아서 깨어 있어라!"

여기 "깨어 있어라"라는 것은 각성의 상태로 있으라는 의미이지만, 결국 나의 고뇌에 동참해주었으면 하는 의지의 심리가 표현되어 있습니다. 나는 그들이 있는 곳으로부터 조금 더 올라갔습니다. 땅에 엎드려 나는 나의 하나님께 간절히 기도드렸습니다. 나는 후대의 초대교인들에게 보이는 그런 무서운 용기가 있는 인간이 아니었습니다. 나는 갈릴리 촌놈이었고 신념대로 행동했지만 "순교자 콤플렉스" 같은 그런 맹목적인 용기로 무장된 사람이 아니었습니다. 그래서 할 수만 있으면 수난의 시간을 겪지 않게 해달라고 빌었습니다. 고통의 시간이 나를 비켜가기를 바랐습니다.

"압바! 나의 아버지시여! 아버지께서는 무엇이든지 다 하실 수 있사오니, 이 잔을 나에게서 거두어주소서."(14:36).

"압바"는 떼쓰는 아들이 친근하게 아버지를 부르는 호칭입니다. "이 잔"은 수난Passion의 상징입니다. 앞에서는(10:38~39) 고난의 세례였으며, 구약에서는 처벌과 심판의 메타포로 쓰였습니다. 여기서는 명료하게 나의 죽음을 말하고 있습니다. 나는 무서웠습니다. 나는 헛도깨비가 아닙니다. 나는 진실한 인간입니다. 나는 피가 흐르고 신경이 살아있는 인간입니다. 나는 죽고 싶지 않았습니다. 나는 솔직하게 기도했습니다. "이 잔을 나에게서 거두어주소서"라는 말은 죽지 않을 수만 있다면 죽지 않게 해달라고, 고통을 피할 수 있으면 피할 수 있게 해달라고 비는 허약한 인간의 담담한 독백입니다. 이것이 내가 나의 아버지에게 빌었던 마지막 기도의 내용입니다. 나는 어떠한 경우에도 인간이기를 포기하지 않았습니다. 그러나 나는 최종적으로 이렇게 독백했습니다.

"그러나 제 뜻대로 마옵시고 아버지의 뜻대로 하옵소서."

이렇게 기도하고나서 제자들에게 돌아와보니, 그들은 쿨쿨 자고 있었습니다.

"시몬아! 자고 있느냐? 단 한 시간도 깨어있을 수 없단 말이냐?"

나는 다시 올라가 고통스러운 기도를 계속했습니다. 다시 내려와보니 동일한 수면의 상태에 빠져 있었습니다. 두 번째는 너무나 졸려 눈꺼풀이 천근만근이었습니다. 나는 다시 올라가 세 번째 수난의 기도를 했습니다. 세 번째 내려와보니 그들이 여전히 쿨쿨 자고 있었습니다. 나의 수난의 고뇌가 조금도 그들에게

나는 예수입니다

전달되지 않은 것입니다. 변모산에서 들었던 소리도 더이상 그들의 귀에는 들리지 않았습니다. 이들은 오직 반복되기만 하고 고칠 수 없는 완악함을 드러내고 있을 뿐이었습니다.

조금 전까지 나와 함께 죽겠다고 한 맹서(14:31)를 가차없이 저버렸습니다. 나는 베드로에게도 사도명인 "베드로"라는 호칭을 쓰지 않았습니다. 그는 나의 사도가 되기 이전의 어부의 이름으로 그 존재감이 퇴행했습니다. 이러한 나의 고독 때문에 내가 죽은 후에 오히려 많은 사람이 나를 따르게 되었는지도 모릅니다. 제자들이 사라지고 나는 인간의 지평 위에 고독하게 설 수밖에 없었습니다. 이제 나는 홀로 나의 죽음의 길로 가야 합니다.

나의 가장 친근한 세 사람조차도 나의 죽음의 길에 동참할 생각이 없습니다. 나와 제자 사이의 갭은 결정적 순간에 더욱 벌어지고 있었습니다. 나는 나의 길을 가고, 제자들은 그들의 길을 갈 수밖에 없었습니다. 나는 곧 체포되고 사형의 재판을 받을 것입니다. 그러나 나는 영원한 생명을 얻을 것입니다. 제자들은 나를 버리고 구차한 삶의 존속을 얻을 것입니다. 그러나 그들은 하나님의 나라에 들어갈 수 있는 기회를 영원히 상실하였습니다. 슬픈 이별만 남았습니다.

"아직도 자고 있느냐? 그만하면 넉넉하다. 자아~ 때가 왔다. 인자가 죄인들 손에 넘어가게 되었다. 일어나라! 함께 가자! 보라! 나를 파는 자가 가까이 왔다."

유다가 나타났습니다. 그와 함께 제사장들과 서기관들과 장로들이 파송한 무리가 칼과 몽둥이를 들고 떼지어 왔습니다. 유다는 나에게 다가와 입맞추었습니다. 나는 따뜻하게 그의 입맞춤에 응해주었습니다. 무리가 달려들어 나를 붙잡았습니다. 나는 무리들에게 소리쳤습니다.

"칼과 몽둥이를 들고 나를 잡으러 오다니! 내가 강도란 말이냐!"

마가는 이렇게 깔끔하게, 그리고 단호하게 마무리지었습니다.

"제자들이 모두 예수를 버리고 도망쳐버렸다."(14:50).

이것이 나와 제자들과의 관계의 종료였습니다. 제자들은 더 이상 나의 삶에 나타나지 않았습니다. 그들은 모두 나의 잔을 마셨고, 모두 나와 함께 죽겠다고 약속했습니다. 그러나 막상 나의 수난의 최초 순간에 모두 나를 버렸습니다. 그들의 도망침은 그들의 제자됨의 종말이었습니다. 슬픈 종말이었습니다.

내가 끌려갈 때 몸에 고운 삼베 두루마기를 겉에 두른 한 젊은이가 나를 따라오다가 사람들에게 붙들린 재미난 이야기가 마가에 적혀 있습니다. 그는 붙들리자 삼베 두루마기를 버리고 알몸으로 달아났습니다. 이것은 모든 것을 다 버리고 알몸으로 도망칠 정도로 모든 사람들의 "도망침" "제자됨의 버림"이 철저했다는 것을 상징합니다. 모든 사람이 나를 철저히 버렸습니다.

나를 체포한 사람들은 정식 로마관원이나 병정이 아닙니다. 제사장들과 서기관들이 파송한 사람들은 정식 무장을 한 사람들이 아니었습니다. 마가는 그냥 무리(오클로스)라는 말을 썼는데 유대교 고위층의 사주를 받은 잡다한 무리들이었습니다. 그래서 몽둥이니 식칼이니 이런 제대로 되지 않은 무기를 들고 우루루 달려온 것입니다. 오클로스라는 표현을 쓴 것을 보면 (14:43) 상당히 많은 사람들이 몰려왔다는 것을 알 수 있습니다. 사실 이들은 엉터리 사병이나 마찬가지 인간들인데 나를 어디로 잡아가겠다는 것일까요?

제 26 장

· —— ·

재판, 베드로의 최후

나의 재판은 기본적으로 두 단계로 구성되어 있습니다. 첫 단계는 종교적 재판religious trial이고, 둘째 단계는 행정적 재판 civil trial입니다. 종교적 재판을 먼저 받고 그 재판의 결과를 가지고 행정적 재판이 다시 열리게 되는 것입니다.

종교적 재판은 산헤드린이 주관하고 그 산헤드린의 최고의장이 바로 "대제사장"(아르키에류스ἀρχιερεύς: 개역성경에서 복수를 쓸 때에는 대제사장 가문에 속한 산헤드린의 멤버들을 가리키고, 단수를 쓸 때에만 최고위 대제사장을 가리킨다. 영어로는, 산헤드린 멤버들로서의 복수는 "chief priests"라 하고, 대제사장은 "the high priest"라 한다. 기본적으로 헬라말이 같은 단어를 썼기 때문에 개역성경은 모두 "대제사장"이라는 표현을 써서 잘 구분이 되질 않는다. 나는 "chief priests"는

나는 예수입니다

"제사장들"이라 번역하고 "the high priest"만을 "대제사장"으로 지칭했다. 도올 주註)입니다.

원래 대제사장직(종교조직 최고위)은 아론 계열의 직계 후손만이 맡을 수 있는 종신직이었지만 안티오쿠스 에피파네스 Antiochus IV Epiphanes(셀레우코스 시리아의 왕으로 팔레스타인을 폭압적으로 다스렸다. 이에 대한 저항으로 하스모니아왕조가 탄생한다)의 유대교 탄압으로 이러한 원칙은 사라졌고 신구약사이 기간을 통하여 통치자 마음대로 대제사장이 임명되었습니다. 한마디로 종교적 권위는 거의 완벽하게 세속화되고, 정치권력에 굴종하는, 독자적 영역을 상실한 유대교가 되어버린 것이죠.

헤롯대왕의 집권으로부터 예루살렘 멸망까지 28명이 대제사장직에 올랐습니다. 내가 재판받을 당시에는 카이아파스 Caiaphas가 대제사장이었습니다(AD 18~36 재임). 그러나 실제로는 그의 전임자이자 장인인 안나스Annas(AD 7~17년 재임)가 더 큰 실권을 쥐고 있었습니다. 안나스는 빌라도 총독의 전임자였던 발레루스 그라투스Valerus Gratus의 미움을 사서 해고되었습니다. 그러나 아직도 안나스는 건재했습니다. 안나스는 그의 사위인 카이아파스와 같은 집에서 살고 있었습니다. 그러나 나의 재판을 주재한 것은 카이아파스였습니다.

산헤드린은 71명으로 구성되어 있는데 대체로 구성멤버가 사두개인과 바리새인 두 그룹이 주축을 이루고 있었습니다. 내가 재판을 받은 산헤드린은 부활도, 내세도, 구전의 율법도 부정하는 사두개인이 우세한 의회였습니다. 산헤드린은 성전의 한편의 장소에서 열리기도 하지만, 대제사장 카이아파스의 관저에서 열리기도 합니다.

카이아파스의 관저는 예루살렘 성내 서남 코너, 그러니까 내가 최후의 만찬을 했던 곳에서 멀지 않은 약간의 북쪽에 위치하고 있습니다. 그러니까 나는 겟세마네 동산에서 붙잡혀, 만찬장에서 왔던 길로 다시 돌아오게 되었습니다.

이날 산헤드린 회의장에는 71명 전원이 참석하였습니다. 그만큼 사태가 엄중하다고 판단된 것입니다. 대제사장 카이아파스의 저택은 당대 기준으로 매우 호화스러운 저택인데 그 2층에 넓은 홀이 있었습니다. 정중앙에 대제사장이 앉는 감실이 있고 양편으로 제사장들이 양날개처럼 삥 둘러앉아 있었습니다. 나는 그 정중앙에 서있었습니다.

내가 붙잡혀 오는 길을 따라온 단 한 명의 제자가 있었습니다. 모든 제자들이 깨끗하게 다 흩어져 도망갔어도 그래도 나와 정분이 깊었던 베드로는 옛정을 짜르지 못해 내 뒤를 따라왔던

나는 예수입니다

것입니다. 나는 관저 내로 들어가 2층으로 올라갔지만, 그는 관저 내의 안뜰까지 따라 들어왔다가 경비원들 틈에 끼어 앉아 불을 쬐고 있었습니다. 그러니까 베드로는 내가 재판을 받을 동안 밤새 건물 밖에서 벌벌 떨면서 뭔 일이 일어날까 하고 기다렸던 것입니다. 물론 나는 베드로가 날 따라온 것도 몰랐고 그가 건물 밖 내정에 앉아있었다는 것도 알지 못했습니다.

나의 재판은 목요일 밤늦게 시작하여 금요일 새벽까지 진행되었습니다. 그러니까 유월절축제 기간 동안에 진행된 것입니다. 나의 재판은 위증과 사기, 엉터리 고발로 얼룩진 터무니없는 광란이었습니다. 오해로 조작된 나의 정체성과 거짓 증언으로 얼룩진 고발내용은 오로지 나의 죽음을 유도하기 위한 수단에 불과했습니다. 그러나 이들의 증언은 서로 일치하지가 않아 유죄선고의 근거가 될 수 없었습니다.

"우리 이 사람이 '나는 사람의 손으로 지은 이 성전을 헐어 버리고 손으로 짓지 않은 새 성전을 사흘 안에 세우겠다' 하고 큰소리치는 것을 들은 적이 있습니다."

성전을 물리적으로 해치는 여하한 발언도 무조건 "돌로 쳐죽이기"의 극형에 해당됩니다. 그러나 이들은 내 말의 뜻도 모르고 뇌까리기 때문에 횡설수설 서로 증언이 일치하지 않았습니다.

이때 답답함을 금치 못하던 카이아파스가 감실의 옥좌에서 일어나 나에게 물었습니다.

"이 많은 사람들이 그대에게 이토록 불리한 증언을 하고 있는데 어찌하여 그대는 아무 말도 하지 않고 있는 것인가? 할 말이 없는가?"

실제로 나는 할 말이 없었습니다. 터무니없는 증언들, 그 자체로써 논박되고 말 모순된 언사들에 대하여 나의 논박을 첨가한다는 것은 오히려 그들의 논의를 인증하는 꼴이 되고 말 것이 뻔하기 때문이었습니다. 나는 입을 다문 채 한마디도 대답하지 않았습니다. 그러자 대제사장은 물었습니다.

"그대가 과연 하나님의 아들 그리스도인가?"

나는 명료하게 대답했습니다.

"내가 그로다(Yes, I am. 에고 에이미'Εγώ εἰμι). 너희는 곧 하나님의 나라가 임하는 것을 볼 것이다."

이 말을 들은 카이아파스는 자기 옷을 쫘악 찢으며 말했습니다.

"이 이상 무슨 증거가 더 필요하리오?"

"자기 옷을 찢었다"는 것은 최악의 불경의 언사를 들었을 때 단안을 내리는 매우 형식화된 법리적 행위a formal judicial act 입니다.

사람들은 일제히 일어나 외쳤습니다.

"사형!"

산헤드린 멤버 중 몇 사람은 나에게 다가와 침을 뱉는가 하면, 나의 얼굴을 수건으로 가리고 주먹으로 때렸습니다. 이것은 재판정에 흔히 일어나는 전통적 행위입니다. 산헤드린과 같은 거룩한 공의회에서 하는 짓거리가 이 정도의 야만의 수준에 지나지 않습니다. 그리고 나를 경비원에게 넘기며 계속 주먹으로 치게 하였습니다.

그 동안 베드로는 뜰 아래쪽에 있었는데 카이아파스의 여자 몸종 하나가 오더니 베드로가 불을 쬐고 있는 것을 보고 그의 얼굴을 유심히 들여다보더니 말했습니다.

"당신도 저 나자렛 사람 예수와 함께 다니던 사람이군요."

"도대체 무슨 소리를 하는 겁니까? 나는 도무지 알 수가
없소."

베드로는 부리나케 대문 쪽으로 빠져나가려고 하였습니다.
그러자 그 여종은 베드로의 행동을 주시하면서, 곁에 있던 경비
원들에게 다시 말했습니다. 베드로는 점점 코너로 몰려가고 있
었습니다.

"저 사람은 예수와 한패입니다."

베드로는 이 말을 또다시 부인하였습니다. 그러자 얼마 뒤에,
옆에 서있던 사람들이 베드로의 말씨가 갈릴리 사투리를 쓰고
있다는 것을 알아차렸습니다.

"당신은 갈릴리 사람이 분명하오. 틀림없이 예수와 한패
일 거요."

베드로는 거짓말이라면 천벌이라도 받겠다고 맹세하면서
이렇게 말했습니다.

"나는 당신들이 말하는 그 사람은 알지도 못하오.
I do not know this man of whom you speak."

베드로의 처음 두 번의 부인은 자기가 관계되어 있다는 연관성을 부인한 것뿐입니다. 그러나 세 번째 부인은 나 예수의 존재 그 자체를 부정한 것입니다. 나 예수의 모든 것을 자기의 삶에서 날려버리는 매우 처참한 변절을 감행했습니다. 생각해보십시오. 카이아파스 저택에서 벽 하나를 사이에 두고, 실내에서는 나 예수의 시인(내가 그로다)이 이루어지고 실외에서는 제자 베드로의 부인(나는 그를 알지도 못한다)이 이루어집니다.

나 예수는 시인을 통하여 죽음을 초래하고, 제자를 대표하는 베드로는 부인을 통하여 삶을 구걸하고 있습니다. 이것으로 나와 제자간에 있었던 모든 관계가 종료됩니다. 베드로 사도정통주의 운운하는 것은 전혀 나와 관계가 없습니다. 로마의 교회도 나 예수와는 전혀 관계가 없습니다. 그것은 인간세의 장난일 뿐입니다.

바로 그때에 닭이 두 번째로 울었습니다. 베드로는 순간 나의 말을 떠올렸습니다. 베드로는 땅에 쓰러져 피눈물을 쏟으며 슬피 울었습니다. 베드로의 비극의 깊이는 나의 수난의 깊이를 말해줄 뿐입니다. 나는 베드로에게 세 번이나 나의 수난의 운명을 예고했습니다. 나는 겟세마네 동산에서도 그에게 세 번이나 깨어 있으라고 꾸짖었습니다. 그리고 베드로는 카이아파스 대제사장의 관저에서 세 번이나 나를 부인했습니다. 그리고 피눈물을 쏟았습니다. 이 베드로의 처절한 비극은 모든 시대를 통하여 이루어지는 나의 제자됨의 비극의 한 전형입니다. 그는 나머지 열한 명과 함께 나의 수난의 스토리로부터 사라졌습니다. 그는 오직 나의 가혹한 운명에 대한 예언을 성취시켰을 뿐입니다.

종교재판은 그 자체로써 행정력을 갖지 못합니다. 나 예수의 처형과 같은 중대사는 반드시 로마총독이 주재하는 행정재판을 거쳐야 합니다. 그렇지 않으면 린치가 되고 말겠지요. 로마총독은 유대인 종교적 판결에 그다지 깊은 공감을 가지고 있질 못합니다. 그들이 믿는 하나님을 믿는 사람이 아니기 때문입니다. 로마총독의 궁극적 관심은 로마제국의 "법과 질서" 즉 정치적 안정일 뿐입니다. 종교적 이단성 그 자체로써 사람에게 사형판결을 내린다는 것은 그들 상식에 위배될 것입니다.

로마총독의 공식적 관저는 지중해 연안에 있는 카이사랴 마리티마Caesarea Maritima, 즉 유대 지방의 카이사랴Caesaria of Judea에 있습니다. 카이사랴는 지중해를 끼고있는 매우 아름다운 도시입니다(BC 22~9년 사이에 헤롯대왕이 건설. 1961년의 발굴에 의하여 빌라도 총독의 관저가 있었음을 입증하는 명문이 있는 돌이 발견되어 그 역사적 사실이 입증되었다. 빌라도는 AD 26~36년간 유대 지방의 로마총독이었다).

카이사랴와 예루살렘은 꽤 멀리 떨어져 있기 때문에 그렇게 쉽게 올 수 있는 거리는 아닙니다. 그리고 빌라도 총독이 예루 살렘에 오게 되면 총독관저가 따로 있질 않기 때문에 헤롯의 궁 전Herod's Palace에 머물게 됩니다. 그러니까 나 예수가 빌라도 총독의 재판을 받아야만 하는 이유는 그들이 규정하는 바 나의 범죄가 예루살렘에서 일어난 사건이기 때문입니다. 예루살렘과 유대 지방은 로마의 직영이었습니다. 때마침 빌라도는 유대명절 유월절의 때를 맞이하여 예루살렘에 와있었습니다.

예루살렘은 거대한 성전건물로도 유명하지만 세 개의 긴 성 벽이 확장되는 형태로 둘러쳐진 복잡한 성곽도시이기도 합니 다. 그리고 로마식 도시건축에는 반드시 거대한 높이의 수로성 벽이 있습니다. 제1북벽의 아래가 구도시인 셈인데, 그 도시의 북서 구석에 헤롯의 궁전이 있습니다. 그곳은 카이아파스의 저 택의 북쪽이기도 합니다. 나는 카이아파스의 저택에서 산헤드 린의 재판을 새벽까지 받은 후에, 날이 밝자 곧 빌라도 총독에게 넘겨졌습니다.

빌라도는 나를 만나자마자 이렇게 물었습니다.

"네가 유대인의 왕이냐?

Are you the King of the Jews?"(15:2).

산헤드린이 나를 빌라도 총독에게 넘길 때 판결내용을 보냈던 것입니다. 그 판결문의 내용은 다음의 3가지 죄목으로 압축됩니다.

1) 예수는 우리나라와 민족을 전복하려 꾀하고 있다.
2) 예수는 카이사르에게 세금내는 것을 반대하고 있다.
3) 예수는 자기가 메시아 곧 유대인의 왕임을 주장하고 있다.

빌라도에게는 첫 번째 죄목과 두 번째 죄목은 별로 그의 관심을 끌지 못했습니다. 죄가 될 만한 것은 제3의 명제라고 생각했습니다. 이 질문에 대한 나의 대답은 많은 오해를 불러일으켰습니다. 그러나 나의 주장은 명료합니다.

"그것은 네 말이다"(쉬 레게이스Σὺ λέγεις의 번역으로서 개역판의 "네 말이 옳도다"는 옳지 않다. 공동번역의 "그것은 네 말이다"가 옳다. 영어로도 That's what you have said.라 함이 옳다. 도올 주註).

나는 결코 그 말을 긍정한 것이 아닙니다. 그것은 그들의 주장일 뿐입니다. 빌라도의 관심은 "왕"을 사칭하여 정치적인 반란을 꾀하는 인물이 아닐까 하는 맥락에서만 관심을 표명한

나는 예수입니다

것입니다. 그러나 나는 "왕"이라는 말을 쓴 적도 없지만, "메시아"니 하는 따위의 말조차도 모두 "하나님의 나라의 임하심"이라는 천국운동의 맥락에서만 의미를 갖는 것입니다.

그리고 그것은 정치적 변화보다도 사람의 인식의 변화, 즉 "메타노이아"와 관련되어 있다는 것을 항상 말했습니다. 정치적 변화는 나의 생각을 반영이라도 하는 듯, 40년 후에 예루살렘의 멸망이라는 사건에 의하여 대변혁의 장으로 확대되어 나타났습니다. 나의 천국운동은 하나의 우연이라고도 말할 수 있는 것이었지만, 실제로 그것은 인류사의 필연으로 확장되어 간 것입니다.

나를 1심에서 고발한 제사장들은 여러 죄목으로 나를 상고했습니다. 빌라도는 나에게 물었습니다.

"보라! 사람들이 저렇게 많은 죄목을 들어 그대를 고발하고 있는데 그대는 정녕코 할 말이 아무것도 없단 말이냐?"

나는 아무 말도 하지 않았습니다. 그토록 사악한 고발의 홍수 속에서 얼굴색 하나 변하지 않는 나의 냉정, 나의 망아의 경지라고나 할까요? 그 냉정은 빌라도를 경악케 했습니다. 그리고 빌라도는 생각했습니다. 아무리 생각해봐도 예수같이 순박한 인간이 "유대인의 왕"이라고 주장했다고 하는 것은 하나의 코메디다! 빌라도는 그런 생각에 잠겼습니다.

유월절 명절은 일종의 설날 축제와도 같은 것이기 때문에(유대교 달력에서는 유월절이 들은 니산달이 정월임), 총독은 사람들이 요구하는 바대로 한 명의 죄수를 무죄방면하는 관례가 있었습니다. 유월절 사면이지요. 그때에 반란을 일으켜 사람을 죽이고 감옥에 갇혀있던 사람들 중에 바라빠Barabbas라는 인물이 한 명 있었습니다. 그는 실제로 팔레스타인에 로마지배를 반대하는 폭력혁명을 주장하는 열성당원 좌파였습니다.

민중은 빌라도에게 몰려가서 전례대로 죄수 하나를 사면해달라고 요청하였습니다. 그들의 요청의 내심에는 예수를 내주기를 바라고 있다고 빌라도는 분위기를 감지하였습니다. 그래서 이렇게 물었습니다.

"유대인의 왕을 놓아달라는 것이냐?"

빌라도는 제사장들이 나 예수의 진실이 제사장들의 허세보다 더 민중에 어필한다는 것을 시기한 나머지 자기에게까지 나 예수를 데려왔다는 것을 잘 알고 있었습니다. 빌라도의 이러한 말에 충격을 받은 제사장들은 군중을 선동하여 차라리 바라빠를 놓아달라고 청하게 하였습니다. 민중은 실로 갈대와 같습니다. 분위기만 타면 바람에 따라 쉽게 흐름을 바꿉니다.

"그러면 너희들이 유대인의 왕이라고 부르는 이 사람은 어떻게 하면 좋겠느냐?"

"십자가에 못박으시오!"

"도대체 이 사람의 잘못이 무엇이냐?"

예루살렘의 민중은 더 악을 써가며 외쳤습니다.

"십자가에 못박으시오!"

빌라도는 군중의 마음을 만족시키기 위해 바라빠를 놓아주고 예수를 십자가형에 처하기로 최종적 단안을 내립니다. 빌라도는 로마의 캐리어 정치관료입니다. 그러기 때문에 가장 문제가 되지 않는 방식으로 사태를 처리합니다. 군중이 예수의 십자가처형을 원하는데 만약 그에 반하여 사면할 경우 예루살렘의 산헤드린은 로마의 황제에게 탄원서를 올릴 수도 있습니다. 그러면 그는 본토로 불명예 리콜될 수도 있습니다. 캐리어 관료는 정의감보다는 자기의 이익을 우선하고, 성직자와 민중을 달래는 안전빵 정책을 선호합니다. 자아~ 여기까지는 설명이 그럴 듯합니다.

제 27 장

빌라도는 나쁜 놈이다

초대교회의 사람들은 로마제국 내에서 선교활동을 하기 위해서는 로마관원들의 비위를 거스르지 않는다는 생각이 있었기 때문에 나의 죽음에 관해서도 빌라도 총독의 태도를 매우 호의적이고 합리적인 사유가 있는 사람의 모습으로 그리려는 경향이 있었습니다. 그러나 빌라도 총독은 그러한 관용이나 합리적 삶의 자세와는 거리가 먼 좀 야비한 인간이었습니다.

우선 나의 확실하지도 않은 죄목에 대하여 십자가형을 적용한다는 것은 온당치 못합니다. 사형이라 할지라도 돌로 쳐 죽이

거나 교수형 등 얼마든지 덜 비참한 방식의 형벌이 가능합니다. 십자가형이라는 것은 BC 6세기부터 페르시아인들부터 셀레우코스왕조 사람들, 카르타고 사람들, 로마제국 사람들이 활용한 형벌인데, 인간이 생각할 수 있는 가장 끔찍하고 가장 고통스러운 형벌입니다. 로마에서도 자국의 시민에게는 이 형벌을 적용하지 않았습니다.

십자가의 전체 무게는 100kg 전후입니다. 양 손목에 못을 박고 왼발을 바른발 위에 겹쳐 대못을 박아 사람의 신체를 십자가 위에 세운다는 것은 실제적으로 불가능합니다. 여러분이 철봉에 매달려 보면 자기의 몸 하나의 전체 무게를 손목으로 지탱하는 것이 1·2분을 버티기도 힘들다는 것을 아실 것입니다.

하물며 못에 걸린 중력을 손목이 버틴다는 것은 불가능합니다. 그냥 찢겨져 버립니다. 십자가에는 실제로 가랑이에 해당되는 부분에 신체를 버텨주는 큰 나무못이 박혀져 있습니다. 그리고 어깨 가까이 밧줄로 묶지 않으면 안됩니다. 이런 장치가 있어야 버틸 수 있습니다. 손목, 발목 정중앙을 지나가는 신경들은 극한적으로 말초의 감각을 자극합니다. 팔의 피로와 전신근육의 경련과 쥐의 리듬이 깊게 두근거리는 고통을 자아냅니다.

우선 고개가 떨어지면서 공기를 들여마시는 것은 가능하지만 내쉴 수가 없게 됩니다. 시간이 지나면서 근육은 이완되지만 주기적으로 고통스럽게 얼굴을 들며 숨을 들이마시려고 노력합니다. 폐의 압박은 점차 심장의 혈액을 굳게 만듭니다. 이 모든 과정이 너무도 완만하게 진행되기 때문에 그 고통은 말할 수가 없습니다.

나의 십자가형이 유명해지는 바람에 "십자가"가 마치 무슨 순교의 낭만의 상징인 것처럼 되어버렸지만 그 고통의 시간은 어찌 말로 다할 수가 없는 것입니다. 그리고 그것은 인류사에 너무도 사악한 선례를 남겼습니다(십자가형은 공식적으로 4세기 초 콘스탄티누스황제 때 폐지되었지만, 그 사악한 관례는 중세기 때에도 여러 형태로 계속되었다).

그런데 빌라도 총독의 가장 사악한 행위는 별 이유도 없이 "채찍형flogging"을 첨가했다는 것입니다. 십자가형은 반란을 꾀한 대죄의 노예나 식민지인에게 적용하는 제도적 장치라 해도 "채찍질"은 전혀 불필요한 첨가 형벌이었습니다. 아무 이유 없이 덤으로 얹었는데, 사실 "채찍질"이 십자가형보다도 더 고통스러운 형벌일 수 있습니다. 로마의 채찍은 긴 가죽끈 몇 가닥을 묶은 것인데 그 가죽끈 끝부분에 뼛조각이나 뾰족한 납조각을 부착시켰습니다. 채찍이 몸에 닿으면 그냥 때린다는 개념이 아니라 몸을 착 휘감으면서 끝부분에서 살조각을 떼어내는 것입니다.

나는 예수입니다

그렇게 채찍이 휘감기면 살갗이 파열되면서 정맥과 동맥이 결국 같이 파열되기 마련입니다. 피투성이가 되고 짓무른 고깃덩어리들이 엉킨 모습이 되고 마는 것입니다. 유대인의 형법에도 채찍질은 40대 이상 못하게 되어있었습니다. 그러나 로마의 채찍형은 제한이 없었습니다. 살아남는 사람이 거의 없었습니다. 마가는 이렇게 썼습니다.

"예수를 채찍질하게 한 다음 십자가형에 처하라고 내어주었다."

내가 극형의 죄가 없다는 것을 알고 있었던 빌라도가 한 짓이 겨우 이런 저열한 수준이었을까요? 그는 비열하기 그지없는, 인간을 인간으로서 바라볼 수 있는 인성의 감각이 전무한 인간이었다고 보면 되겠지요. 이러한 잔인함이 로마제국의 본질이었습니다.

병사들은 나를 헤롯궁전 앞의 프래토리움Praetorium이라고 불리는 뜰 안으로 데리고 갔습니다. 그리고 총독 관할의 직속부대원(스페이라speira) 전원을 다 집합시켰습니다. 직속부대원은 200명에서 600명에 이르나, 갑자기 집합된 사람들이라서 최소 규모의 200명으로 추산됩니다.

그들은 나에게 자주색 옷을 입히고, 탱자나무 가시줄기로 로마 황제가 쓰는 스타일의 모자 형태로 엮어 내 머리에 얹고 푹 눌렀습니다. 그 가시들이 내 머릿가죽 피하를 뚫고 들어가면 정맥피가 다량 흐릅니다. 그리고 나를 향해 "유다인의 왕 만세!" 하고 외치면서 경례하였습니다. 그리고 갈대로 내 머리를 치고, 침을 뱉으며, 무릎을 꿇고 경례하였습니다. 자주색 옷이라든가, 가시나무 면류관이라든가, 유대인의 왕 만세 등등의 쇼에는 그것이 로마의 카이사르황제에게 행하는 제식을 패러디한 것이라는 의미가 들어있습니다.

이들은 나를 이렇게 희롱한 후에 그 자주색 옷을 벗기고 나의 옷을 다시 입혔습니다. 그리고 십자가에 못박으러 끌고 나갔습니다. 내가 십자가를 걸머메고 가는 길은 제1의 성벽을 지나고 제2의 성벽을 지나 골고다언덕으로 올라가는 매우 기나긴 길이었습니다. 마침 유월절 날이었고 사람들은 큰 구경이 난 듯 그 비탄의 길을 잔뜩 메웠습니다.

그런데 나는 하도 채찍을 많이 맞아 더이상 100kg가 넘는 십자가를 지고 올라갈 기운이 없었습니다. 내 몸은 이미 찢기고 찢긴 핏덩어리였습니다. 병사들이 마침 시몬이라는 건장한 퀴레네 사람(리비아 지역의 다이애스포라에서 명절 쇠로 온 유대인)에게 나의 십자가를 지고 갈 것을 명하였습니다. 시몬은 나의 죽음길을 동반하여 주었습니다.

골고다 산상에 거의 이르렀을 때 한 여인이 나에게 다가왔습니다. 그녀는 몰약을 짙게 탄 포도주 사발을 나에게 주었습니다. 몰약은 진통효과가 있습니다. 몰약을 포도주에 타서 마시면 전신의 고통이 좀 가라앉는 느낌을 받습니다. 십자가형을 받고 걸어가는 사람에게 이러한 몰약주를 주는 습속은 당대에 허락된 관례였습니다.

그 몰약포도주를 주는 여인을 쳐다봤을 때 나는 눈물을 흘리지 않을 수 없었습니다. 그녀는 바로 내가 혈루를 고쳐준 그 여인이었습니다. 그 먼 곳에서 여기까지 나를 줄곧 따라왔던 것입니다. 나는 그 여인의 얼굴을 묵묵히 쳐다보면서 그 몰약주를 마시지 않았습니다. 그녀의 애타는 모습으로부터 나는 점점 멀어져 갔습니다(외경에 의거함. 도올 주註).

나는 섬김을 받으러 온 자가 아니라 섬기러 온 사람입니다. 나는 이 세상의 모든 고통을 느끼기 위하여 이 십자가를 지고 가는 것입니다. 마비된 몸으로가 아니라 끝까지 쌩쌩하게 살아 있는 몸으로 이 세상을 느끼고자 했습니다.

제 28 장

•———•

엘로이 엘로이 레마 사박다니

  내가 십자가에 못박힌 때는 아침 아홉 시경이었습니다. 십자가 꼭대기에 나의 죄목을 적은 명패에는 "유대인의 왕The King of the Jews"이라고 쓰여 있었습니다. 내 좌우로 두 명의 강도가 똑같은 십자가형을 받았습니다. "강도"라고는 하지만 이들도 바라빠와 같은 열성당원이었을 것입니다. "레스타스lēstas"라는 말은 "폭도," "반도叛徒"의 뜻입니다. 아마도 빌라도는 나를 두 열성당원 사이에 끼어넣음으로써 열성당원 수준의 인간으로 비하시키려는 의도를 가지고 있었을지도 모릅니다. 그렇지 않으면 산헤드린의 사람들이 나의 천국운동의 허구성을 폭로하기 위한 장치로 이런 심볼리즘을 만들어냈을지도 모릅니다.

  지나가던 사람들이 머리를 흔들며 나를 모욕하였습니다.

"하하! 너는 성전을 헐고 사흘 안에 다시 짓는다더니 십자가에서 내려와 네 목숨이나 건져보아라! 요놈아!"

같은 모양으로 제사장들과 서기관들이 조롱하였습니다.

"남을 살리면서 자기는 못 살리는구나! 어디 이스라엘의 왕 그리스도가 지금 십자가에서 내려오나 보자! 그렇게만 된다면 우린들 안 믿을 수 있나?"

옆에 있는 두 열성당원들도 똑같은 말로서 나를 희롱하였습니다. 이 모든 모욕은 매우 진실된 사실입니다. 내가 과연 갈릴리에서 그 많은 이적을 행하였다면 지금 이 순간에도 분명히 그러한 이적을 행할 수 있을지 모릅니다. 내가 지금 이렇게 십자가에서 맥없이 힘없이 고통스럽게만 죽어가고 있다는 이 사실은 나라는 인간의 최후적 사실입니다.

내가 행한 이적은 이적이 아니라, 하나님의 나라의 도래를 위한 방편이었습니다. 그것은 민중에게 믿음을 불러일으키기 위한 하나님의 권능이었습니다. 그러나 지금 이 순간에는 하나님은 나를 버리고 있습니다. 요단강에서 세례를 받았을 때 나에게 계시된 하나님의 음성, 변모산에서 들렸던 하나님의 인가의 소리가 지금 이 순간에, 그토록 내가 절실하게 도움을 요청하고 있는 이 순간에 들리지 않고 있다는 사실, 나는 오직 절망 속에서, 모든 신적인 권능이 단절된 상황 속에서 죽어가고 있다는 이 사실이 나에게는 최종적 기적입니다.

만약 이 기적을 내가 거부했다면 나는 인간이 되기를 거부하는 것입니다. 나는 마술사나 허깨비가 되어버리고 마는 것입니다. 이것이야말로 나의 수난Passion의 최종적 심연입니다. 마가는 이렇게 쓰고 있습니다.

"낮 열두 시가 되자 온 땅이 어둠에 덮여 오후 세 시까지 계속되었다."

이것을 많은 사람이 뭔가 하나님의 이적인 것처럼 언설을 꾸며댑니다. 그러나 이것은 처절한 절망을 나타내는 어둠입니다. 빛이 단절된, 희망이 보이지 않는 악마와도 같은 어둠이 온 땅을 뒤덮었습니다. 이것은 하나님으로부터 버려진 나의 절망, 그 모든 빛이 사라진 고독을 상징합니다. 이 잔을 거두어주옵소서! 나는 골고다에서 그토록 눈물 흘리며 나의 하나님께 빌었습니다. 그러나 결국 나의 하나님은 그 잔을 거두시지 아니하셨습니다.

"엘로이 엘로이 레마 사박다니!
나의 하나님, 나의 하나님, 어찌하여 나를 버리셨나이까!"

나는 예수입니다

이것이 나의 최후였습니다. 이 광경을 모두 지켜보았던 한 백인대장이 이렇게 말했습니다.

"이 사람이야말로 정말 하나님의 아들이었구나!"

나의 십자가 주변에는 나의 가족도, 나의 제자도 보이지 않았습니다. 갈릴리에서 소리없이 따라온 여인들만 엎드려 흐느끼고 있었습니다.

제29장

———

빈 무덤

날이 이미 저물었습니다. 아리마대의 사람 요셉이 용기를 내어 빌라도에게 가서 나 예수의 시체를 내어달라고 청하였습니다. 아리마대는 예루살렘 북쪽으로 30km 정도 떨어져있는 에브라임Ephraim 지역의 마을인데, 사무엘의 출생지입니다. 아리마대의 요셉은 산헤드린의 멤버였습니다. 그러니까 지체가 매우 높은 명망가의 사람이었죠. 그런데 이 사람은 "하나님의 나라를 열심히 대망하고 있는 사람"(15:43)이었습니다.

나의 천국운동이 유대인 상층부에도 극히 일부지만 그 진실이 전달되었다는 뜻입니다. 그 정도의 지위에 있는 사람이었기에 아리마대의 요셉은 빌라도 총독을 쉽게 만날 수 있었고 시체를 내어달라고, 묻어주기라도 해야 할 것 아니냐고 요청할 수 있었던 것입니다. 하여튼 용기 있는 사람의 행동이었습니다.

빌라도는 이 말을 듣고 나 예수가 분명히 죽었다는 것을 확인했습니다. 십자가형을 관장한 백인대장에게서 예수가 분명히 죽었다는 사실을 전해듣고 나의 시체를 요셉에게 내어주었습니다. 요셉은 나의 시체를 내려다가 미리 사가지고 온 고운 베로 싸서 바위동굴 무덤에 안치했습니다. 그리고 연자방아처럼 생긴 큰 돌을 굴려 입구를 막아놓았습니다.

안식일이 지나자 막달라 마리아(막달라 마리아는 갈릴리바다 동편의 풍요로운 도시 막달라의 부유한 집안의 여인이다. 예수의 삶과 사상을 온전하게 이해하고 예수의 천국운동에 헌신하였다. AD 591년 교황 그레고리가 이 고귀한 여인을 창녀로 규정하는 바람에 이 여인의 이미지가 크게 왜곡되어 왔다. 성서의 근거가 전무하다. 아르헨티나 신부 요르게 마리오 베르고글리오Jorge Mario Bergoglio가 교황이 된 후, 2016년, 교황청은 막달라 마리아를 정식으로 "사도 중의 사도"로 인정하고 추존하였다. 도올 주註)와 야고보의 어머니 마리아와 살로메, 이 세 여인은 무덤에 가서 나 예수의 몸에 바를 향료를 샀습니다(이것은 썩어가는 시체의 악취를 줄이기 위하여 보통 행하는 관습이다. 도올 주註).

그리고 안식일 다음날(일요일) 이른 아침 해가 뜨자 그들은 무덤으로 가면서 이렇게 말했습니다.

"그 무덤 입구를 막은 큰 연자방아 같은 돌을 굴려내줄
  사람이 있을까요?"

이들이 무덤에 당도했을 때 이미 입구를 막았던 그 돌이 굴려
져 있었습니다. 이들이 무덤으로 들어갔을 때 그곳에는 웬 젊은
이가 흰옷을 입고 앉아있었습니다. 그 젊은이는 이렇게 말했
습니다.

"예수는 여기에 계시지 아니하다. 우리보다 먼저 갈릴리로
  가셨다."

세 여인은 빈 무덤에서 무서워 벌벌 떨면서 아무 말도 하지
못했습니다. 빈 무덤! 이것이 마가가 전하는 나 예수의 이야기의
대미입니다. "빔"과 "떨림," 이것이 나의 마지막을 나타낸 언어
입니다.

나는 부활했습니다. 예루살렘이 아닌 갈릴리 민중의 지평
위에서 부활했습니다. 아니! 부활할 수밖에 없었습니다.

                                              ─finis─

찾아보기

인명·지명·용어

나는 예수입니다

나는 예수입니다

2020년 3월 6일 초판 발행
2021년 2월 2일 1판 4쇄

지 은 이 ┃ 도올 김용옥
펴 낸 이 ┃ 남호섭

편집책임 ┃ 김인혜
편집 ┃ 임진권, 신수기
제작 ┃ 오성룡
표지디자인 ┃ 박현택
인쇄판출력 ┃ 토탈프로세스
라미네이팅 ┃ 금성L&S
인쇄 ┃ 봉덕인쇄
제책 ┃ 강원제책

펴낸곳 ┃ 통나무
서울특별시 종로구 동숭동 199-27
전화: 02) 744-7992
출판등록: 1989. 11. 3. 제1-970호